Ralf E. Schaefer

Denken
Informationsverarbeitung, mathematische Modelle und Computersimulation

Mit 27 Abbildungen

Springer-Verlag
Berlin Heidelberg New York Tokyo

Professor Dr. RALF E. SCHAEFER
Weinstraße 64
6719 Bockenheim a. d. Weinstraße

CIP-Kurztitelaufnahme der Deutschen Bibliothek
Schaefer, Ralf E.:
Denken: Informationsverarbeitung, mathematische Modelle und Computersimulation /
Ralf E. Schaefer.
Berlin; Heidelberg; New York; Tokyo: Springer, 1985.

ISBN-13: 978-3-540-15724-3   e-ISBN-13: 978-3-642-70651-6
DOI: 10.1007/978-3-642-70651-6

Das Werk ist urheberrechtlich geschützt. Die dadurch begründeten Rechte, insbesondere die der Übersetzung, des Nachdrucks, der Entnahme von Abbildungen, der Funksendung, der Wiedergabe auf photomechanischem oder ähnlichem Wege und der Speicherung in Datenverarbeitungsanlagen bleiben, auch bei nur auszugsweiser Verwertung, vorbehalten. Die Vergütungsansprüche des § 54, Abs. 2 UrhG werden durch die „Verwertungsgesellschaft Wort", München wahrgenommen.

© Springer-Verlag Berlin Heidelberg 1985
Softcover reprint of the hardcover 1st edition 1985

Die Wiedergabe von Gebrauchsnamen, Handelsnamen, Warenbezeichnungen usw. in diesem Werk berechtigt auch ohne besondere Kennzeichnung nicht zu der Annahme, daß solche Namen im Sinne der Warenzeichen- und Markenschutz-Gesetzgebung als frei zu betrachten wären und daher von jedermann benutzt werden dürften.
Produkthaftung: Für Angaben über Dosierungsanweisungen und Applikationsformen kann vom Verlag keine Gewähr übernommen werden. Derartige Angaben müssen vom jeweiligen Anwender im Einzelfall anhand anderer Literaturstellen auf ihre Richtigkeit überprüft werden.

2126/3130-543210

Vorwort

Mit der vorliegenden Schrift werden mindestens drei verschiedene Ziele verfolgt. Zunächst soll eine Einführung in wesentliche Aspekte der derzeitigen Denkpsychologie gegeben werden. Seit der kognitiven Neubesinnung der Psychologie gegen Mitte der 50er Jahre, hat auf einigen Gebieten dieser Wissenschaft eine sehr rapide Entwicklung eingesetzt, die unvermindert anhält. Dabei wurden teilweise Anregungen aufgenommen, oder auch wieder entdeckt, die schon vor Jahrzehnten (z.B. Selz, 1913, 1922) oder gar einem Jahrhundert (Donders, 1968/9) formuliert worden waren. Dank der enormen Weiterentwicklung der Formalwissenschaften, Mathematik, Statistik, Informatik, um nur einige zu nennen, konnten einige der alten und viele neue Konzepte auf ganz anderem Niveau entwickelt werden. Es wurde ein nie gekanntes Ausmaß an Präzision und Formalisierung erreicht. Diese Entwicklung ist keineswegs abgeschlossen, ja, sie hat soeben erst richtig begonnen! Dies in Umrissen darzulegen ist das erste Ziel: Dabei werden nicht nur verschiedene Ansätze dargestellt, sondern auch deren philosophischer und erkenntnistheoretischer Hintergrund umrissen. Die Darstellung strebt keine Ausgewogenheit oder gar Vollständigkeit an, vielmehr werden deudeutlich Schwerpunkte gesetzt.

Neben dieser unverblümt theoretischen Ausrichtung gibt es eine weitere Zielsetzung, die man als learning-by-doing kennzeichnen könnte. Es werden zahlreiche Denkprobleme angegeben, die der Leser selbst lösen sollte, bevor er die Ergebnisse entsprechender Untersuchungen rezipiert. Diese eigene Denkarbeit kann zweierlei bewirken. Erstens kann man dabei seine eigenen Denkanstrengungen verfolgen (z.B. indem man sich Notizen macht und so erste Verhaltensdaten gewinnt). Dabei können eigene Einsichten über Denkprozesse gewonnen werden, die mit den aus der Literatur berichteten Ergebnissen und Interpretationen verglichen werden können. Zweitens, und dies erscheint mir ebenso wichtig, unterzieht man sich auf diese Weise einem Denktraining. Nicht nur durch das eigene Tun, sondern auch durch die Ausführungen im Text über nützliche Strategien, mögliche Heuristiken und Organisationsformen von Wissen.

Menschen lösen komplizierte Probleme, lernen und definieren theoretische Konzepte, erwerben Wissen, spielen komplexe Spiele wie Schach oder Go. Sie führen also Aufgaben aus, die ein hohes Maß an Intelligenz voraussetzen. Diese Aufgaben konnten bislang sicher nur von einer Spezies angegangen werden, dem homo sapiens. Aber in jüngster Zeit erwächst eine Herausforderung durch andere Systeme, die eben diese Aufgaben auch bewältigen können. In der als "künstliche Intelligenz" bezeichneten Forschungsrichtung werden Computerprogramme entwickelt, die eben dies zum Ziel haben: Ausführung hoch komplexer, symbolischer Informationsverarbeitung, wie sie zur Bewältigung der o.g. Aufgaben erforderlich ist. Teilweise gehen sie ganz ähnlich vor wie Menschen (heuristisch), teilweise ganz anders (algorithmisch). Diese Parallelen und Divergenzen werden herausgearbeitet, wobei insbesonders die Frage zu stellen ist, ob und inwieweit Ansätze der künstlichen Intelligenz als psychologisch-deskriptive Theorien entwickelt werden können. Daß dies in der Tat möglich ist, haben insbesonders die Arbeiten von Newell und Simon (z.B. 1972) gezeigt; diesen Forschern weiß ich mich in besonderer Weise verbunden. Gewidmet sei diese Schrift aber Otto Selz, der vieles vorweggenommen hat.

Bezüglich der Lektüre sind mehrere Varianten möglich. So sind die Teile II (Problemlösen) und III (Konzepterwerb) weitgehend voneinander unabhängig. Einige Teile (Abschnitt 2.2., Kapitel 13 und 14) sind stärker technischer Natur, sie mögen bei einer ersten Lektüre ausgelassen werden. Jedes Kapitel wird durch ausgewählte Literaturhinweise, die einer Vertiefung und Erweiterung dienen können, abgeschlossen. Diese Hinweise, nicht aber das recht umfangreiche Literaturverzeichnis, soll die weitere Lektüre leiten.

Mein Dank gilt zunächst meinen Studenten und Studentinnen in Mannheim und Berlin, die keine Ruhe gaben, bis das Manuskript erstellt war. Herr Dipl.Psych. Werner Aufsattler hat eine frühere Version gelesen, ebenso Herr Prof. Dr. Dietrich Albert; beiden danke ich für Hinweise. Frau Daniela Wilhelm hat frühere Versionen mehrfach korrigierend gelesen, Frau Sibylle Bechtold-Schaefer hat die letzte Korrektur gelesen und das Autorenregister erstellt. Ermöglicht wurde diese Arbeit durch die langjährige Unterstützung durch die Deutsche Forschungsgemeinschaft, zuletzt durch ein Heisenberg-Stipendium. Der DFG und ihren Gutachtern gilt mein besonderer Dank. Bedauerlicherweise mußte ich das Manuskript selbst tippen, für die noch vorhandenen Unzulänglichkeiten entschuldige ich mich. Für Hinweise jeder Art bin ich dankbar; meine Adresse: Weinstraße 64, 6719 Bockenheim/Weinstraße.

Bockenheim, Frühjahr 1985   Ralf E. Schaefer

Inhaltsverzeichnis

TEIL I - GRUNDLAGEN

Kapitel 1: Einführung 1

1.1. Begriffsbestimmung, Gegenstand und Methoden der
Denkpsychologie 1
    1.1.1. Definition von "Denken" 2
    1.1.2. Gegenstand der Denkpsychologie 3
    1.1.3. Methoden der Denkpsychologie 6
1.2. Zur Geschichte der Denkpsychologie 10
    1.2.1. Die Würzburger Schule 11
    1.2.2. Die Gestaltpsychologie 13
    1.2.3. Der Behaviorismus 17
1.3. Weitere Lektüre 21

Kapitel 2: Kognitive Psychologie und Informationsverarbeitung ... 23

2.1. Begriffsbestimmung 23
2.2. Zur Geschichte der kognitiven Psychologie 24
2.3. Kognitive Psychologie; Informationsverarbeitung
und der Computer 30
2.4. Elemente eines Informationsverarbeitungs-Systems 32
2.5. Zusammenhang zwischen Informationsverarbeitung und
Gedächtnis: Ein Beispiel für die Arbeitsweise eines
IPS 35
2.6. Formale Darstellung von Informationsverarbeitungs-
Systemen (IPS) 39
    2.6.1. Definition eines IPS 39
    2.6.2. Symbole und Symbolstrukturen 40
2.7. Weitere Lektüre 49

TEIL II - DENKEN ALS PROBLEMLÖSEN

Kapitel 3: Einführung in die Problemlösung 50

3.1. Grundbegriffe 50
3.2. Problemzustände und Zustand-Handlungsbäume 52
3.3. Formale Kennzeichnung von Problemen und
Problemlösungen 54
3.4. Weitere Lektüre 56

Kapitel 4: Anordnungsprobleme 57

4.1. Anordnungsprobleme am Beispiel "Geheimalgebra" 57
    4.1.1. Ein verbales Protokoll zu DONALD + GERALD 58
    4.1.2. Analyse des verbalen Protokolls 59
    4.1.3. Analyse des verbalen Protokolls: Der
            Problemlöse-Graph 60
    4.1.4. Lösung des DONALD + GERALD Problems 63
    4.1.5. Augenbewegungsprotokoll als Ergänzung zum
            verbalen Protokoll 64
    4.1.6. Simulation des Problemlöse-Verhaltens 65
    4.1.7. Validierung des Problemlöse-Graphen und
            des Simulationsmodells 65
    4.1.8. Allgemeine Kennzeichnung des Informations-
            verarbeitungs-Ansatzes von Newell, Simon u.a. . 67
    4.1.9. Kritische Anmerkungen 69
4.2. Einige Prinzipien beim Lösen von Anordnungsproblemen .. 70
4.3. Weitere Lektüre 72

Kapitel 5: Transformationsprobleme 73

5.1. Das Wasserglas-Problem 73
5.2. Der Turm von Hanoi 77
5.3. Das Hobbits-und-Orcs, bzw. Missionare-und-Kannibalen
     Problem 78
    5.3.1. Formale Darstellung des Hobbits-und-Orcs
            Problem: Der Suchgraph 80
    5.3.2. Experimentelles Vorgehen in der Untersuchung
            von Thomas 80
    5.3.3. Einige Ergebnisse der Untersuchung von Thomas.. 81
    5.3.4. Überlegungen zu den psychischen Zuständen 82
5.4. Einige psychische Voraussetzungen beim Lösen von
     Transformationsproblemen 84
5.5. Weitere Lektüre 86
Anhang 5.1.: Ableitung der Anzahl kognitiver Zustände aus
            Reaktionszeiten 88
Anhang 5.2.: Zur Exponentialverteilung 88

Kapitel 6: Induktion: Analoges Denken 90

6.1. Analoges Denken und der Analogieschluß 90
6.2. Ein Ähnlichkeitsmodell analogen Denkens 93

6.3. Geometrische Analogien 97
6.4. Eine Komponenten-Theorie analogen Denkens 101
6.5. Funktionales Denken - Analogien in der Alltagssprache 105
6.6. Weitere Lektüre 106
Anhang 6.1.: Ähnlichkeit, Distanz und räumliche Darstellung 108

Kapitel 7: Am Beispiel Lohhausen: Über das Verhalten in komplexen Problembereichen 110

7.1. Lohhausen: Das Scenario 110
7.2. Lohhausen: Fragestellungen 112
7.3. Lohhausen: Einige Ergebnisse 113
    7.3.1. Güte der Problemlösungen 113
    7.3.2. Denkprozesse 116
    7.3.3. Problemlösekompetenz, Intelligenz und Persönlichkeitsmerkmale 121
7.4. Weitere Lektüre 122

TEIL III - DAS LERNEN VON BEGRIFFEN

Kapitel 8: Grundlagen des Begrifflernens 123

8.1. Einführung 123
8.2. Begriffsbilden versus Begrifflernen 125
8.3. Experimentelle Vorgehensweise bei der Stimulusvorgabe 125
8.4. Formale Kennzeichnung der Stimuli 126
8.5. Begriffsregeln 127
8.6. Informationsverarbeitungs-Prozesse beim Konzepterwerb 129
8.7. Weitere Lektüre 130

Kapitel 9: Strategien beim Begrifferwerb 131

9.1. Zum Strategiebegriff 131
9.2. Strategieformen 132
    9.2.1. Strategien beim Selektionsverfahren 132
    9.2.2. Strategien beim Rezeptionsverfahren 135
9.3. Strategien als Entscheidungsbäume 140
9.4. Weitere Lektüre 141

Kapitel 10: Determinanten der Schwierigkeit von Begriffen 142
10.1. Komplexität 142
10.2. Salience 143
10.3. Cognitive Strain 143
10.4. Problemisomorphismen 145
10.5. Art der Kontingenz 146
10.6. Ein Modell für die Vorhersage der Schwierigkeit binärer Begriffsregeln 147
10.7. Weitere Lektüre 151

Kapitel 11: Theorien und Modelle des Begrifflernens 152

11.1. Begrifflernen: Inkrementell oder Alles-oder-Nichts? .. 152
11.2. Zur Geschichte der Theoriebildung und Versuchen, zwischen den rivalisierenden Ansätzen zu trennen 153
    11.2.1. Anfänge einer H-Theorie 153
    11.2.2. Die Reaktion des Behaviorismus 154
    11.2.3. Mathematische Modellbildung im Rahmen der behavioristischen Konditionierungstheorie ... 156
    11.2.4. Neubeginn der H-Theorie 157
    11.2.5. Mathematische.Modellbildung im Rahmen der kognitiven oder H-Theorie 158
11.3. Analyse eindimensionaler Konzepte aus der Sicht der H-Theorie 159
11.4. Ein Markoff-Modell für eindimensionale Konzepte 161
11.5. Ein Informationsverarbeitungs-Analogon zum stochastischen Modell 168
11.6. Weitere Lektüre 171

Kapitel 12: Einige neuere Tendenzen beim Begriffslernen 173

12.1. Natürliche versus artifizielle Begriffe 173
12.2. Welcher Natur sind natürliche Begriffe oder Kategorien? 174
12.3. Sind einige Begriffe grundlegender als andere? 175
12.4. Sind Begriffe holistische Entitäten, oder können sie in Elemente dekomponiert werden? 176
12.5. Ober die Natur der Attribute 177
12.6. Schlußbemerkung 178
12.7. Weitere Lektüre 178

TEIL IV - THEORETISCHER TEIL

Kapitel 13: Prinzipien und Strategien beim Problemlösen 179
13.1. Methoden: Algorithmen und Heuristiken 179
  13.1.1. Algorithmen 179
  13.1.2. Heuristiken 180
13.2. Heuristische Strategien bei Denkprozessen 183
  13.2.1. Backward Search 183
  13.2.2. Dekomponieren in Teilziele 186
13.3. Einige allgemeine Heuristiken 191
  13.3.1. Generiere-und-Teste 191
  13.3.2. Hypothsize-and-Match......................... 192
13.4. Weitere Lektüre 193
Anhang 13.1.: Die Generiere-und-Teste Heuristik 194

Kapitel 14: Elemente einer Informationsverarbeitungs-Theorie
     des Denkens 196

14.1. Das Informationsverarbeitungs-System (IPS) 197
  14.1.1. Das Langzeit-Gedächtnis 198
  14.1.2. Das Kurzzeit-Gedächtnis 200
  14.1.3. Elementare Prozesse 200
  14.1.4. Externe Gedächtnisse 201
  14.1.5. Art und Aufbau der Programme 202
  14.1.6. Ziel-ähnlicher Charakter des Programms 203
14.2. Aufgabenwelt und Problemraum 203
14.3. Entstehung des Problemraumes 205
14.4. Programme und Simulation 208
  14.4.1. Warum Simulation?............................ 208
  14.4.2. Informationsquellen zum Erstellen eines
      Programms 209
  14.4.3. Anmerkungen zur Interpretation von
      Protokolldaten 212
14.5. Mögliche Erweiterungen der Newell-Simon-Theorie 213
14.6. Weitere Lektüre 214

Kapitel 15: Vergleich einiger Ansätze zu einer Theorie des
     Denkens 215

15.1. Formale Theorien über Denkprozesse 215

15.2.	Vergleich der theoretischen Ansätze	216
	15.2.1. Einfachheit und Sparsamkeit versus Komplexität und Vollständigkeit	216
	15.2.2. Falsifizierbarkeit	217
	15.2.3. Bewertung von Denkmodellen auf diesen Kriterien	217
	15.2.4. Weitere Kriterien	219
	15.2.5. Philosophische Grundhaltung	220
15.3.	Anmerkungen zu formalen Modelllen im allgemeinen	220
15.4.	Kritik an der akademischen Denkforschung	222
15.5.	Weitere Lektüre	223

Anhänge

Anhang 1: Anmerkungen zur Denkentwicklung ... 224

Anhang 2: Anmerkungen zur Kreativität ... 233

Anhang 3: Künstliche Intelligenz ... 238

Literaturverzeichnis ... 244

Register

Autorenregister ... 263

Sachregister ... 269

Kapitel 1: Einführung

1.1. Begriffsbestimmung, Gegenstand und Methoden der Denkpsychologie

Jedermann weiß, was "Denken" bedeutet, das scheint zunächst trivial. Und doch gehört "Denken" zu denjenigen Begriffen, die sich dem Versuch einer genaueren Definition umso mehr zu entziehen scheinen, je mehr man sich mit ihnen beschäftigt. Was bedeutet "Denken", was macht man, wenn man denkt? Man mag ganz ruhig dasitzen, womöglich die Augen geschlossen haben - nach außen ist keinerlei Aktivität zu erkennen, es erfolgt kein offenes Verhalten. Ein Beobachter mag sich im unklaren sein, ob ich nun denke oder vor mich hin döse. Diese Beobachtung weist bereits auf eine Schwierigkeit hin, die der Psychologe überwinden muß, will er Denken beschreiben und erklären. Dies gilt insbesonders für denjenigen Psychologen, der nur geäußertes, offenes Verhalten zum Gegenstand seiner Wissenschaft machen will.

Wie wird der Begriff "Denken" in der Alltagssprache verwendet? Betrachtet man Beispiele wie die folgenden, so erkennt man, daß Denken einen sehr weiten Bedeutungsradius aufweist - die tatsächlich gemeinte Bedeutung erschließt sich dabei oft nur aus dem Kontext:

- wenn ich nur an die Klausur denke... (Gemeint ist wohl: wenn ich eine bestimmte Situation - eben die Klausur - antizipiere, wird ein bestimmter emotionaler Zustand aktiviert, z.B. Angst)
- wie hieß doch der Bekannte, den wir gestern trafen, denk doch mal nach (versuche Dich zu erinnern)
- ich denke, ich sollte jetzt gehen (ich bin der Meinung).

Für wissenschaftliche Untersuchungen ist ein derart weiter Begriffsraum kaum nützlich - was aber ist Denken?
Was liegt näher, als zur Beantwortung dieser erneut gestellten Frage eines der großen Nachschlagewerke zu Rate zu ziehen. In der Brockhaus Enzyklopädie (Band 4, 1968, S. 417f.) liest man unter dem Stichwort "Denken" folgendes:

"Denken, die Fähigkeit des Menschen (und wahrscheinlich vieler höherer Tiere) die Umwelt nicht nur unmittelbar wahrzunehmen, sondern sie, einschließlich vergangener und zukünftiger Änderungen, innerseelisch zu repräsentieren. Das geschieht durch Vorstellungen, Zeichen (Wörter, Schriftzeichen, Gesten, Zeichen für gesamte Denkfolgen, z.B. Mathematik, Logik), Begriffe, Urteile, logische Schlüsse; auch Akte des Meinens. Im weitesten Sinn bezeichnet D. also jede seelische Tätigkeit, deren Objekte durch solche innerseelische Repräsentanten gegeben sind. In diesem Sinn gehört auch Erinnern, Phantasie, Traum zum D.(...)"

Dies ist in der Tat eine enzyklopädische Definition, die vom Traum bis zur Mathematik reicht! Hervorzuheben ist jedenfalls, daß offenbar nicht die unmittelbare Wahrnehmung oder Empfindung Gegenstand des Denkens ist, sondern eine psychische Repräsentation von Gegebenheiten oder Inhalten. Mit diesen Inhalten - und dieser entscheidende Gesichtspunkt fehlt in der obigen Definition - werden beim Denken bestimmte Operationen durchgeführt, Umwandlungen vorgenommen.

1.1.1. Definitionen von "Denken"

Wie nähert sich die wissenschaftliche Psychologie dem Thema Denken? In ihrem klassischen Lehrbuch der experimentellen Psychologie behandeln Woodworth und Schlosberg (1954) Denken ausschließlich im Sinn von Problemlösen; sie definieren die Begriffe "Problem" und "Denken" wie folgt:

"A problem,..., exists when O's activity has a goal but no clear or well-learned route to the goal." (...) "Thinking is more difficult to define satisfactorily, but we may say that it occurs when O's explorations go beyond the immediately given situation and utilize memories and previously formed concepts." (S. 814; Anmerkung: O steht für Organismus)

Diese Definition mutet auch heute noch beachtlich modern an; sie enthält viele Elemente, die Vertreter der kognitiven Psychologie für essentiell erachten, wie die symbolische Repräsentation, Rolle des Gedächtnisses (man beachte den Plural!), sowie das Zurückgreifen auf zuvor geformte Strukturen.

Diese Gesichtspunkte kommen prägnant in der Definition von Rumelhart (1977, S. 237) zum Ausdruck:

"We use the term reasoning to denote those processes of information retrieval that rely for success on the structure, as opposed to the content, of organized memory."

Newell und Simon (1972, S. 65) schließlich definieren Denken einmal kurz und bündig als "internal symbol processing".

Ohne nun eine eigene Definition von Denken vorschlagen zu wollen, sind folgende konstituierende Merkmale für eine solche zu nennen:
- Abhebung vom unmittelbar sensorisch oder gefühlsmäßig gegebenen
- symbolische Repräsentation von Inhalten ("beyond the immediately given")
- durch Aufgabe oder Problem induzierte Zielgerichtetheit
- Informationsverarbeitung (information processing)
- Informationssuche (information retrieval)
- Zurückgreifen auf das Gedächtnis, dem eine organisierte Struktur zugewiesen wird ("previously formed concepts", "organized memory").

1.1.2. Gegenstand der Denkpsychologie

Für eine erste Eingrenzung des Gegenstandbereiches ist folgende Unterscheidung hilfreich: Denken im engeren Sinn meint bewußt und zielgerichtet über etwas nachdenken. Dabei versucht man von einem Ausgangszustand, der Frage oder dem Problem, zu einem Endzustand überzugehen, eben der Lösung des Problems, der Antwort auf die Frage. Davon abzuheben ist Denken im weiteren Sinn, womit ungerichtetes, "assoziatives" Denken gemeint ist, "nur so vor sich hin denken", oder "sich von seinen Gedanken tragen lassen". Wir werden uns hier ausschließlich mit Denken im engeren Sinn, also bewußtem und zielgerichteten Denken befassen. Damit ist aber nicht gesagt, daß Denken im weiteren Sinn nicht Gegenstand psychologischer Untersuchungen ist oder sein sollte.

Zwei Gegenstandsbereiche dominieren bis heute die Denkpsychologie, es sind dies "Problemlösen" und "Konzepterwerb". Neben diesen beiden wird oft auch "Inferenz", d.h. formales, logisches Denken, sowie ferner Denken im Sinne von Urteilen und Entscheiden betrachtet.

(a) Problemlösen ist der Prototyp zielgerichteten Denkens. Ein als unbefriedigend angesehener Ausgangszustand, eben die Aufgabe oder das Problem, soll in einen befriedigenderen Endzustand überführt werden, die Lösung der Aufgabe bzw. des Problems. Dabei werden vorzugsweise nicht triviale Probleme betrachtet. Dies sind solche Probleme, bei denen die Lösung nicht sofort evident ist, vielmehr mehrere Möglichkeiten existieren, an das Problem heranzugehen, mehrere Lösungsschritte erforderlich sind etc. Beim Problemlösen geht es in aller

Regel darum, einen ausgezeichneten, definierten Endzustand zu erreichen, der als die (richtige) Lösung bezeichnet wird. Die Aufgabe kann z.B. darin bestehen, die Sequenz TRWE von Buchstaben so umzuordnen, daß ein sinnvolles Wort entsteht, WERT. Solche Probleme nennt man wohl-definiert (well-defined) und hebt sie von schlecht-definierten (ill-defined) Problemen ab, bei denen der Anfangs- und/oder Endzustand vague gefaßt sind. Die Übergänge zwischen wohl-definiert und schlechtdefinierten Problemen sind dabei oft fließend: bei Anagramm- oder Umordnungsaufgaben wie der oben gegebenen ist der Anfangszustand fest vorgegeben, es können aber gegebenenfalls mehrere sinvolle Wörter aus der Buchstabensequenz bildbar sein. In der Denkpsychologie werden vor allem - mehr oder weniger - wohl-definierte Probleme betrachtet.

(b) Beim **Konzepterwerb** versucht man festzustellen, wie Menschen Begriffe bilden und verwenden. Begriffe sind von zentraler Bedeutung für die menschliche Kommunikation, da es nur durch die Verwendung von Begriffen möglich ist, allgemein über etwas zu sprechen, und nicht jedes Ding, jede Entität mit einem eigenem Namen versehen zu müssen. Beim Konzept- oder Begriffserwerb lassen sich zunächst zwei Aspekte auseinanderhalten. Zum einen kann man untersuchen, wie Menschen im Laufe ihrer Entwicklung das Umgehen mit Begriffen erlernen. So fragt man u.a., in welchem Alter Kinder Begriffe eines bestimmten Abstraktionsniveaus verwenden. Da sich solche Untersuchungen über die Denkentwicklung in der natürlichen Umwelt des Kindes abspielen und sich über längere Zeiträume erstrecken, ist die Beobachtung erschwert. Daher studiert man den Erwerb von Begriffen oft unter kontrollierten Bedingungen im psychologischen Laboratorium, wobei meist Erwachsene die Probanden sind.

(c) Bei **Inferenzproblemen** untersucht man, wie Personen mathematische und vor allem logische Aufgaben lösen. Ein beliebter Untersuchungsgegenstand sind Syllogismen. Im Gegensatz zu anderen Problembereichen verfügt man bei Inferenzaufgaben über eine normative Theorie, z.B. die formale Logik, an der die menschlichen Lösungsversuche gemessen werden können: folgen Menschen beim Lösen von Inferenzaufgaben den "Vorschriften" der formalen Theorie, oder weichen sie davon ab, indem sie "Fehler" machen. Wenn ja, welcher Art sind die Abweichungen, unter welchen Rahmenbedingungen treten sie - mehr oder weniger - auf etc.

(d) Denken im Sinn von <u>Urteilen</u> und <u>Entscheiden</u>. Unter Urteil wird die subjektive Einschätzung und Bewertung beliebiger Sachverhalte verstanden. Entscheidung wird meist als die Wahl einer (Handlungs-) Alternative oder Option gedeutet. Dabei müssen mindestens zwei Optionen zur Verfügung stehen. Ferner geht man davon aus, daß sich der Entscheider von seinen Präferenzen leiten läßt, die als gegeben angesehen werden. Kompliziert wird die Entscheidungssituation, wenn einer oder mehrere der folgenden Umstände vorherrschen: Erstens, wenn eine Handlungsalternative mehrere Aspekte oder Dimensionen aufweist, die alle zu berücksichtigen sind. Dabei wird es zumeist so sein, daß eine Option gute Werte auf einigen, aber nicht auf allen Dimensionen aufweist. Der Entscheider muß sich somit klar darüber werden, wie wichtig ihm die Ausprägungen auf den einzelnen Dimensionen sind, d.h. er muß ein Vergleichsurteil (trade-off) vornehmen. Zweitens, wenn Unsicherheiten mit im Spiele sind, so muß diese ebenfalls bei der Präferenzbildung berücksichtigt werden. Schließlich, drittens, können Entscheidungen, die jetzt getroffen werden, erst sehr viel später Konsequenzen haben; d.h. es gilt, Präferenzen über Zeitfolgen anzugeben.

Unter bestimmten Konsistenz- und Existenzannahmen kann man für derartige Entscheidungssituationen ein axiomatisch begründbares, normatives Modell entwickeln: die Entscheidungs- oder Nutzentheorie. In diesem Sinn wäre ein "rationaler" Entscheider eine Person, die sich gemäß des Modells verhält. Die Inputs für das Modell sind stets seine, des Entscheiders subjektiven Urteile (Präferenzurteile bzw. Urteile über Unsicherheiten). Wie bei Inferenzproblemen kann man sich fragen, ob sich Menschen "normgerecht" verhalten, bzw. inwieweit sie davon abweichen, und in welcher Weise sie davon ableiten.

Orthogonal zu diesen inhaltlichen Aspekten kann man u.a. die Rolle der Sprache, oder von Emotionen beim Denken untersuchen. Weiters kann man fragen, ob unterschiedliche Persönlichkeiten, z.B. Introvertierte versus Extravertierte, bei den diversen Denkproblemen unterschiedlich vorgehen. Von besonderer Bedeutung ist schließlich noch die Erforschung von "kreativem" Denken, sowie die Erforschung der Denkentwicklung, wenngleich dies meist als Teilgebiet der Entwicklungspsychologie angesehen wird.

1.1.3. Methoden der Denkpsychologie

Um etwas über Denkvorgänge aussagen zu können, benötigt man - wie in jeder empirisch arbeitenden Wissenschaft - Daten, die aus Beobachtungen gewonnen werden. Welche Methoden der Datengewinnung gibt es, welcher Art sind die gewonnenen Daten? Die klassische Methode der Datengewinnung in der Psychologie ist die Introspektion. Dabei sind zwei Varianten deutlich auseinanderzuhalten. In der von O. Külpe um die Jahrhundertwende in Würzburg begründeten "Schule" der Denkpsychologie fand die Methode der kontrollierten Introspektion Anwendung: psychologisch versierte und in der Selbsbeobachtung geschulte Personen nahmen die Introspektion vor, lieferten also die Daten. Dabei wurde meist das verbale Protokoll nach erfolgtem Denkakt aufgenommen. Es liegt nahe anzunehmen, daß das von den jeweiligen Forschern erarbeitete begriffliche Instrumentarium, ihre theoretische Position, einen erheblichen Einfluß auf ihre Äußerungen ausübte. Heute verwendet man die Methode der freien Introspektion; nicht speziell geschulte oder ausgewählte Probanden (Pbn) werden gebeten, "laut zu denken". D.h., das Sprechen begleitet den Denkakt.

Im Laufe der behavioristisch geprägten Phase der Psychologie kam die Introspektion außer Gebrauch, wollte man doch Aussagen nur auf objektiv beobachtbares, offenes Verhalten stützen - alle "mentalistischen" Elemente sollten verbannt werden. Es liegt auf der Hand, daß ein strikt behavioristisches Programm gerade bei der Analyse und Beschreibung von Denken schwer durchzusetzen ist, da das geäußerte Verhalten oft eher spärlich ist. DenExtremfall stellen dabei solche Aufgaben dar, die durch plötzliche Einsicht gelöst werden. Das einzige geäußerte Verhalten ist dann vielleicht der Ausruf "Ich hab's".

Schwierigkeiten bei der Datengewinnung können auf verschiedene Arten gelöst werden. Am wichtigsten ist wohl die Wahl einer geeigneten Aufgabe, bei der die Versuchsperson (Vp) sequentiell eine Reihe von Lösungsschritten durchlaufen oder nacheinander verschiedene Informationen beim Versuchsleiter (Vl) abrufen muß etc. So läßt sich ein umfangreicherer Datensatz gewinnen, der aus einer Sequenz elementarer Verhaltensäußerungen besteht. Als zusätzliche Informationen können beispielsweise die Latenzzeiten erfaßt werden, d.h. die Zeit, die zwischen den einzelnen Lösungsschritten vergeht. Ferner können bei einigen Aufgaben Anzahl und Verteilung der Fehler als weitere Daten erfaßt und analysiert werden.

Welches sind die Vor- und Nachteile dieser beiden Vorgehensweisen bei
der Datengewinnung? Die Introspektion ist sicher ein äußerst flexibles Verfahren, das sich in fast jeder Situation anwenden läßt. Dem
stehen eine Reihe von Nachteilen gegenüber. So wird oft argumentiert,
daß die so gewonnenen Daten nicht objektiv und intersubjektiv nachvollziehbar sind. Ferner können die Pbn oft nur spärliche - oder gar
keine - Angaben über ihr Denken machen. Ein weiterer gravierender
Nachteil besteht darin, daß die verbalen Angaben nicht mit dem gezeigten Verhalten übereinstimmen müssen. So hat man bei der Analyse
von Urteilsbildung beobachtet, daß die Pbn angeben, sehr komplexe Beziehungen zwischen den Daten (Prädiktoren) erkannt und ihrem Urteil
zugrunde gelegt zu haben. Aber das gezeigte Verhalten, eben das
Urteil, ließ sich durch ein einfaches, additives Modell vorhersagen.
Die Urteiler hatten also behauptet, sehr komplex vorgegangen zu sein,
was aber tatsächlich kaum der Fall gewesen sein dürfte.

Aber auch offenes Verhalten als alleinige Datengrundlage weist Nachteile auf, die den Vorteil der Objektivität erheblich relativieren.
So kommen pro Vp und Aufgabe oft nur wenige Datenpunkte zusammen,
z.B. Aufgabe gelöst/nicht gelöst. Ferner kann sich die Analyse der
vorhandenen Daten schwierig gestalten: der Forscher muß bereits a
priori eine präzise Vorstellung davon haben, wonach er sucht. Die in
den Daten enthaltene Struktur ist in der Regel nicht offenkundig,
sondern muß erst erschlossen werden. Dazu wiederum sind in vielen
Fällen bestimmte Annahmen über die zugrunde liegende Struktur erforderlich.

Heute ist man in Bezug auf die Methode der Datengewinnung flexibel
und undogmatisch. So werden z.B. Verhaltensdaten gesammelt und diese
durch introspektiv gewonnene Daten ergänzt. Dann lassen sich die mit
verschiedenen Erhebungsverfahren gewonnenen Daten und Schlußfolgerungen aus diesen vergleichen. Auf die verschiedenen mathematischen
und/oder statistischen Verfahren soll hier nicht eingegangen werden.
Bergius (1964, pp. 21-32) befaßt sich ausführlicher mit Problemen und
Methoden der Denkpsychologie. Obwohl gerade in der Denkpsychologie
viele Forscher gute Erfahrungen mit der Methode der Introspektion gemacht haben, ist der Wert des Verfahrens auch heute nicht unbestritten. Eine kritische Arbeit von Nisbett und Wilson (1977) trägt den
beziehungsreichen Titel "Telling more than we know: Verbal reports
on mental processes".

Mit entscheidend für die Wahl einer Methode ist das Zielobjekt der angestrebten Aussage: will man allgemeingültige Gesetzmäßigkeiten menschlicher Denkverläufe erfassen (der nomothetische Ansatz), oder aber die Denkvorgänge einer bestimmten Person beschreiben (der idiographische Ansatz). So kann man z.b. untersuchen, wie Schachgroßmeister generell Schach spielen, welche kognitive Repräsentationen sie entwickeln, welche Strategien sie verfolgen etc., oder man kann analysieren, wie ein bestimmter Großmeister zu Werke geht, um dessen charakteristische Eigenheiten zu erfassen und von anderen abzuheben.

Exkurs über Quarks und Eips. In vieler Hinsicht sind die Probleme der psychologischen Forschung, insbesonders diejenigen der Denpsychologie, mit den Problemen vergleichbar, denen sich der Physiker gegenübergestellt sieht, wenn er etwa Aussagen über subatomare Prozesse machen will. Während man Atome, aber auch die größeren Partikel wie Elektron oder Proton, wennschon nicht direkt "sehen" kann, so kann man sie doch sichtbar machen, z.B. in einer Nebelkammer. In der Atomphysik der letzten Jahre und Jahrzehnte wurden immer mehr Partikel nachgewiesen, die gefundenen Teilchen wurden kleiner und kleiner. Zudem sind sie vielfach so kurzlebig, daß sie sich der direkten sensorischen Erfahrung entziehen. Beispiele solcher Partikel, die weit elementarer sind als die traditionellen Bestandteile des Atoms, wurden Quarks genannt. Dabei handelt es sich um postulierte, um hypothetische Entitäten! Um die materiellen Prozesse beschreiben zu können, müssen diesen hypothetischen Wesen hypothetische Eigenschaften zugewiesen werden ("Farbe" etc.). Um die materiellen Vorgänge erklären zu können, entwickelt der Physiker ein theoretisches System, indem er Partikel und deren Eigenschaften postuliert und diese in systematische Beziehungen zueinander setzt. Aus der so entstandenen Theorie sollen dann nach Möglichkeit empirisch testbare Hypothesen abgeleitet werden, die die Theorie entweder stützen oder falsifizieren können.

Bislang konnte man fest davon ausgehen, daß Atome und auch die "etablierten" Atombestandteile (Elektronen, Neutronen, Protonen) tatsächlich existieren - ist doch die Materie der Inbegriff dessen, was tatsächlich existiert. Diese Sicherheit ging verloren! Ob Quarks real existente Entitäten sind, oder "nur" noch theoretische Konstrukte, gefordert von einem theoretischen Bezugsystem welches zur Erklärung beobachteter Prozesse dienen kann, ist kaum entscheidbar und spielt auch keine Rolle (über letzteres gehen die Meinungen allerdings auseinander).

In einer dem Physiker analogen Lage befindet sich der Psychologe, der Denkvorgänge untersuchen will. Genausowenig wie der Physiker ist ihm ein direkter, sensorischer Zugang zu den ihn interessierenden Phänomenen offen. Der Physiker kann nicht in die Materie "hineinsehen", der Psychologe nicht die im Zentralnervensystem (ZNS) ablaufenden Prozesse direkt beobachten, und schon gar nicht deren psychische Korrelate. Wie der Physiker elementare Partikel als die Bausteine der Materie postuliert, so postuliert der Psychologe e.b. Eips, elementare Informationsverarbeitungs-Prozesse (das Acronym Eip wurde von Newell und Simon, 1972, geprägt). Zu spekulieren ob es diese nun "tatsächlich" gibt oder nicht, ist ebenso müßig wie im Fall der Physik. Der pragmatische Standpunkt "es gibt sie, wenn sie zur Erklärung empirischer Phänomene nützlich sind", erscheint zielführender. Das Ziel besteht darin, eine möglichst umfassende und präzise Theorie des Denkens zu entwickeln. Man kann aber nicht davon ausgehen, daß es nur eine solche Theorie geben kann, die dann die "wahre" wäre.

Ein Beispiel für ein Eip mag die Kodierung sein. Um Informationen aus der Umwelt für interne, symbolische Informationsverarbeitung (sprich Denken) nutzbar zu machen, ist eine Umformung dergestalt erforderlich, daß diese Außenweltinformationen so dargestellt werden, daß das System" "etwas mit ihnen anfangen kann". Diesen Prozeß der Umsetzung in eine Sprache, die das System (hier das ZNS) versteht, nennt man Kodierung. Dies läßt sich nun als elementarer Vorgang auffassen. Man könnte aber auch argumentieren, es mache doch wohl einen erheblichen Unterschied, ob man als Eingangsinformationen direkte sensorische Daten, oder aber symbolische Informationen, z.B. in Form von Sprache, betrachtet. Folgt man dieser Auffassung, so wären verschiedene Kodierungsprozesse zu unterscheiden. Das "Atom" Eip wird folglich in elementarere Bestandteile aufgespalten. Dieser Prozeß der Ausdifferenzierung kann aber noch weiter gehen, indem man z.B. verschiedene Kodierungen für verschiedene Formen sensorischer Informationen (visuell, auditiv etc.) ansetzt. Auch hier ist es wiederum wenig hilfreich zu fragen, ob diese Prozesse oder Subprozesse tatsächlich existieren - es handelt sich um theoretische Konstrukte, die mehr oder weniger nützlich sind, beibehalten oder aber modifiziert oder aufgegeben werden. En passant sei noch angemerkt, daß auch ein physiologischer oder wie immer gearteter Reduktionismus keine Lösung dieses scheinbaren Problems bietet: man muß die Prozesse auf derjenigen Ebene verstehen, auf der man sie untersucht. Ist man an psychischen Phänomenen interessiert, so muß man eben diese analysieren. Natürlich wäre es wünschenswert, auch die physiologischen, elektro-chemischen etc. Korrelate des Denkens zu verstehen.

1.2. Zur Geschichte der Denkpsychologie

Wie die Psychologie insgesamt, so entwickelte sich auch die Denkpsychologie primär aus der Philosophie. Die für das Thema "Denken" wohl wichtigsten Arbeiten aus der Zeit der Psychologie-werdung entstammen dem englischen Empirismus des 18. und 19. Jahrhunderts. Zu nennen sind vor allem Thomas Hobbes, John Locke, David Hume, sowie James Mill und dessen Sohn John Stuart Mill. Diese Theoretiker, deren Auffassungen im einzelnen erheblich voneinander abweichen, identifizierten "Ideen" als die zentralen Elemente des Denkens; durch komplexe Verbindungen zwischen und Austausch von Ideen sollten sich auch die kompliziertesten Gedanken erklären lassen. Die Arbeitsweise dieser frühen Assoziationisten war philosophisch-logisch, erst später trat die Beobachtung und das Experiment hinzu und ersetzte dann weitgehend die philosophische Analyse.

Anmerkung: Die englischen Empiristen haben nicht, wie der Begriff "Empirist" suggerieren könnte, in unserem heutigen Sinn empirisch gearbeitet. Unter Empirismus versteht man eine philosophisch-erkenntnistheoretische Richtung, die in ihrer striktesten Version behauptet, daß alles Wissen aus sensorischen Erfahrungen abgeleitet wird. Erst an zweiter Stelle werden Erfahrungen zugelassen, wie sie z.B. durch intellektuelle Reflektion entstehen. Folgende Positionen sind für den Empirismus kennzeichnend:

(a) Sensualismus: alles Wissen ist letztendlich in sensorischer Erfahrung begründet;
(b) Reduktionismus: komplexe Ideen sind aus einfachen, elementaren zusammengesetzt, sind auf diese rückführbar;
(c) Assoziationismus: Verbindungen zwischen Ideen entstehen primär durch Kontiguität (Nähe in der Zeit und/oder Raum);
(d) Mechanismus: Geist, Verstand, Wissen funktionieren ähnlich wie eine Maschine, es haftet ihnen nichts Geheimnisvolles an, vielmehr gelten einfache, additive Regeln.

Die philosophische Gegenposition ist der Rationalismus: Geist, Verstand, Denken sind die primären Quellen von Erkenntnis, die einzig verläßliche Grundlage unseres Wissens. Sieht der Empirist in Ideen eher passive Kopien sensorischer Daten, so behauptet der Rationalist, daß sensorische Daten unstrukturiert sind und eine Ordnung und Nutzbarmachung erst durch die interpretativen Mechanismen erfahren, über die der Organismus verfügt. Von diesen Mechanismen wird meist angenommen, daß sie in ihren Grundzügen vererbt sind. Bedeutende Vertreter einer rationalistischen Philosophie sind u.a. Descartes, Leibniz und Kant.

Wer nun glaubt, der Streit zwischen Empiristen und Rationalisten sei nur philosophiegeschichtlich von Interesse, der täuscht sich sehr. Gerade die heute ausgetragene Kontroverse zwischen empiristisch orientierten (Neo-)Behavioristen und rationalistisch orientierten Kognitivisten zeigt die andauernde Aktualität dieses Themas (vergl. Kap. 15.).

1.2.1. Die Würzburger Schule

Die erste systematische empirische Beschäftigung mit dem Thema "Denken" erfolgte von einer Gruppe von Psychologen und Philosophen, die von der Jahrhundertwende an in Würzburg arbeiteten. Der Initiator dieser später als "Würzburger Schule" bezeichneten Richtung war ein Schüler Wilhelm Wundts, Oswald Külpe. Im Gegensatz zu Wundt wandte Külpe die Methode der kontrollierten Introspektion auch auf die Analyse des Denkens an. "Versuchspersonen" waren dabei die Mitarbeiter des Instituts, also psychologisch geschulte und in der Methode der Introspektion erfahrene Personen. Als Denkaufgaben wurden einfache Faktenfragen, aber auch Aphorismen verwendet, erst später mehr genormtes Material. Selz z.B. verwendete etwas später u.a. folgendes Aufgabenformat:

Oberordnung? Klarinette

Die Vp hatte die Aufgabe, zu dem Reizwort (Stimulus) "Klarinette" den/ einen übergeordneten Begriff zu finden. Diesen nannten sie, um dann anschließend ihre "unmittelbare subjektive Wahrnehmung" (Wundt) ihrer Bewußtseinsvorgänge zu Protokoll zu geben.

Die wichtigste Erkenntnis der Würzburger war wohl, daß das Denken oft unanschaulich verläuft, nicht "auf bunte Bildchen" (Binet, 1903) reduzierbar sei; auch sei Denken nicht einfach auf Sprache reduzierbar (wie später viele Behavioristen annahmen). Obwohl man konkret über etwas nachdenken kann, sind die Gedanken doch oft abstrakt, sozusagen "reine Gedanken". Den unanschaulichen Charakter vieler Denkvorgänge versuchten die Würzburger mit dem Terminus **Bewußtseinslage** zu fassen. Die Bedeutung oder der gesuchte Begriff sollte danach bereits irgendwie vorhanden sein, nur fehle das Wort und/oder Bild dafür, das Anschaulich-gegebene sei noch nicht vorhanden. Später wurde der Begriff der Bewußtseinslage von den Würzburgern aber aufgegeben.

Karl Bühler, ein bedeutender Mitarbeiter am Würzburger Institut, betonte, - wohl auch als Erwiderung auf die Kritik Titcheners - daß das Wesentliche am Denkinhalt sein un-sinnlicher Charakter sei. Bühler sprach bereits von einem "Regelbewußtsein", das dem Denken zugrunde liege. Ferner gab er als einer der ersten eine recht explizierte kognitive Interpretation des Gedächtnises.

Otto Selz, der erst in Bonn, dann in Mannheim wirkte, wandte sich wie Bühler gegen die Assoziationspsychologie der damaligen Zeit(die wesentlich vom späteren Behaviorismus abwich). Verstand der Assoziationspsychologe Denken als ein System diffuser Reproduktionen, d.h. Assoziationen aufgrund von Kontiguität, so interpretierte Selz Denken als ein System spezifischer Reaktionen, wobei er die Ausrichtung auf ein Ziel, das Zerlegen der Gesamtaufgabe in Teilziele und das Anwenden spezifischer Operationen zum Erreichen dieser Teilziele als Elemente in einer Sequenz von Lösungsschritten betonte. Den oft unanschaulichen Charakter der Denkinhalte versuchte er mit dem Begriff der schematischen Antizipation zu erfassen, ganz ähnlich zu verstehen wie der heute populäre Schema-Begriff; auch der Begriff der Gestaltpsychologie "Schließung der offenen Gestalt" wurde durch Selz antizipiert. All diese Ideen werden in Selz (1913, 1922) systematisch entwickelt. Selz hält sich insbesonders zugute, den Assoziationismus eindeutig widerlegt zu haben.

Die vielfältigen Auffassungen und Beiträge anderer bedeutender Forscher dieser Zeit können in dieser gedrängten Übersicht leider nicht berücksichtigt werden; zu nennen sind jedenfalls Ach, Marbe, Watt, Messer, A. Mayer und auch G.E. Müller (siehe Mandler und Mandler, 1964).

Die Würzburger und ihre Zeitgenossen haben keine einheitliche Theorie des Denkens entwickelt (am ehesten gilt dies wohl noch für Selz, der ja kein eigentlicher Würzburger war). In der Zeit zwischen den beiden Weltkriegen nahm der Einfluß dieses Gedankengutes bereits deutlich zugunsten anderer Strömungen der Psychologie, wie der Gestaltpsychologie (vorwiegend in Deutschland) und Behaviorismus (vorwiegend in den Vereinigten Staaten, in ähnlicher Form aber auch in Rußland) ab. Durch die Ereignisse des Zweiten Weltkrieges, insbesonders auch aufgrund der Verfolgung der Juden in Deutschland, wurde die Kontinuität

der Psychologieentwicklung in Deutschland, oder soll man sagen der
Bundesrepublik Deutschland?, wesentlich gestört. In den Vereinigten
Staaten, die der Hauptträger der Psychologieentwicklung nach dem
Zweiten Weltkrieg waren, ist der deutsche Beitrag zur Psychologie
nie richtig rezipiert worden - nicht zuletzt aufgrund mangelnder
Sprachkenntnisse. Neuerdings scheint sich ein gewisser Wandel anzu-
bahnen; so berufen sich führende Gelehrte, die auf dem Gebiet der
Denkforschung bzw. der kognitiven Psychologie insgesamt arbeiten,
verstärkt auf frühe deutsche Arbeiten, wobei neben Koffka und Köhler
Otto Selz eine besondere Bedeutung eingeräumt wird; Newell und Simon
(1972), Greeno, James, DaPolito und Polson (1978). Otto Selz, den die
Nazis 1943 in Auschwitz ermordeten, sei diese Schrift gewidmet. Er
hat viele der in der heute ach so modernen kognitiven Psychologie
geläufigen Begriffe vorweggenommen. Man muß allerdings festhalten,
daß sich die kognitive Psychologie nicht "aus" den Überlegungen der
genannten Forscher entwickelt hat, vielmehr werden deren Beiträge
wiederentdeckt, reinterpretiert und besser verstanden. Zudem stehen
heute aufgrund der Entwicklung der Formalwissenschaften, sowie der
Computertechnologie, wesentlich günstigere Voraussetzungen für die
Entwicklung einer ausgearbeiteten und formalisierten Theorie zur Verfügung, als es seinerzeit der Fall gewesen ist. Heute lassen sich
Sachverhalte explizit darstellen, über die man seinerzeit nur allgemein spekulieren konnte.

1.2.2. Die Gestaltpsychologie

Im Anschluß an die Überlegungen der Würzburger trat in den 30er Jahren die Gestaltpsychologie als eine wichtige psychologische Richtung
in Deutschland hervor, die Beiträge zu einer Psychologie des Denkens
leistete. Gestaltpsychologen wie Koffka und Köhler gingen nicht wie
Wundt davon aus, daß elementare Empfindungen zu einem Komplex syn-
thetisiert werden, sondern sie betonen die unmittelbare und direkte
Erfassung eines gegebenen Ganzen. So nimmt man ein Dreieck nicht als
drei miteinander verbundene Linien wahr, sondern unmittelbar als die
Figur "Dreieck". Generell betonen Gestalttheoretiker die Bedeutung
der Wahrnehmung und der früheren Erfahrung beim Denken und Problemlösen. Um ein Problem lösen zu können, sei es notwendig, das kognitive und/oder visuelle Feld zu reorganisieren. Wie gut dies möglich
ist, hängt wesentlich auch davon ab, wie das Problem dargeboten
wird, und welcher Ausschnitt früherer Erfahrungen dadurch aktiviert
wird.

Ist ein für die Problemlösung erforderlicher Bestandteil der Aufgabe kognitiv oder wahrnehmungsmäßig fest in ein Bezugsystem eingebunden, so kann dieser Bestandteil nicht ohne weiteres herausgelöst werden und steht für die Bewältigung des Problems zunächst nicht zur Verfügung. Eine bestimmte Form mentalter Einstellung (set), die _funktionale Fixiertheit_ genannt wird, erschwert diese Herauslösung oder Umdeutung. Ein Beispiel mag diesen Sachverhalt verdeutlichen.

Bei dem Ring- und Stockproblem von Scheerer (1963) besteht die Aufgabe darin, mittels der Stöcke (siehe Abb. 1.1.) die beiden Ringe über den senkrecht stehenden Stab zu legen, ohne dabei die gestrichelte Linie mit dem Fuß zu übertreten. Da jeder der beiden Stöcke für sich genommen zu kurz ist, müssen sie irgendwie zusammengefügt werden - aber wie?

Abbildung 1.1.
Das Ring und Stockproblem

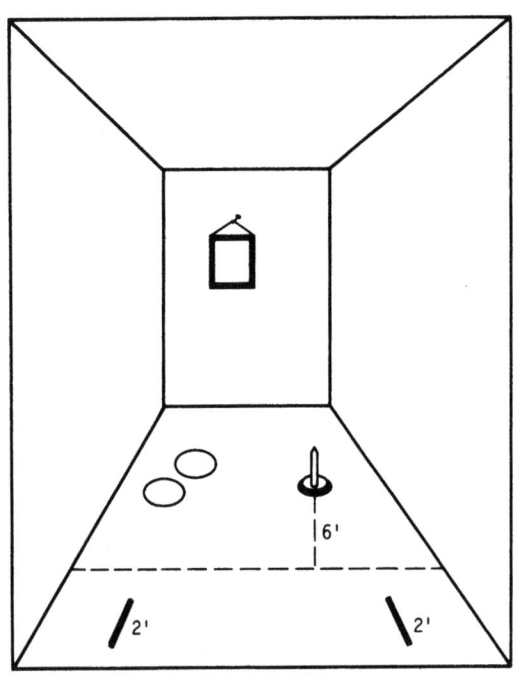

Quelle: Neu gezeichnet nach Scheerer (1963)

Die Lösung des Problems besteht darin, die Schnur, an der das Bild im Hintergrund des Zimmers hängt, abzumachen und für das Zusammenbinden der Stöcke zu verwenden. Da die Schnur in ihrer Funktion als "Bildaufhänger" eingebunden ist, fällt es schwer, sie herauszulösen und einer ganz anderen Funktion zuzuführen. In dem Experiment von Scheerer (1963) konnte etwa die Hälfte seiner Vpn (Collegestudenten) diese Aufgabe nicht innerhalb von 20 Minuten lösen, was das Zeitlimit war. Hängt man die gleiche Schnur lose über einen Nagel an der Wand, so wird die Aufgabe von fast allen Personen sofort gelöst. Dieses Experiment ist recht typisch für die Arbeitsweise der Gestaltpsychologen: es werden bestimmte Effekte oder Paradoxien demonstriert, an die sich aber keine systematische Theoriebildung anschließt.

Wie zuvor schon Selz, so wenden sich auch Gestaltpsychologen dem Problembereich des produktiven Denkens zu. So versteht etwa Wertheimer (1959) das produktive Denken nicht elementaristisch, sondern als - eben kreative - Reorganisation einer Struktur. Duncker (1935), der bei Köhler und Wertheimer in Berlin arbeitete, beobachtete, daß Probleme schrittweise gelöst werden, wobei partielle Einsichten aufeinander folgen. Duncker unterschied dabei zwei Arten von Einsichten, (a) das Lernen der Regel und (b), auf höherem Abstraktionsniveau, Erkennen der Gründe oder Prinzipien, die hinter diesen Regeln stehen. Koffka verwendete den Begriff "Figur und Grund", die als Einheit aufgefaßt werden sollten, um den Bezugsrahmen des Denkens zu liefern.

<u>Versuch und Irrtum versus Einsicht.</u> Vielfach beobachtet man, daß die Lösung eines Problems nicht plötzlich, mit einem Schlag gefunden wird, sondern durch schrittweises Vortasten, welches sozusagen im Zick-Zack-Weg zum Ziel führt. Diesen Sachverhalt bezeichnet man als Versuch-und-Irrtum (trial-and-error). Der Ausdruck selbst wurde zuerst in der Analyse des "konstruktiven Intellekts" von A. Bain (1855) verwendet. Ähnlich beschrieb Pillsbury (1910) Denken als "ideational trial and error". In der Tierpsychologie wurde der Ausdruck zuerst von L. Morgan (1894) verwendet und wenig später von E.L. Thorndike (1898) aufgenommen und populär gemacht. Thorndige setzte in seinen Experimenten Katzen in einen mit einem Verschlußmechanismus versehenen Käfig und beobachtete, welche Anstrengungen die Tiere unternahmen, sich aus dem Käfig zu befreien. Er beschrieb dieses Verhalten als graduell oder durch Versuch-und-Irrtum gekennzeichnet, als ohne Einsicht oder "Durchschauen" der Situation. Der Terminus Versuch-und-Irrtum sollte stets im Sinn von Exploration und Suche nach dem Ziel verstanden werden, ohne abwertende Nebenbedeutung.

Bei den Versuchen von Thorndike und anderen handelt es sich sozusagen um eine "blinde" Situation für den Organismus: die zur Problemlösung erforderlichen Informationen liegen nicht offen und erkennbar vor. Es wäre doch sicher wenig sinnvoll anzunehmen, die Katze sei "durch Analyse" in der Lage, den Verschlußmechanismus zu durchschauen. So wäre es möglich, daß das beobachtete "Versuch-und-Irrtum" Verhalten durch die Art der Aufgabe ("puzzle box") induziert wird. Entsprechend könnte man vermuten, daß bei einer für den Organismus transparenten Aufgabe dieser in der Lage wäre, eine Mittel-Ziel-Beziehung aufzustellen, Versuch-und-Irrtumsverhalten unnötig wäre und nicht zum Tragen kommt. Derart angelegte Experimente wurden in der Tat bereits von Hobhouse (1901) durchgeführt. Einige Tiere lernten die Tricks, aber ganz ohne Versuch-und-Irrtum ging es auch nicht. In seinen Versuchen mit Schimpansen will Köhler (1917) die Rolle der "Einsicht" gezeigt haben. Eine typische Aufgabe bestand darin, eine an der Käfigdecke befestigte Banane zu ergattern. Da die Banane durch Klettern, Springen etc. nicht erreichbar war, mußten sich die Tiere etwas einfallen lassen. Köhler beobachtete, daß die Tiere nicht zufällig herumhantierten, sondern nach einer gewissen Zeit der äußerlichen Inaktivität die im Käfig befindlichen Kisten aufeinanderstellten, draufkletterten und sich die Banane holten. Auf die mögliche Rolle der Einsicht beim Problemlösen hatte auch Yerkes (1916), der wie Köhler mit Schimpansen arbeitete, hingewiesen. Er fand viele plötzliche Übergänge im Versuchs-und-Irrtumsprozeß, die er als "Einsicht" deutete. Schon früher hatte Ruger (1910), der mit Menschen als Probanden arbeitete, Einsicht und "Aha"-Erlebnis beschrieben. Die Interpretation der Verhaltensbefunde sind aber nicht ganz unproblematisch. Sieht man sich die sehr genauen Darstellungen von Köhler näher an, so kann man doch den Eindruck gewinnen, daß es Versuchs-und-Irrtumsverhalten gegeben hat - wenngleich nicht in dem Ausmaß wie bei den Katzenexperimenten. Sind Einsicht und Versuch-und-Irrtum dialektische Gegensätze, das eine schließt das andere aus, oder handelt es sich um die Endpunkte eines Kontinuums, mit entsprechend vielen Zwischenformen?

Auch das Testen von Hypothesen, vielfach als zentraler Steuerungsmechanismus beim Erlernen von Begriffen angesehen (siehe Teil III), kann als eine Form von Versuch-und-Irrtumsverhalten beschrieben werden. Claparède (1934) und Duncker (1935, 1945) verwendeten arithmetische, geometrische und physikalische Aufgaben. Sie konnten zeigen, daß der Prozeß des Problemlösens im wesentlichen im Generieren und Testen von Hypothesen besteht. Wie diese Hypothesen aber zustande kamen, vermochten sie allerdings auch nicht anzugeben. Versuch-und-Irrtum?

Wie vor ihnen bereits die Würzburger, so lehnen auch Gestaltpsychologen das als mechanistisch empfundene Weltbild der assoziationistischen S-R-Theorie ab. Vielmehr werden symbolische Prozesse beim Denken hervorgehoben, es muß ein "Strukturverständnis" gefunden werden. Ferner wird der Prozeßcharakter beim Denken betont. Vielfach wird zwischen produktivem und reproduktivem Denken unterschieden. Besteht letzteres aus der eher mechanistischen Anwendung vorhandener Verhaltensweisen, so müssen beim produktivem Denken neue Regeln, neue Organisationsformen gefunden werden, wobei die Rolle der Einsicht zum Tragen kommt. Wie die Würzburger, so haben auch die Gestaltpsychologen keine einheitliche und geschlossene, empirisch überprüfbare Theorie entwickelt, vielmehr bestimmte Aspekte, wie eben Einsicht, Prozeßcharakter etc. artikuliert. Dadurch wurde klar eine Gegenposition zum Behaviorismus früher Prägung bezogen. Für die Nachwirkungen gilt das gleiche, was für die Würzburger gesagt wurde.

1.2.3. Der Behaviorismus

Nicht zuletzt als Reaktion auf den deutschen "Mentalismus" verkündete J.B. Watson (1913) in den Vereinigten Staaten das "behavioristische Programm". In diesem wurde die Introspektion als psychologische Methode generell abgelehnt, nur noch offenes, objektiv beschreibbares Verhalten sollte Gegenstand der wissenschaftlichen Analyse sein. Alles soll objektiv, intersubjektiv verifizierbar sein, jedwede subjektiven Elemente sollen vollständig ausgeschlossen werden. Etwas später, in Verbindung mit den von Sechenov, Pavlov und Bechterev begründeten Konditionierungsverfahren, entwickelte der Behaviorismus eine gewaltige wissenschaftliche Dynamik, vor allem auf dem Gebiet der Lernpsychologie. Namen wie Guthrie, Hull, Skinner, Mowrer, Spence oder Estes sind wohl jedem Psychologen geläufig, oder zumindest sollten sie es sein.

Nach der empiristischen Überzeugung der Behavioristen ist das Verhalten bestimmt durch Assoziationen zwischen Reizen, synonym Stimuli (S) und Reaktionen, synonym Responses (R). Diese Verbindungen zwischen Stimulus und Response werden vom Organismus gelernt, wobei der Mechanismus des Lernens die (klassische und instrumentelle) Konditi-

onierung ist. Ein bestimmter Stimulus S bewirkt bei einem bestimmten
Organismus die Response R. Dieser Sachverhalt wird durch das Kürzel
S-R symbolisiert. Folglich nennt man derartige assoziationistischen
Theorien auch kurz Stimulus-Response oder S-R Theorien.

Bei der Übertragung des behavioristischen S-R Instrumentariums auf
die Analyse von Denken treten allerdings eine Reihe von Schwierigkeiten auf. Bei der Konditionierung im Lernexperiment scheint es einigermaßen klar zu sein, was Stimulus und was Response ist. Beim Denken ist dies weniger evident. Der "Stimulus" ist dann die Aufgabe als
Ganzes, so wie sie der Proband vorgegeben bekommt - also bereits ein
möglicherweise sehr komplexes Aggregat, keineswegs ein elementarer
Reiz. Die "Response" ist folglich alles, was der Pb an Verhalten emittiert, in vielen Fällen eine Sequenz elementarer Verhaltensweisen.
Kann das elementaristische S-R Instrumentarium für Denken nutzbar gemacht werden, bzw. welche Modifikationen der ursprünglichen Position
mögen erforderlich sein, um dies zu gewährleisten?

Zur weiteren Diskussion ist ein zentraler Begriff der S-R Theorie einzuführen, die Responsehierarchie. Darunter ist folgendes zu verstehen:
Man geht davon aus, daß nur im einfachsten Fall ein Stimulus S mit einer einzigen Response R verbunden ist. In der Regel ist S mit mehreren
Responses $R_1, R_2, ..., R_n$ assoziiert; wenngleich in unterschiedlicher
Stärke. Der am stärksten assoziierte Stimulus steht an erster Stelle
in der Responsehierarchie etc. Dabei kann der Begriff der Stärke einer assoziativen Verbindung auf verschiedene Art und Weise operationalisiert werden, u.a. als (a) Wahrscheinlichkeit, mit der R auf S
folgt (die Rangreihe der Responsewahrscheinlichkeiten bestimmt also
die Responsehierarchie), (b) die Latenzzeit, das ist die Zeit, die
zwischen der Darbietung des Stimulus und der auf diesen folgenden Response liegt, und schließlich (c) als Stärke (Amplitude) der Response.
In S-R Theorien wird eine enge Beziehung zwischen den beiden ersten
Maßen angenommen, d.h. zwischen Responsewahrscheinlichkeit und Latenzzeit: die gemäß der Wahrscheinlichkeit an erster Stelle der Responsehierarchie stehende Response sollte auch am schnellsten erfolgen. Für
empirische Untersuchungen und weitere Diskussion sei auf Kimble (1961)
verwiesen.

Im Sinn der S-R Theorie besteht ein Problem immer dann, wenn sich die
in der Responsehierarchie obenan stehende Response - in einer gegebenen Situation - als falsch, d.h. nicht zielführend erweist. In diesem
Fall spricht man auch von "negativem Transfer" oder von "Interferenz".

Die Katze im Problemkäfig mag den Sachverhalt verdeutlichen. Aufgrund früherer Konditionierung mag ihre Responsehierarchie so aussehen, daß sie zunächst mit Kratzen an den Stäben des Käfigs reagiert, dann mit Miauen oder Fauchen etc. In früheren Fällen mag dies ja zur Befreiung geführt haben, im Thorndike-Käfig nützt dies wenig - es gilt, den Verschlußmechanismus zu finden. Die Responses müssen umgeordnet werden, bis schließlich die zielführende Response an erster Stelle steht. Je stärker diese S-R Verbindung, desto schneller wird die Katze aus dem Käfig entkommen.

Um Denkvorgänge erfolgreich assoziationistisch beschreiben zu können, wurde ein weiteres Konzept eingeführt, die mediierte Response (MR). Nur im einfachsten Fall, so argumentiert man wieder, ist ein Stimulus direkt mit einer Response verbunden. Der interessantere Fall besteht in einer Kette von Beziehungen, Stimulus - mediierte Response - spezifische, durch den Mediator hervorgerufene Response. Vielfach kann die MR als eine Art Oberbegriff für eine Anzahl spezifischer Responses angesehen werden. Eine MR kann als interne Response verstanden werden, die weniger spezifisch ist als die tatsächlich geäußerte Response.

Ein Beispiel mag den Sachverhalt verdeutlichen: Das Zerteilen einer festen Pappe kann als eine interne MR für eine speziellere Response angesehen werden. Spezifischere Responses wären z.B. Zerschneiden, Zerreißen, Zersägen etc. "Zerteilen" ist dann Oberbegriff für die verschiedenen Arten, mit denen zerteilt werden kann. Aber auch mit diesen spezifischeren Responses ist nicht notwendigerweise das Ende der Responsekette erreicht, da man z.B. mit einer Schere oder einem Messer zerschneiden kann. "Zerschneiden" wäre dann eine MR zweiter Ordnung. Auf diese Art entsteht wiederum eine Hierarchie. Man führt sich leicht vor Augen, daß mit diesem Konstruktionsverfahren sehr komplexe und situationsspezifische Strukturen entstehen können. Dadurch, und durch die Tatsache, daß es sich bei den mediierten Responses nicht um offenes Verhalten handeln muß, wird die praktische Anwendung und Testbarkeit von S-R Ansätzen über "Denken" problematisch. Zumindest ex post läßt sich für jedes Verhalten eine entsprechende $S-MR_1 MR_2 ---MR_n$-R Kette konstruieren, ohne daß damit viel an Erklärungswert gewonnen wäre, zumal man mit den nicht-offenen mediierten Responses den Pfad der behavioristischen Tugend deutlich verlassen hat. Nicht zuletzt aus diesen Gründen hat sich der behavioristische Approach beim Thema "Denken" nicht als sehr ergiebig erwiesen.

Es soll aber nicht verschwiegen werden, daß es eine Reihe von empirischen Befunden gibt, die eine assoziationistische Deutung nahe legen. Bei den bereits erwähnten Anagrammaufgaben gibt es z.b. bei einer Sequenz von fünf Buchstaben 5! = 120, bei sechs Buchstaben in Folge 6! = 720 Anordnungen; es sind dies die möglichen Permutationen. Jede der Permutationen ist eine mögliche Response - die Responsehierarchie umfaßt somit 120 bzw. 720 Elemente. Sind diese alle gleich wahrscheinlich? Wenn dem nicht so ist, wodurch wird festgelegt, welche Umformung (d.h. Response) wahrscheinlicher ist als andere? Es sind natürlich diejenigen, die aufgrund früherer Konditionierung, oder sagen wir allgemeiner aufgrund früherer Erfahrung, eine stärkere Assoziation aufweisen. Aus dieser Überlegung läßt sich leicht eine testbare Hypothese ableiten:

H_1: Die Lösung eines Anagrammproblems erfolgt schneller, wenn das Lösungswort ein häufiges und/oder bekanntes Wort ist, im Vergleich zu seltenen/unbekannten Wörtern.

Diese Überlegungen sollen noch etwas weitergeführt werden. In jeder Sprache sind Buchstabenfolgen nicht rein willkürlich, d.h. zufällig. So folgt auf ein c in der deutschen Sprache sehr oft ein h oder k, sehr selten ein t oder s: die Übergangswahrscheinlichkeit von h auf c ist höher als die von t auf c. Dies führt zu einer weiteren assoziationistisch begründeten Hypothese:

H_2: Vertauschungen mit hoher Übergangswahrscheinlichkeit werden schneller vorgenommen als solche mit niederer.

Diese und eine Reihe ähnlicher Hypothesen wurden vielfach bestätigt, z.B. Mayzner und Tresselt (1958, 1959). Theorie und Daten stehen in guter Übereinstimmung, es gibt folglich keinen Grund, die Theorie zu ändern oder aufzugeben.

<u>Denken als sub-vokales Sprechen.</u> Nach Auffassung einiger Behavioristen ist Denken nichts anderes als nicht laut geäußertes, d.h. sub-vokales Sprechen, eine Art gedankliches Selbstgespräch. Folglich wäre zu vermuten, daß während des Denkvorganges die Sprachmuskulatur inerviert wäre, wenngleich vielleicht nicht so stark wie beim lauten Sprechen. Diese Vermutung wurde tatsächlich experimentell bestätigt. McGuigan, Keller und Stauton (1964) maßen die Muskelaktivität von stumm lesenden Studenten. Die Aktivität der Kinn- und Mundmuskulatur, wie auch die Atemfrequenz, waren deutlich höher als im Ruhezustand. Ähnliche Befunde erhielt man bei Denkaufgaben. Gegen die Interpretation des genannten Befundes ließe sich vielleicht einwenden, daß andere Fak-

toren einen maßgeblichen Einfluß ausgeübt haben könnten, z.B. das
Wissen der Studenten um die Teilnahme an einem psychologischen Experiment, oder gar die Kenntnis (oder Vermutung über) der Hypothese des Vl.
McGuigan (1966) schlug folgenden kritischen Test vor: Eliminiert man
die Möglichkeit der Innervierung der peripheren Muskulatur, welches
man durch die Verabreichung einer geeigneten Dosis des indianischen
Pfeilgiftes Curare erreichen kann, so müßte Denken unmöglich sein, da
es annahmegemäß auf sub-vokalem Sprechen basiert, und eben dies ist
ja dann nicht mehr möglich. Mir ist ein entsprechendes Experiment allerdings nicht bekannt, meine starke Vermutung geht dahin, daß das
Denken nach wie vor möglich ist, wenngleich es unter normalen Bedingungen sehr wohl von muskulärer Aktivität begleitet sein mag. Aber
schon die Würzburger hatten darauf hingewiesen, daß Denken mehr als
nur inneres Sprechen sei, was der unanschaulich-nichtverbale Charakter vieler Denkverläufe zeigt. Auf die Möglichkeit direkter gehirnelektrischer Messungen als Korrelate des Denkens sei hier nur hingewiesen.

Neuere Ansätze der Denkpsychologie sind Gegenstand des nächsten Kapitels.

1.3. Weitere Lektüre

Eigentlich alle Aspekte der Denkpsychologie (bis um 1962) werden im
Handbuch der Psychologie, Band I.2. "Lernen und Denken" (Bergius, 1964)
behandelt; für den Anfänger ist die Fülle des Materials aber eher erdrückend. In der Reihe "Enzyklopädie der Psychologie" ist ein Nachfolgeband geplant (Dörner, in Vorbereitung).

Ein noch immer lesenswertes Buch ist Johnson (1972), "A systematic
introduction to the psychology of thinking", in dem Denken in einem
weiteren Sinn behandelt wird, als dies hier geschieht. Einige neuere
Bücher über Denken sind Mayer (1977, dt. 1979), Aebli (1981) oder
Hussy (1984). Der hier nicht behandelte Themenkreis "Inferenz" wird
in Johnson, insbesonders auch in Wason und Johnson-Laird (1972),
Flamagne (1975) und Anderson (1980) behandelt. Ein Klassiker ist
sicher Bartlett (1958) und Kapitel 26 "Problem solving: Thinking" in
dem unübertroffenen Lehrbuch der experimentellen Psychologie von
Woodworth und Schlosberg (1954). Berlyne (1965) schrieb eine Denkpsychologie aus behavioristischer Sicht.

Wer sich für Psychologiegeschichte interessiert, ist mit Boring (1950) bestens bedient; ein neueres Buch ist Brennan (1982). Humphrey (1963) läßt 50 Jahre experimenteller Denkforschung Revue passieren. In Mandler und Mandler (1964) werden viele wichtige frühe Arbeiten deutscher Psychologen abgedruckt, so von Ach, Külpe, Marbe, Mayer und Orth, Messer, Selz und Watt. Einige wichtige Einzelarbeiten sind Selz (1913, 1922), Köhler (1917, neu 1973), Duncker (1935, neu 1974) und Wertheimer (1945, 1959). Das Buch von Graumann (1965) enthält geschichtliche Betrachtungen des Autors und eine nützliche Sammlung von wiederabgedruckten Einzelarbeiten.

Die Introspektion als Methode der Psychologie wird eingehend in Marx und Hillix (1963) diskutiert; neuere Schriften sind Nisbett und Wilson (1977), auf die Smith und Miller (1978) und White (1980) antworten. Den Umgang mit verbalen Daten diskutieren Huber und Mandel (Hg., 1982), sowie erschöpfend Ericsson und Simon (1980, 1984).

Werner (1953) und Hallpike (1984) berichten über das "naive" Denken, gemeint sind die Denkformen von Angehörigen von natürlichen Gesellschaften. Simons (1984) schließlich berichtet über den Stand der Dinge bei der Denkforschung mit Primaten (Menschenaffen).

Kapitel 2: Kognitive Psychologie und Informationsverarbeitung

2.1. Begriffsbestimmung

Kognition bezeichnet Wissen, bzw. den Prozeß des Erwerbs von Wissen, also "alle jene Prozesse, durch die der sensorische Input umgesetzt, reduziert, weiter verarbeitet, gespeichert, wieder hervorgeholt und schließlich benützt wird." (Neisser, 1974, S. 19) Die kognitive Psychologie befaßt sich mit eben diesen höheren mentalen Prozessen. Dazu gehören Wahrnehmung, Denken, Gedächtnis, Sprache und Lernen. Im Zentrum des Interesses der letzten zehn oder 15 Jahre stand dabei die Analyse des Gedächtnisses. Auf diesem Gebiet wurden erstaunliche Fortschritte erzielt.

Im Gegensatz zur behavioristischen Psychologie ist die kognitive Psychologie nicht ausschließlich an offenem Verhalten interessiert, sondern vor allem daran, was zwischen Input und Output abläuft - diese Prozesse sollen möglichst im einzelnen identifiziert und genau beschrieben werden. Die zentrale Frage ist, welche mentalen Prozesse menschlichem Verhalten zugrunde liegen. Während die behavioristische Psychologie danach fragt, wie S-R Verbindungen entstehen, was deren Stärke bestimmt, fragt die kognitive Psychologie nach der Art dieser Verbindungen. Dabei versucht man, die in der "black box" ablaufenden Prozesse möglichst exakt zu erfassen. Diese Prozesse können natürlich nicht direkt beobachtet werden, sondern nur aus Input und Output, d.h. sensorischem oder symbolischem Input ("Stimulus" der behavioristischen Psychologie) und Verhalten erschlossen, abgeleitet werden. Die Lage des Psychologen ist ähnlich derjenigen des Physikers oder Astronomen - auf diese Parallelität wurde ja bereits verwiesen. Wie diese können auch Psychologen nicht die Eigenschaften der Systeme, die sie studieren, direkt beobachten, aber diese Eigenschaften produzieren die Daten, und diese sind beobachtbar und analysierbar, so daß auf die Systemeigenschaften rückgeschlossen werden kann.

Bei höherer mentaler Aktivität sind nach der Überzeugung kognitiver Psychologen verschiedene Teilsysteme oder Teilprozesse involviert, die normalerweise "im Konzert" arbeiten. Aus diesem gilt es, einzelne Teilprozesse herauszulösen, durch Schaffen entsprechender experimenteller Bedingungen diese gewissermaßen in Isolation zu untersuchen. Das Zusammenspiel der verschiedenen Elemente wird in kognitiven Theorien gerne in Form eines Flußdiagramms wiedergegeben (vergl. Abb. 2.1. etwas später). Ein Flußdiagramm ist ein Netzwerk oder Graph, der die verschiedenen Teilprozesse und deren Verbindungen untereinander darstellt. Die Pfeile bedeuten in der Regel "hier fließt Information" oder "hier wird Kontrolle ausgeübt". Solche Flußdiagramme geben die Infrastruktur einer kognitiven Theorie an, sie sind aber noch keine Theorie. Formale Theorien sind in einer formalen Sprache auszudrükken, sei es in mathematischen Gleichungen, formaler Logik oder Grammatik, oder Computerprogrammen.

Wie kann man es bewerkstelligen, aus dem gesamten Konzert mentaler Prozesse einen einzelnen Geiger, sprich Teilprozeß herauszuhören? Die Grundidee dazu stammt wohl von Donders (1868/69): Unter bestimmten Bedingungen kann man annehmen, daß ein komplizierter mentaler Prozeß mehr Zeit in Anspruch nimmt, als ein einfacher. Donders beobachtete, daß schnellere Reaktionen erfolgten, wenn Pbn auf ein Signal mit einer Response zu reagieren hatten, d.h. bei Aufgaben zur Bestimmung der renen Reaktionszeit. Gab es hingegen mehr als einen Reiz und mehr als nur eine mögliche Response, wie dies für Wahlreaktionen kennzeichnend ist, so waren die Latenzzeiten länger - der Prozeß ist komplizierter. Beim ersten Typ von Experiment haben die Pbn nur festzustellen, ob ein Reiz vorhanden ist, um dann möglichst schnell zu reagieren, während bei Wahlreaktionen zuerst festgestellt werden muß, welcher Reiz vorliegt, um dann eine Response aus dem Responsereservoir auszuwählen, also erst Identifikation des Stimulus, dann Selektion der Response. Donders schlug vor, die Differenz der Reaktionszeiten für diese beiden Prozesse, Identifikation und Selektion, anzusetzen. Diese Überlegungen, die wohl lange in Vergessenheit geraten waren, wurden von Sternberg (1969) erneut aufgegriffen und wesentlich verfeinert - bei genauerem Hinsehen sind die Dinge doch etwas verwickelter, als Donders angenommen hatte. Jedenfalls stellt die Analyse von Latenzzeiten ein in der kognitiven Psychologie besonders geschätztes Verfahren dar, um etwas über die verschiedenen Schritte beim Verarbeitungsprozeß in Erfahrung zu bringen.

2.2. Zur Geschichte der kognitiven Psychologie

Meist ist es nicht einfach, den Beginn einer neuen Entwicklung einigermaßen genau zeitlich zu fixieren. Viele der Ideen sind bereits im Umlauf, werden aber erst durch den veränderten Zeitgeist oder Paradigmenwechsel (Kuhn) zu einer eigenständigen Richtung. Den Beginn der kognitiven Psychologie kann man erstaunlich genau datieren, es ist

das Jahr 1956. In diesem Jahr erschien eine Reihe von Arbeiten, die
für die weitere Entwicklung derart richtungsweisend waren, daß diese
Festlegung auf ein Jahr gerechtfertigt erscheint. Es sind dies folgende Werke: Bruner, Goodnow und Austin (1956) "A study of thinking",
eine von den Zwängen des Behaviorismus befreite Studie über Begriffsbilden, G.A. Miller (1956) "The magical number seven, plus or minus
two: Some limits on our capacity for processing information", Newell
und Simon (1956) "The Logic Theory Machine: a complex information
processing system", und schließlich Chomsky (1956) "Three models for
the description of language". Diese Arbeiten weisen schon auf das Bezugsystem hin, aus dem sich die kognitive Psychologie kristallisierte, nach-behavioristische Psychologie (Bruner et al., Miller), Computer und "Künstliche Intelligenz" (artificial intelligence, AI:
Newell und Simon), sowie Linguistik (Chomsky). Auch diese nicht-psychologischen - und doch mit der Psychologie in vielfältiger Beziehung
stehenden - Wissenschaften haben in dieser Zeit ebenfalls bedeutsame
Impulse erhalten.

Natürlich ist die Festlegung auf ein bestimmtes Jahr, sowie auch die
Heraushebung nur einiger Disziplinen nicht ohne Willkür, lassen sich
doch Tendenzen hin zu einer (heute erst so bezeichneten) "kognitiven"
Psychologie bereits viel früher feststellen. So sind in der Psychologie sicher die Würzburger, insbesondere auch Selz, sowie die Gestaltpsychologen (Wertheimer, Koffka, Köhler, Duncker u.a.) zu nennen,
aber auch Tolman (1932) mit seinem Beitrag "Purposive behavior in animals and men", sowie Tolman und Brunswik "The organism and the causal
structure of environment" (1935). Nach dem Krieg kamen weitere bedeutende Strömungen hinzu, gelegentlich unter der Bezeichnung "Kybernetische Revolution" laufend: im einzelnen waren dies die Informationstheorie, Feedback-Systeme (Servomechanismen, Kontrolltheorie) und,
last not least, der elektronische Computer. Insbesondere Computer und
Computertechnologie haben das Denken kognitiver Psychologen wesentlich beeinflußt.

Die Ausführungen Watsons (1913, 1924) wurden und werden oft als "behavioristisches Programm" der Psychologie bezeichnet. Dem läßt sich
die Schrift von Miller, Galanter und Pribram (1960) "Plans and the
structure of behavior" als "kognitives Programm" gegenüberstellen -
ein Programm, das dann durch Neissers bekanntes Buch "Cognitive Psychology" (1967, dt. 1974) auch den entsprechenden Namen erhielt. Als
Kernbegriffe einer kognitiven Theorie führen Miller et al. die Begriffe "Plan" und "Image" ein. Der Begriff des Plans entspricht weitge-

hend den, was wir und andere als "Programm" bezeichnen: eine geordnete
Sequenz von Operationen zur Beschreibung und gegebenenfalls Simulation
des Verhaltens von Organismen. Plan ist in gewisser Weise der treffendere und unverfänglichere Begriff, treffender, weil der intentionale
Charakter des Verhaltens ausgedrückt wird, unverfänglicher, weil nicht
in direktem Zusammenhang mit Computer und Datenverarbeitung stehend.
Unter "Image" verstehen die Autoren das angesammelte, organisierte
Wissen, das ein Organismus über sich und seine Umwelt hat. Gemeint ist
die interne Repräsentation der Welt, ähnliche Begriffe sind Tolmans
"cognitive map", sowie Bartletts und Neissers "Schema"-Begriff - Termini, die immerhin schon in den 30er Jahren formuliert worden waren.

Auf systematischer Ebene untersuchen Miller et al., was für die Psychologie eine geeignete "Einheit der Analyse" sein kann:

"Most psychologists take it for granted that scientific account
of the behavior of organisms must begin with the definition of
fixed, recognizable, elementary units of behavior - something
a psychologist can use as a biologist uses cells, or an astronomer uses stars, or a physicist uses atoms, and so on. Given
a simple unit, complicated phenomena are described as lawful
compounds." (Miller, Galanter und Pribram, 1960, S. 21)

Die in diesem Sinn elementare Einheit der Analyse ist für die behavioristische Psychologie der Reflex. Dazu Skinner (1938, S. 9):

"The isolation of a reflex is the demonstration of a predictable uniformity of behavior. In some form or other it is an
inevitable part of any science of behavior. (...) A reflex is
not, of course, a theory. It is a fact. It is an analytical
unit, which makes the investigation of behavior possible."

Wie Miller et al. im Detail zeigen, ist der Reflexbegriff für die
kognitive Analyse von Verhalten ungeeignet. Sie schlagen vor, ihn
durch eine Entität zu ersetzen, die sie die "kybernetische Hypothese"
nennen, nämlich "that the fundamental building block of the nervous
system is the feedback loop" (S.26/27). Die Bedeutung von Feedback
(Rückmeldung) für Systeme wurde zuerst von der Kybernetik erforscht;
Wiener (1948). An die Stelle des Reflexes tritt, was Miller et al.
die TOTE-Einheit nennen, wobei TOTE ein Acronym für "<u>Test-Operate-
Test-Exit</u>" ist. Die TOTE-Einheit ist diagrammatisch in der umseitigen
Abbildung dargestellt.

Operationale Bedeutung gewinnt die TOTE-Einheit aber erst, wenn die
Bedeutung der Pfeile geklärt ist. Miller et al. geben drei Möglich-

Abbildung 2.1.

Diagramm der TOTE-Einheit; nach Miller,
Galanter und Pribram, 1960

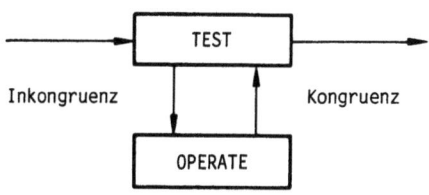

Erklärung im Text

keiten an, was entlang der Pfeile fließen kann:
1. <u>Energie</u>: TOTE ersetzt dann (oder entspricht) den Reflex;
2. <u>Information</u>: entspricht in groben Zügen dem, was bei S-R Verbindungen angenommen wird;
3. <u>Kontrolle</u>: die Pfeile geben die Reihenfolge an, mit der Operationen durchgeführt werden sollen.

In der Testphase von TOTE wird das organisierte Wissen des Organismus benützt, die darauf folgende Operation bringt zum Ausdruck, was der Organismus damit macht. Die Autoren betrachten TOTE als "an explanation of behavior in general..." (S. 29). In seiner schwächsten Form bringt das TOTE-Prinzip zum Ausdruck, wie die vom Organismus ausgeführten Operationen laufend durch die Ergebnisse verschiedener Tests geleitet werden. Wichtig ist dabei, daß es sich um hierarchische Prozesse handelt, wobei aber der Hierarchiebegriff von Miller et al. von der Responsehierarchie des Behaviorismus abweicht, wie sie ausführlich diskutieren.

Als einfaches Beispiel für eine TOTE-Einheit wird das Einschlagen eines Nagels genannt. Für diese Aufgabe kann man sich leicht einen Plan machen und diesen in ein Programm bzw. ein Flußdiagramm übersetzen:

Programm zum Einschlagen eines Nagels

1. Prüfe den Nagel. Wenn er heraussteht, gehe nach 2; sonst höre auf.
2. Prüfe den Hammer. Wenn er unten ist, hebe ihn hoch; sonst gehe nach 3.
3. Schlage auf den Nagel.
4. Gehe nach 1.

Dieses Programm ist in Abb. 2.2.a. in TOTE-Darstellung, in Abb. 2.2.b. in Form eines konventionellen Flußdiagramms wiedergegeben.

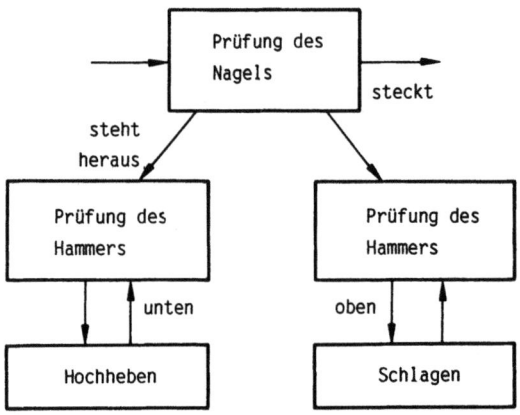

Abbildung 2.2.a.

Flußdiagramm zum Einschlagen eines Nagels in TOTE Darstellung

Quelle: Neu gezeichnet nach Miller, Galanter und Pribram, 1960.

Abbildung 2.2.b.

Konventionelles Flußdiagramm für das Einschlagen eines Nagels

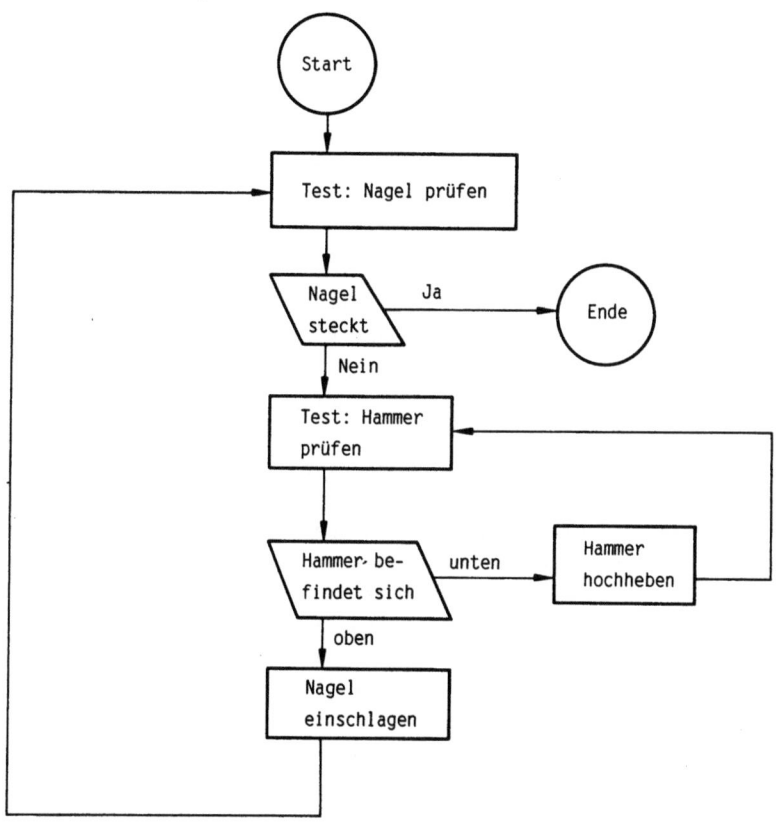

Quelle: DANI

Als zentrale Aufgabe der psychologischen Analyse sehen Miller et al. (1960) die *Simulation* psychischer Prozesse an, ganz im Sinne von Forschern wie Newell, Shaw, oder Simon. Dabei verstehen sie TOTE auch als heuristisches Prinzip, das für die Simulation von Verhalten nützlich ist. Dazu später mehr.

2.3. Kognitive Psychologie, Informationsverarbeitung und der Computer

Viele Menschen sehen in dem Computer eine Art "idiot savant", eine Maschine, die schnell rechnen kann, sonst aber nichts vermag. Diese Auffassung ist grundlegend falsch: ein Computer ist eine äußerst komplexe, symbolverarbeitende Maschine. Ja, der Computer ist in der Tat eine universelle Maschine, d.h. eine Turing-Maschine (siehe 4.1.9.). Sieht man zumindest einen Teil menschlicher mentaler Aktivität ebenfalls als Verarbeitung von Symbolen an, so liegt die Analogie auf der Hand. Dazu Lachman, Lachman und Butterfield (1979, S. 99):

"Computers take symbolic input, recode it, make decisions about the recoded input, make new expressions from it, store some or all of the input, and give back symbolic output. By analogy, that is most of what cognitive psychology is all about."

Newell, Shaw und Simon waren wohl die ersten, die explizit davon ausgingen, daß sowohl Computer wie auch der menschliche Verstand (mind) als Systeme der menschlichen Informationsverarbeitung aufzufassen sind. Dabei geht es ausschließlich darum, das Verhalten dieser Systeme zu beschreiben (und nicht etwa ihre Hardware, ihre mechanische und/ oder biologische Realisation): "The heart of our approach is describing the behavior of a system in terms of elementary information processes." (Newell, Shaw und Simon, 1958) Das aus Beobachtungen gewonnene Wissen wird in eine Theorie transformiert, und diese wird als ein Programm formalisiert. Mittels eines Laufes dieses Programms im Computer, Simulation genannt, werden die Konsequenzen der so abgefaßten psychologischen Theorie ermittelt. Da Computer universelle Maschinen sind, können sie das Verhalten jeder anderen Maschine, oder jedes anderen Systems, kopieren oder imitieren. Begreift man den Menschen als ein solches System, so muß auch das Verhalten dieses Systems auf dem Computer zu simulieren sein. Diese Überlegungen sind der Kern des Informationsverarbeitungs-Ansatzes der Psychologie.

Die Computeranalogie wird von verschiedenen kognitiven Psychologen mehr oder weniger eng gefaßt. Das eine Extrem bilden Forscher wie Newell, Shaw, Simon u.a., die menschliches Verhalten auf dem Computer simulieren wollen. Diese Gruppe von Forschern befaßt sich vorwiegend mit "Denken". Die Mehrzahl der kognitiven Psychologen hingegen verwendet wohl Teile des begrifflichen Instrumentariums der Computer- und Informationstheorie, indem sie über Verarbeitungsstufen, Subsysteme, Kanal und Kanalkapazität etc. sprechen, aber eigentlich eher "konventionell" arbeiten, indem sie experimentelle Designs bevorzugen, statistisch und quantitativ arbeiten. Im Zentrum dieser nicht-Simulierer im Rahmen der kognitiven Psychologie stehen Gedächtnis, Wahrnehmung und Sprache. Einige der charakteristischen Auffassungsunterschiede zwischen diesen beiden Gruppen sind in der nachstehenden Tabelle zusammengefaßt.

Tabelle 2.1.

Einige kennzeichnende Auffassungen von "Informationsverarbeitern" und "Kognitivisten"

Aspekt	"Informationsverarbeiter"	Kognitivisten
Aussage über:	den Einzelnen (idiographischer Ansatz)	das Allgemeine (nomothetischer Ansatz)
primärer Untersuchungsgegenstand	Denken	Gedächtnis
Daten	qualitativ, oft verbales Protokoll	quantitativ, oft Latenzzeiten
Methode	empirisch, aber nicht experimentell	experimentelles Design
Bewertung der Ergebnisse	informell, nicht statistisch	statistische Tests
primäre Art der Formalisierung	Simulation	mathematische oder logische Modelle
Zielrichtung der Theoriebildung	Abbild: Imitieren des Systems	Reduktion: Erfassen essentieller Aspekte
Rolle des Computers	essentiell	Metapher oder Analogie
Philosophische Grundhaltung	rationalistisch	rationalistisch

Wie man sieht, unterscheiden sich Informationsverarbeiter und Kognitivisten auf wirklich allen Dimensionen, nur in ihrer philosophischen Grundeinstellung sind sie rationalistisch, also nicht empiristisch wie die Behavioristen. Wir werden im weiteren Beispiele für beide Ansätze kennenlernen. Eine Zusammenschau der jeweiligen Vor- und Nachteile wird im letzten Kapitel versucht.

2.4. Elemente eines Informationsverarbeitungs-Systems

Wenngleich in der Darstellung von Miller, Galanter und Pribram die erste programmatische Darlegung des Informationsverarbeitungs-Standpunktes in der Psychologie zu sehen ist, so hat sich doch in jüngerer Zeit der Ansatz von Newell und Simon, fast enzyklopädisch in ihrer Monographie von 1972 dargestellt, als besonders nützlich erwiesen. Im Gegensatz zu Miller et al., die ihre Überlegungen auf ein einziges kybernetisches Prinzip gründen, die TOTE-Einheit, gehen Newell und Simon davon aus, daß es eine Reihe von elementaren Informationsverarbeitungs-Prozessen gibt, den bereits erwähnten Eips, sowie Mechanismen, mit denen die Eips untereinander verbunden sind.

Ein Informationsverarbeitungs-System (IPS, information processing system) kann mit Newell und Simon (1972) wie folgt dargestellt werden:

Abbildung 2.3.

Allgemeine Struktur eines IPS (Informationsverarbeitungs-Systems), nach Newell und Simon, 1972

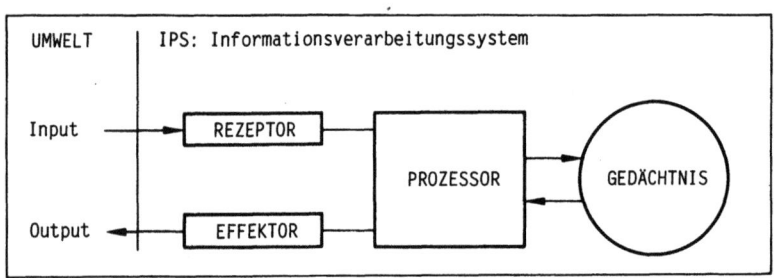

Das IPS hat die folgenden Kernelemente:
- eine Informationsverarbeitungs-Einheit, kurz Prozessor genannt;
- einen Speicher, oder Gedächtnis;
- eine Input-Output (I-O) Einheit, die es ermöglicht, mit der Umwelt zu kommunizieren.

Nun zu diesen Elementen im einzelnen. Der Prozessor führt die im Programm vorgesehenen Operationen aus, wobei ihm die im Gedächtnis gespeicherten Inhalte zur Verfügung stehen. Die Operationen entsprechen den Eips. Diese können sehr unterschiedlicher Art sein, z.B. Diskriminieren, Testen und Vergleichen etc. (dazu genaueres in 2.6.). Der Prozessor stellt sicher, daß die Operationen in der vom Programm festgelegten Reihenfolge durchgeführt werden. Dazu ist es in nicht-trivialen Fällen erforderlich, daß der Prozessor über ein gewisses "Aufgabenverständnis" verfügt; s.u. Die Regeln, nach denen der Prozessor arbeitet, sind ebenfalls im Gedächtnis gespeichert.

Bei der Durchführung eines Programms kann es erforderlich sein, neue Informationen zu besorgen. Diese können
- durch Suche im Gedächtnis, und/oder
- durch Suche in der Umwelt, d.h. durch I-O Operationen, gefunden und bereitgestellt werden.

Im Gedächtnis, so haben wir vermerkt, sind zunächst einmal Inhalte gespeichert. Aber, und dies ist von ganz entscheidender Bedeutung, diese Inhalte stehen in bestimmten Beziehungen, Relationen zueinander, in Abhängigkeit von ihrer Bedeutung. Diese Relationen sind ebenfalls im Gedächtnis gespeichert. Oder, anders gesagt, im Gedächtnis sind Wissensstrukturen gespeichert. Das ist aber noch nicht alles, vielmehr sind auch noch Programme gespeichert, d.h. Sequenzen von Operationen auf diesen Inhalten. Die entscheidende Idee, im Gedächtnis (Speicher des Computers) nicht nur Daten, sondern ebenfalls Programme zu speichern, stammt von dem Mathematiker John von Neumann (der im übrigen viele weitere für die Psychologie bedeutsame Beiträge geleistet hat, so die Entwicklung der Spieltheorie (von Neumann und Morgenstern, 1944), oder seine Schrift über Computer und Gehirn, 1958). Erst dadurch wurden Computer heutiger Art - intelligente Information verarbeitende Maschinen - möglich. So gesehen besteht kein grundsätzlicher Unterschied zwischen Daten (Inhalten) und Programmen - beide sind im Gedächtnis gespeicherte Informationen.

Eine extrem wichtige Eigenschaft eines IPS besteht darin, daß Information als Gedächtnisinhalt nur dann einen operationales Sinn erfährt, wenn sie interpretiert werden kann, also "verstanden" wird: folglich muß der Prozessor auch ein Interpreter sein.

Exkurs. Bei dem Aufbau von Strukturen, z.B. Sprache, unterscheidet man drei Ebenen:
1. Inhalte, bzw. deren (symbolische) Repräsentation, dies nennt man Pragmatik;
2. Interpretation der Inhalte, Feststellen der Bedeutung der In-

halte, dies nennt man Semantik;
3. Ordnung, Systematik, Festlegen der Regeln, wie die Inhalte miteinander verknüpft werden können, dies nennt man Syntax.

"Denken" befaßt sich somit nicht in erster Linie mit reinen Inhalten, z.B. Aufsagen einer Liste von Wörtern, sondern damit, systematische Beziehungen zwischen Inhalten herzustellen oder zu verändern, wozu es erforderlich ist, die Inhalte zu verstehen. Oder anders: Denken bedeutet die Generierung oder Modifikation syntaktischer Strukturen, wozu deren Semantik erfaßt werden muß.

Exkurs. Syntaktische Strukturen können auf sehr verschiedene Art und Weise dargestellt werden. Eine der einfachsten Beziehungen zwischen Inhalten ist die Realtion. Werden jeweils nur zwei Inhalte miteinander verknüpft, so spricht man von einer binären Relation. Sei z.B. S eine Menge von Inhalten mit den Elementen $\{a, b, c,...\}$. Eine binäre Relation kann dann allgemein aRb geschrieben werden, gelesen "a steht in der Relation R zu b". Will man die Relation inhaltlich ausfüllen, so sind natürlich die Elemente a,b etc. der Trägermenge S sowie die Realtion R selbst zu spezifizieren. So kann S z.B. die Menge der natürlichen Zahlen (1,2,3,...) sein, R die Relation "ist Vielfaches von". Dann kann man für beliebige Paare von Elementen a, b aus S feststellen, ob sie in dieser Relation zueinander stehen, also die Relation erfüllen. Für a=4 und b=2 ist dies offenbar erfüllt, 4 ist Vielfaches von 2.

Bei einer anderen binären Relation könnten die Inhalte von S Personen sein, und R "ist Vater von". Wieder kann man für beliebige Elemente aus S feststellen, ob die Relation erfüllt ist oder nicht.

Natürlich können auf einer Trägermenge S mehrere Relationen gleichzeitig definiert werden, z.B. verschiedene Beziehungen der Zahlen zueinander. Die Trägermenge zusammen mit der auf ihr definierten Relationen nennt man Relationalsystem, oder auch kurz Relativ genannt. Man schreibt:

$$RS := (S; R_1, R_2,..., R_n) .$$

Das hört sich noch sehr einfach an und man könnte vermuten, daß aus solch einfachen Konstruktionen, wie sie Relationalsysteme darzustellen scheinen, nichts bedeutsames abgeleitet werden kann. Weit gefehlt! So ist z.B. die gesamte (axiomatische) Meßtheorie nichts weiter als die Konsequenz aus einer auf binären (gelegentlich auch höherstelligen) Relationen aufbauenden Struktur. Einfach gesagt geht es darum,

2. SONST verwende eine Tabellen-Nachschlag-Strategie mit der folgenden Tabelle:

	Mi	Do
Mi	Sa	So
Do		Mo

Vergleich der Strategien

Die erste Strategie, die Tag-Zahlen Transformation, verwendet als Hilfsmittel die Arithmetik, d.h. das einfache Rechnen. Weder sind Übung noch Erfahrung notwendig, nur "Kopfrechnen" (mental processing). Die zweite Strategie, die auf dem Nachsehen in einer Tabelle beruht, erfordert einen beträchtlichen Lernaufwand, aber weder Informationsverarbeitung noch Gebrauch des Kurzzeitgedächtnisses. Die Regel-Strategie schließlich liegt zwischen den beiden anderen. Wir haben also die folgende Situation:

Strategie	Umfang der Informationsverarbeitung	Beanspruchung des Kurzzeitgedächtnis	Umfang des zu lernenden Materials
Tag-Zahlen	hoch	mittel	gering
Tabelle	niedrig	niedrig	sehr hoch
Regel	mittel	mittel	mittel

Offensichtlich besteht ein trade-off zwischen dem Umfang der Informationsverarbeitung, der Beanspruchung des Kurzzeitgedächtnisses als "Arbeitsspeicher", und dem Umfang des zu lernenden Materials, das im Langzeitgedächtnis abgespeichert werden muß. Was die "beste" Methode ist, hängt vom Verwendungszweck ab. Muß man nur sehr selten Tages-Arithmetik Fragen beantworten, so empfiehlt sich sicher die Tag-Zahlen Transformations-Strategie. Andererseits, sollte man solche Fragen sehr oft zu beantworten haben, so würde es sich lohnen, die Tabelle auswendig zu lernen.

Wir können also folgendes Grundprinzip festhalten: Es gibt einen trade-off zwischen Gedächtnis- und Informationsverarbeitungslast. Komplexe Aufgaben können oft dadurch erleichtert werden, daß man für die Vereinfachung der Durchführung entweder einen größeren Gedächtnisaufwand auf sich nimmt, oder aber eine höhere Rechenlast.

repräsentieren, addieren.

3. Schritt: Ersetze die resultierende Zahl durch den Tag, den sie repräsentiert. Beispiel: Dienstag + Freitag = Sonntag.

Frage: Was ist Donnerstag + Samstag, also 4 + 6 = 10? Der Zahl 10 entspricht zunächst kein Tag mehr, die 10 muß also in das Zahlensystem modulo 7 rückübertragen werden. Dies geschieht einfach durch Bilden der Differenz 10 - 7 = 3; die Antwort ist Mittwoch.

Wie sieht nun ein Programm aus, mit dem man diese Tag-Zahlen Transformation durchführen kann?

Konvention: Im folgenden bedeuten Großbuchstaben Operationen in einem Programm.

Programm für die Tag-Zahlen Transformationsstrategie: Tag-1 + Tag-2

1. TRANSFORMIERE Tag-1 in eine Zahl, NENNE diese Zahl n1.
2. SPEICHERE n1 im Kurzzeitgedächtnis.
3. TRANSFORMIERE Tag-2 in eine Zahl, NENNE diese Zahl n2.
4. ADDIERE n1+n2, NENNE die Summe T.
5. FALLS T GRÖSSER-ALS 7, DANN SUBTRAHIERE 7 und NENNE die neue Zahl T.
6. TRANSFORMIERE die Zahl T in den entsprechenden Tag.
7. STATE diesen Tag als Antwort.

Um die geforderte Informationsverarbeitung durchführen zu können, müssen eine ganze Reihe von Operationen ausgeführt werden, z.B. SPEICHERE, NENNE, ADDIERE etc., von denen angenommen wird, daß sie dem Informationsverarbeitungs-System bereits vor der Lösung dieses spezifischen Problems zur Verfügung stehen. Dies führt zu der sehr grundsätzlichen Frage, über welches Wissen ein IPS bereits verfügt, bzw. welches Wissen extern zugeführt werden muß, oder im System generiert werden kann. Dabei wiederum ist es entscheidend wichtig, wie "Wissen" repräsentiert wird. Einige Möglichkeiten werden später skizziert.

Von der Operation TRANSFORMIERE wird hingegen nicht angenommen, daß sie im System zur Verfügung steht, sie wird erst im Programm definiert. Dies kann, wie bereits erwähnt, auf zweierlei Art geschehen, entweder dadurch, daß man in einer Tag-Zahlen Transformationstabelle nachsieht, oder indem man erinnert, daß Montag gleich eins ist, und dann für jeden Tag eins weiter zählt.

Beziehungen zwischen Inhalten auf entsprechende Beziehungen zwischen
Zahlen abzubilden, wobei man die Art der Zahlen kennen will (d.h. das
Skalenniveau). Was man macht ist nichts weiter, als ein empirisches
Relationalsystem auf ein formales strukturerhaltend abzubilden. Die
Lektüre von Krantz, Luce, Suppes und Tversky (1971) überzeugt, daß
dies nicht immer einfach ist.

2.5. Der Zusammenhang zwischen Informationsverarbeitung und Gedächtnis: Ein Beispiel für die Arbeitsweise eines IPS

Der Prozessor als eigentliche Informationsverarbeitungseinheit, sowie
der Speicher, also die Gedachtniseinheit, sind primäre Elemente eines
jeden IPS. Es soll nunmehr anhand eines Beispiels (Lindsay und Norman,
1977) untersucht werden, ob diese beiden Einheiten als voneinander unabhängige Systeme nebeneinander stehen, oder ob sie in einem dynamischen Austauschverhältnis zueinander stehen.

Tages - Arithmetik

Die Wochentage von Montag bis Sonntag sollen mit den Zahlen von 1 bis 7
7 belegt werden, also

Montag	1	Freitag	5
Dienstag	2	Samstag	6
Mittwoch	3	Sonntag	7
Donnerstag	4		

Es sollen dann Probleme der folgenden Art gelöst werden; was ist:

Mittwoch + Dienstag ?   (Antwort: Freitag)
Dienstag + Freitag ?
Donnerstag + Samstag ?

Es sollen jetzt mehrere grundlegend verschiedene Lösungswege vorgestellt werden, verschiedene Strategien, mit denen man an eine solche
Aufgabe herangehen kann.

Strategie 1: Tag - Zahlen Transformationsstrategie

Bei dieser Strategie werden die folgenden Schritte durchlaufen:

1. Schritt: Herstellen der Beziehung zwischen Zahlen und Tagen. Dies
kann entweder dadurch geschehen, daß man die Tag-Zahlen Kombinationen
lernt, d.h. speichert, oder indem man für Montag den internen Zähler
auf eins setzt und diesen für jeden weiteren Tag um eins erhöht.

2. Schritt: Um die Tage zu addieren, muß man die Zahlen, die die Tage

repräsentieren, addieren.

3. Schritt: Ersetze die resultierende Zahl durch den Tag, den sie repräsentiert. Beispiel: Dienstag + Freitag = Sonntag.

Frage: Was ist Donnerstag + Samstag, also 4 + 6 = 10? Der Zahl 10 entspricht zunächst kein Tag mehr, die 10 muß also in das Zahlensystem modulo 7 rückübertragen werden. Dies geschieht einfach durch Bilden der Differenz 10 - 7 = 3; die Antwort ist Mittwoch.

Wie sieht nun ein Programm aus, mit dem man diese Tag-Zahlen Transformation durchführen kann?

Konvention: Im folgenden bedeuten Großbuchstaben Operationen in einem Programm.

Programm für die Tag-Zahlen Transformationsstrategie: Tag-1 + Tag-2

1. TRANSFORMIERE Tag-1 in eine Zahl, NENNE diese Zahl n1.
2. SPEICHERE n1 im Kurzzeitgedächtnis.
3. TRANSFORMIERE Tag-2 in eine Zahl, NENNE diese Zahl n2.
4. ADDIERE n1+n2, NENNE die Summe T.
5. FALLS T GRÖSSER-ALS 7, DANN SUBTRAHIERE 7 und NENNE die neue Zahl T.
6. TRANSFORMIERE die Zahl T in den entsprechenden Tag.
7. STATE diesen Tag als Antwort.

Um die geforderte Informationsverarbeitung durchführen zu können, müssen eine ganze Reihe von Operationen ausgeführt werden, z.B. SPEICHERE, NENNE, ADDIERE etc., von denen angenommen wird, daß sie dem Informationsverarbeitungs-System bereits vor der Lösung dieses spezifischen Problems zur Verfügung stehen. Dies führt zu der sehr grundsätzlichen Frage, über welches Wissen ein IPS bereits verfügt, bzw. welches Wissen extern zugeführt werden muß, oder im System generiert werden kann. Dabei wiederum ist es entscheidend wichtig, wie "Wissen" repräsentiert wird. Einige Möglichkeiten werden später skizziert.

Von der Operation TRANSFORMIERE wird hingegen nicht angenommen, daß sie im System zur Verfügung steht, sie wird erst im Programm definiert. Dies kann, wie bereits erwähnt, auf zweierlei Art geschehen, entweder dadurch, daß man in einer Tag-Zahlen Transformationstabelle nachsieht, oder indem man erinnert, daß Montag gleich eins ist, und dann für jeden Tag eins weiter zählt.

Die Tagesarithmetik ist natürlich ein äußerst triviales Denkproblem.
Sie wurde ja auch nur zur Demonstration eines Grundprinzips der Beziehung zwischen Informationsverarbeitung und Speicherung verwendet.
Wegen der Einfachheit des Problems konnten auch die Programme, die
die Lösungsstrategien wiedergeben, sehr einfach sein. Für kompliziertere Probleme ist es notwendig, eine aufwendigere und formalisierte
Sprache für die Abfassung der Programme zu wählen. Solche "höhere"
Programmiersprachen müssen es gestatten, komplexere Beziehungen zwischen Inhalten auszudrücken. Für die Beschreibung und Simulation von
Denkvorgängen haben sich vor allem sog. Listenverarbeitungssprachen
als sehr vorteilhaft erwiesen, wir kommen sogleich darauf zurück.

2.6. Formale Darstellung von Informationsverarbeitungs-Systemen (IPS)

In Kapitel 2.4. waren die Elemente eines IPS recht allgemein beschrieben worden; siehe auch Abb. 2.3. Hier soll nun eine formalere
Kennzeichnung eines IPS und seiner Komponenten gegeben werden. Wir
lehnen uns dabei eng an die Darstellung von Newell und Simon (1972)
an, ohne jeweils im einzelnen zu zitieren; alle Definitionen stammen
aus dieser wegweisenden Arbeit.

2.6.1. Definition eines IPS

Erinnerlich besteht ein IPS aus den Elementen Gedächtnis, Prozessor,
sowie Rezeptoren und Effektoren, d.h. Ein- und Ausgabeeinheiten. Im
folgenden werden die beiden letztgenannten Bestandteile nicht näher
betrachtet, d.h. perzeptive und motorische Komponenten werden nicht
im Detail abgebildet (obwohl dies sehr wohl möglich wäre, man siehe
etwa Arbeiten zum pattern recognition). So wird abgenommen, daß der
Buchstabe "A" als A gelesen wird, egal ob als A, a oder $\mathcal{A}$ geschrieben. Wir wollen hier nur die für Denken entscheidenden symbolischen
Vorgänge abbilden, die Wahrnehmungsseite wird bewußt ausgeklammert.

Ein IPS kann wie folgt definiert werden:

1. Es gibt eine Menge von Elementen, die Symbole genannt werden.
2. Eine Symbolstruktur besteht aus einer Menge von Tokens (Synonyme: Exemplars, Vorkommen, Beispiele) von Symbolen, sowie einer Menge von Relationen, die auf den Elementen definiert sind (es handelt sich also um ein Relationalsystem).
3. Ein Gedächtnis ist eine Komponente des IPS, die in der Lage ist, Symbolstrukturen zu speichern.
4. Ein Informationsprozeß ist ein Prozeß, der für (einige) seiner

Inputs und Outputs Symbolstrukturen besitzt.
5. Ein Prozessor ist eine Komponente des IPS, bestehend aus:
   (a) Einer (festen) Menge elementarer Informationsverarbeitungsprozesse (eip);
   (b) Ein Kurzzeitgedächtnis (STM, short term memory), das die Input und Output Symbolstrukturen der eips speichert;
   (c) Ein Interpreter, der die Reihenfolge bestimmt, mit der das IPS die eips ausführt, als Funktion der Symbolstrukturen im STM.
6. Eine Symbolstruktur bezeichnet (weist auf) ein Objekt, falls es Informationsprozesse gibt, die die Symbolstruktur als Input zulassen und entweder:
   (a) Das Objekt betreffen, oder
   (b) als Output Symbolstrukturen bewirken, die von dem Objekt abhängen.
7. Eine Symbolstruktur wird Programm genannt, wenn das Objekt, das sie bezeichnet, ein Informationsprozeß ist und wenn der Interpreter das Programm ausführen kann (bei entsprechendem Input).
8. Ein Symbol heißt elementar (primitive), wenn seine Bezeichnung oder seine Kreation durch die eips oder die externe Umwelt fest vorgegeben ist.

In den obigen Definitionen wird der Terminus "Objekt" in drei verschiedenen Bedeutungen verwendet:

1. Im Gedächtnis gespeicherte Symbolstrukturen, die oft in (a) Daten und (b) Programme klassifiziert werden;
2. Prozesse, die das IPS ausführen kann;
3. Eine externe Umwelt wahrnehmbarer ("lesbarer") Stimuli. Lesen bedeutet, im Gedächtnis eine interne Symbolstruktur aufzubauen, die den externen Stimulus bezeichnet; Schreiben ist die inverse Operation, bei der Responses in der externen Umwelt bewirkt werden, die durch die interne Symbolstruktur bezeichnet sind.

Nun zu einigen Aspekten ausführlicher.

2.6.2. Symbole und Symbolstrukturen

Jedes IPS muß die Fähigkeit besitzen, Tokens daraufhin zu beurteilen, ob sie gleich oder verschieden sind. Alle als "gleich" bewerteten Tokens werden zu einer (Symbol-)Klasse zusammengefaßt. Tokens, die Elemente der gleichen Symbolklasse sind, werden als äquivalent aufgefaßt (Äquivalenzklasse). Symbolstrukturen werden erinnerlich aus Tokens und Relationen aufgebaut.

Die Fähigkeit, etwas zu bezeichnen, für etwas zu stehen, macht das Symbolische eines Symbols aus. So kann X für Birne, Y für Apfel stehen. Erhält das IPS das Symbol (Token) als Input, so gewinnt es dadurch Zugang zu dem bezeichneten Objekt. Die wichtigste Form dieser Bezeichnung besteht zwischen Symbol und Symbolstruktur. So kann Z1 für die Liste (,A,B,C,D,F,) stehen, durch Z1 erhält man Zugang zu eben dieser Symbolstruktur.

Einige Symbole müssen bei dem Aufbau eines IPS eine feste Bedeutung erhalten, es sind dies:

1. Symbole, die bestimmte Ereignisse oder Strukturen der Außenwelt bezeichnen;
2. Symbole, die elementare Informationsverarbeitungs-Prozesse (eips) bezeichnen.

Was man als elementare Symbole verwenden will, hängt vom intendierten Verwendungszweck des IPS ab. Da hier Denken betrachtet werden soll, liegt es nahe, die Buchstaben des Alphabets sowie einige Sonderzeichen, z.B. solche der formalen Logik (UND, ODER etc.) als "primitives" anzusetzen.

Repräsentation von Symbolstrukturen

Wie lassen sich Symbolstrukturen angeben, darstellen, repräsentieren (alles synonyme Begriffe)? Dazu gibt es eine Reihe von Möglichkeiten. Einige davon erläutern Newell und Simon anhand des folgenden Logikausdrucks:

$$(P \lor Q) \& (Q \supset R) ,$$

dabei dedeutet:

$\lor$ das logische "oder"
\&   das logische "und"
$\supset$ die logische Implikation .

Es gibt dann u.a. die folgenden Möglichkeiten, diesen symbolischen Ausdruck "P oder Q <u>und</u> Q impliziert R" darzustellen:

1. <u>Listenstruktur</u>. Hier (,P,v,Q,),&,(,Q, $\supset$,R,) , d.h. als Liste oder Sequenz elementarer Symbole. Läßt man A die erste und B die zweite Klammer bezeichnen, so kann man die Liste verkürzt mit (&,A,B) angeben.

2. <u>Baumstruktur</u>. Führt man die Bezeichnungen "linker Teilausdruck" und "rechter Teilausdruck" ein, so läßt sich der ganze Ausdruck als

Baum, d.h. als hierarchische Struktur, repräsentieren:

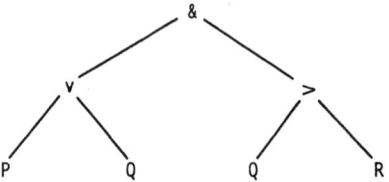

3. **Attribut-Wert Strukturen.** Eine andere Form der Repräsentation erreicht man, indem man Deskriptoren verwendet. Symbole erhalten deskriptive Assoziationen, d.h. Paare von Symbolen. Der erste Paarling wird "Attribut" genannt, der zweite "Basissymbol", dieses trägt die Assoziation. Das Symbolpaar bezeichnet ein drittes Symbol, das "Wert" des Attributs genannt wird. Um den Logikausdruck als Attribut-Wert Struktur darstellen zu können, benötigt man die Attribute (Terme, Ausdrücke) connective ("ist verbunden mit"), links und rechts.

Terme der Attribut-Wert Struktur:

connective(x1) =   links(x1) = x2   rechts(x1) = x3
connective(x2) = v   links(x2) = x4   rechts(x2) = x5
connective(x3) = >   links(x3) = x6   rechts(x3) = x7

term(x4) = P   term(x6) = Q
term(x5) = Q   term(x7) = R .

Die Struktur dieser Repräsentation wird deutlicher, wenn man sie graphisch darstellt; man gewinnt dadurch zugleich die vierte Art der Repräsentation:

4. **Assoziatives Netzwerk** (Abbildung umseitig)

Kommentar: Listenstrukturen bieten mehrere Vorteile gegenüber den anderen Darstellungsformen. Der wichtigste Vorteil ist, daß sie nur eine einzige Relation benötigen, "nächstes Element", oder "ist Nachfolger von". Hierarchische Strukturen, die für jede einigermaßen komplexe Darstellung erforderlich sind, können sehr leicht erzeugt werden; ein Beispiel wird später gegeben. Ferner lassen sich relativ einfach sehr effiziente Formalismen zum Handhaben von Listen entwickeln, die erwähnten Listenverarbeitungssprachen.

Assoziatives Netzwerk für
Logikausdruck

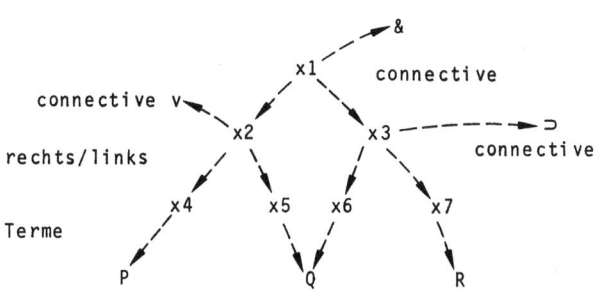

(Erläuterungen im Text vorseitig)

Elementare Informationsverarbeitungs-Prozesse (eips)

Bei den Definitionen des IPS wurde davon ausgegangen, daß es eine Reihe elementarer Informationsprozesse gibt, die auf Symbolstrukturen operieren. Elementar soll heißen, daß sie nicht weiter analysiert werden, nicht in noch elementarere Prozesse aufgespalten werden sollen. Auf welche Ebene der Betrachtung man sich begibt, hängt natürlich von den Problemen ab, die man betrachten will. Die eips sind jedenfalls so zu wählen, daß das auf ihnen aufbauende IPS in die Lage versetzt wird, die Funktionen auszuüben, die es ausüben soll. Ferner sind die eips so zu definieren, daß sie auch tatsächlich ausgeführt werden können. Ist es nun so, daß beliebig viele eips zur Auswahl stehen, für jedes IPS völlig andere? Dies ist nicht der Fall, wie am besten der Computer als IPS aufzeigt: mit sehr wenigen eips wird die Universalität des IPS erreicht. Andererseits gibt es keine Eindeutigkeit dergestalt, daß man ein bestimmtes System nur mit einer und nur einer Menge von eips darstellen kann. Newell und Simon schlagen die folgende Menge an eips vor:

1. Unterscheiden. Das System muß die Möglichkeit besitzen, alternativ vorzugehen, in Abhängigkeit von den im STM verfügbaren Symbolstrukturen.
2. Teste und Vergleiche. Bestimmen, ob zwei Tokens zum gleichen Symboltyp gehören oder nicht.
3. Symbolgenerierung. Generieren neuer Symbole zur Bezeichnung von

Symbolstrukturen. Z.B. Bezeichnen einer Liste durch ein Symbol.
4. Schreiben von Symbolstrukturen. Generieren neuer Symbolstrukturen, Kopieren bestehender, Modifizieren bestehender, z.B. durch Veränderung oder Eliminieren von Tokens etc.
5. Externes Lesen und Schreiben. Bezeichnen extern eingegebener Stimuli durch interne Symbole oder Symbolstrukturen, Generieren externer Responses aufgrund interner Symbolstrukturen, die diese Responses bezeichnen.
6. Bezeichnen von Symbolstrukturen. Verschiedene Teile von Symbolstrukturen müssen getrennt bezeichenbar sein, d.h. dürfen nicht unerreichbar sein.
7. Speichern von Symbolstrukturen. Eine Symbolstruktur muß für späteren Gebrauch gespeichert werden können, und dann wieder zugänglich sein, d.h. im Speicher auffindbar sein. Die Speicherung soll verläßlich sein.

Eine auf diesen eips basierende Informationsverarbeitungs-Theorie des Denkens wird in Kap. 14. beschrieben.

Zur Rolle des Interpreters

Der Prozessor eines IPS besteht aus drei Komponenten, dem STM oder Arbeitsspeicher, den eips und schließlich dem Interpreter. Der Interpreter muß die Statements des Programms erkennen und verstehen, um sie dann auszuführen. In gewisser Weise entspricht der Interpreter dem Verständnis von Sprache, er stellt eine prozessorientierte Sichtweise der Konvention der Sprache dar. Die Funktion des Interpreters soll anhand eines Beispiels erläutert werden. Gehen wir von folgendem einfachen Programm aus, dessen Symbole entweder eips sind, oder Namen eines anderen Programms.

P1: $(eip_1, eip_2, P2, eip_3)$;
P2: (eip_4, eip_5);
P3: $(eip_6, P4, eip_7)$;
P4: $(P2, P2, eip_8)$.

Der Interpreter für dieses Programm ist dann selbst wieder ein Programm, wie folgt:
(Stack bedeutet in der Computersprache soviel wie Liste)

Interpreter:

1. find next symbol in current-program-list,
   if fail go to 4;
2. test if symbol designates eip,
   if true do to 5;
3. push symbol onto stack,
   go to 1;
4. pop top-symbol from stack,
   if fail stop and report end of program,
   if suceed go to 1;
5. execute process of symbol,
   go to 1.

Wird der Liste ein Symbol vorangestellt, so wird dies als "push symbol onto stack" bezeichnet, wird ein Symbol vom Ende der Liste entfernt, so wird dies "pop symbol from stack" genannt, wobei anzugeben ist, welches Symbol eliminiert werden soll.

Was muß der Interpreter können? Er muß angeben können, ob ein Symbol in der Liste einen elementaren Prozeß bezeichnet, und, falls ja, diesen ausführt. Ferner muß der Interpreter das Programm als Symbolstruktur lesen können, d.h. jeweils zum nächsten Symbol übergehen und das Ende der Programmliste feststellen. Ferner muß er in der Lage sein, eine Symbolstruktur zu generieren und zu modifizieren und deren Platz im Programm festzuhalten.

Programme und Programmsprachen

Beispiel: Man kann die Funktion eines Heizungsthermostaten wie folgt in eine fast umgangssprachliche Programmsprache übersetzen:
Programm für Thermostaten:

1. Beobachte Temperatur,
   Falls $< 20^{o}C$, go to 2,
   Falls $> 22^{o}C$, go to 4,
   Sonst go to 1;
2. Brenner in Betrieb?
   Falls ja, go to 1,
   Falls nein, go to 3;
3. Stelle Brenner ein,
   Go to 1;

4. Brenner in Betrieb?
    Falls ja, go to 5,
    Falls nein, go to 1;
5. Stelle Brenner aus,
    Go to 1.

Abbildung 2.4.

Flußdiagramm für die Wirkungsweise des Thermostaten

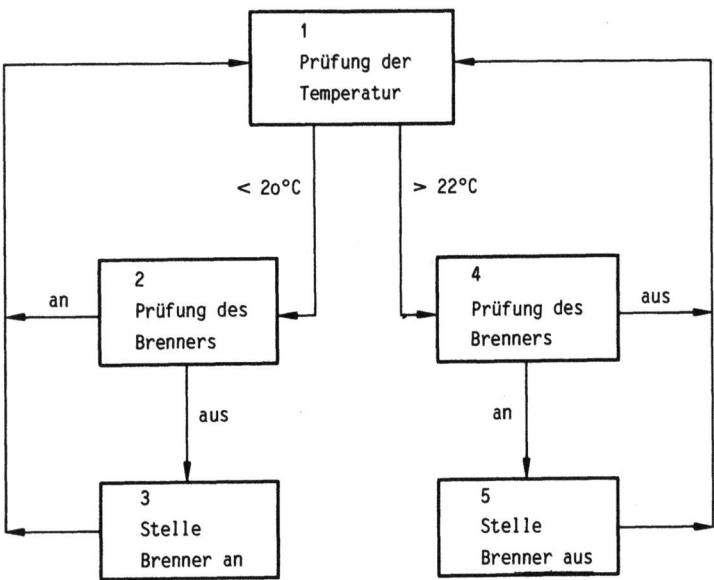

Die eips in dem Thermostatprogramm sind Tests (Abfühlen der derzeitigen Temperatur) und Aktionen (Brenner an-oder abstellen). Wichtig ist die Beobachtung, daß das Programm vollständig extern ist, es gibt meine Vorstellung über die Wirkungsweise des Thermostaten wieder. Nichts in dem Thermostaten entspricht aber dem Programm - seine Realisierung, seine physikalische und technische Konstruktion ist völlig anders (z.B. ein Bi-Metall). Das Programm gibt die Struktur, die Essenz des Prozesses wieder, es kopiert nicht den Prozeß selbst. Das Programm ist meine "Theorie" über das von mir beobachtete Verhalten - hier des Thermostaten. Genau das gleiche gilt für Programme, die andere Prozesse beschreiben wollen, z.B. Denkverläufe. Auch hierbei gilt: derartige Programme geben die Theorie des Forschers über beim Denken ablaufende informatorische Prozesse wieder - nichts im Kopf des Problemlösers muß diesem Programm entsprechen. Die Theorie, gekleidet in ein Programm, leitet der Forscher induktiv, aus Beobachtungen ab.

Programmsprachen. Die für die Simulation höherer kognitiver Prozesse verwendeten Sprachen sind Listenverarbeitungs-Sprachen; Beispiele sind LISP, die wohl bekannteste dieser, SNOWBOL oder IPL-V, die von Newell und Simon entwickelte und von ihnen verwendete Listensprache. Damit der Computer die Simulation tatsächlich ausführen kann, und so die Konsequenzen der psychologischen Theorie ermittelt, muß die "anwenderorientierte" Programmsprache für den internen Gebrauch des Computers übersetzt werden. Dies geschieht entweder durch einen Compiler, der die Simulationssprache in die Maschinensprache übersetzt, selbst aber keine Befehle ausführt, oder durch einen Interpreter, der die Operationen des Simulationsprogramms übersetzt und ausführt, wobei allerdings der Maschinencode nicht erhalten bleibt. Sowohl der Compiler, wie auch der Interpreter, sind ihrerseits Programme.

Datenrepräsentation im Computer. Um die Bedeutung von Listen bzw. Listenverarbeitungs-Sprachen zu verstehen, stellt man sie am besten der konventionellen Datenrepräsentation gegenüber, also Strings. Diese finden in den bekanntesten Anwendersprachen, wie FORTRAN oder COBOL Anwendung.

1. String. Ein String ist eine Sequenz elementarer Zeichen (z.B. Buchstaben, Zahlen, Sonderzeichen), die an sequentiell adressierten Stellen im Gedächtnis gespeichert werden. Angenommen, eine Stelle im Speicher kann sechs Buchstaben aufnehmen:

```
THIS I
S A ST      "This is a string"
RING./
```

Der Schrägstrich "/" bedeutet "Ende des Strings".

2. Liste. Eine Liste ist ebenfalls eine Folge von Zeichen, meist aber Wörter der natürlichen Sprache. Zu jedem Wort (Symbol) der Liste wird im Computer diejenige Information gespeichert, die notwendig ist, um das nächste Wort in der Sequenz zu finden. Dieses kann einen beliebigen Platz im Speicher einnehmen. Während Strings mit Anführungszeichen geschrieben werden, wählt man bei Listen Klammern. Eine einfache Liste ist die folgende Sequenz von drei Wörtern (Tinte, Feder, Blatt), geschrieben als:

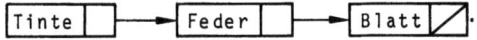

Die leeren Teile der Kästchen enthalten jeweils die Adresse der Speicherstelle, auf die der Pfeil weist; der lange Schrägstrich bedeutet Listenende.

Ein großer Vorteil der Listenschreibweise besteht darin, daß ohne Mühe hierarchische Strukturen dargestellt werden können. Dabei ist das Element einer Liste selbst wieder eine Liste etc. Beispiel: Die Liste ((A)(BCD)(E(FG(H))). Diese hierarchische Struktur wird als Liste so wiedergegeben:

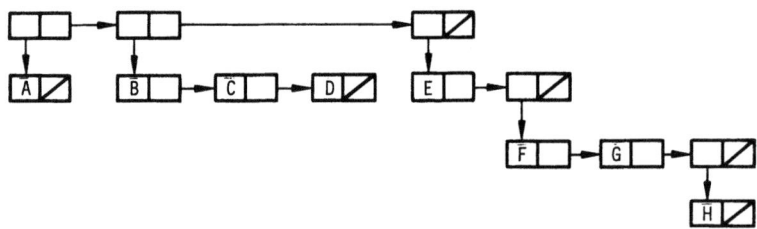

Anstatt ein Programm in Form einer Programmsprache abzufassen, kann man es alternativ oder ergänzend als Flußdiagramm darstellen; vergl. Das Flußdiagramm des Thermostaten. Es gibt noch eine weitere wichtige Art der Darstellung:

Produktionssysteme. Ein Produktionssystem besteht aus einer Menge konditionaler Statements. Von dem System wird angenommen, daß der Prozeß, der rechts des Pfeiles steht, ausführt, wenn die Bedingung, die vor dem Pfeil steht, erfüllt ist. Jede Zeile hat somit einen Bedingungs und einen Handlungsteil. Eine solche Zeile nennt man eine Produktion.

Beispiel: Ein Produktionssystem für den Thermostaten

Temperatur $> 20^oC$ und Temperatur $< 22^oC$ ⟶ Stop
Temperatur $< 9^oC$ ⟶ Reperaturdienst benachrichtigen; Anstellen der (Zusatzheizung)
Temperatur $< 20^oC$ und Brenner-Zustand=Aus ⟶ Anstellen (Brenner)
Temperatur $> 22^oC$ und Brenner-Zustand=An ⟶ Abstellen (Brenner).

Der Thermostat ist natürlich ein sehr einfaches Beispiel. Vielfach sind die Bedingungen Muster von Symbolstrukturen. Um diese spezifizieren zu können, benötigt man eine Programmiersprache, die Klassen von symbolischen Ausdrücken zum Gegenstand hat. Dazu bietet sich die Backus-Normalform an, eine Metanotation zur Beschreibung der Syntax von Programmsprachen. Dadurch entstehen Listen-ähnliche Ausdrücke hohen Allgemeinheitsgrades; siehe Newell und Simon (1972). Die Listenverarbeitungssprachen basieren darauf.

2.7. Weitere Lektüre

Unsere Darstellung basiert zentral auf Newell und Simon (1972, Kap.2), dies kann zur Vertiefung empfohlen werden. Teile des Materials werden in Raphael (1976) "The thinking computer - Mind inside matter" behandelt. Dieses Buch ist auf der Grenze zwischen AI und kognitiver Psychologie angesiedelt. Viele weitere Literaturhinweise dieser Art findet man in dem Anhang über AI. In dem im übrigen sehr zu empfehlenden Einführungswerk geben Lindsay und Norman (1977) eine knappe Einführung in den Themenbereich dieses Kapitels aus einer etwas anderen Perspektive. Die Repräsentation von Wissensstrukturen ist ein wichtiger Bereich der kognitiven Psychologie und Informationsverarbeitung. Eine Reihe von Repräsentationsformen wird in Anderson (1976, Kap. 2 und 3) dargestellt, wobei Vor- und Nachteile beleuchtet werden. Wer sich über Computer und Datenverarbeitung einen ersten Überblick verschaffen möchte, findet die notwendigen Hinweise in Dworatschek (1973) "Einführung in die Datenverarbeitung", oder ähnlichen Büchern.

Teil II: DENKEN ALS PROBLEMLÖSEN

Kapitel 3: Einführung in die Problemlösung

3.1. Grundbegriffe

Das Lösen von Problemen ist der prototypische Untersuchungsgegenstand der Denkpsychologie. Vielfach wurde und wird Denken und Problemlösen mehr oder weniger als Synonyme verwendet. Man sagt, ein Problem existiert, wenn 1. von einem als unbefriedigend empfundenen Anfangszustand ein besserer Endzustand angestrebt wird, 2. dieser nicht ohne weiteres erreichbar ist, und 3. (meist) mehrere Möglichkeiten der Überführung des Anfangs- in den Endzustand vorhanden sind. Der angestrebte Endzustand ist die Lösung des Problems.

Es hat sich als vorteilhaft erwiesen, die Problemwelt, oder das Problemfeld ("Problem als Ganzes" der Gestaltpsychologie) in drei Bereiche, oder Strata zu zerlegen. Es sind dies 1. die mit der Stellung der Aufgabe gegebenen Informationen, kurz und bündig Givens genannt, 2. Operationen, die auf gegebene Aufgaben angewendet werden und diese in neue Ausdrücke transformieren, und 3. Ziele, die angestrebte Lösung des Problems.

Givens. Die Givens ist die Menge an Informationen oder Ausdrücken, die durch die Problemstellung vorgegeben werden. Diese Ausdrücke oder Informationen können sich auf gegenständliche Entitäten beziehen, oder symbolischer Natur sein. Bei einer typischen Schachaufgabe wird eine bestimmte Figurenkonstellation auf dem Brett vorgegeben mit der Maßgabe, Schachmatt in einer fest vorgegebenen Anzahl von Zügen herbeizuführen. Rein symbolische Ausdrücke sind Definitionen oder Axiome sowie erlaubte Operationen bei einem mathematischen Problem. Die möglichen Probleme reichen natürlich weit über derartige wohl-definierte, eng umgrenzte Aufgaben hinaus. Ein schlecht-definiertes Problem wäre etwa, den besten Weg für eine neue Straße durch ein besiedeltes Gebiet zu finden etc.

Operationen. Die Operationen bestimmen die Menge der möglichen und zulässigen Handlungen, die man mit den Givens, bzw. aus ihnen abgeleiteten Repräsentationen, vornehmen kann. Bei einer Schachaufgabe sind dies die im Schach erlaubten Züge mit den Figuren. Bei einer mathematischen Aufgabe sind die Operationen durch die zulässigen Transformationen der in den Givens enthaltenen symbolischen Ausdrükken definiert. Bei einem einfachen arithmetischen Problem könnte eine Operation darin bestehen, die Ausdrücke auf beiden Seiten einer vorgegebenen Gleichung durch einen Ausdruck zu dividieren, im einfachsten Fall durch eine Konstante, eine Zahl.

Man kann zwei Arten von Operationen unterscheiden, destruktive und nicht-destruktive. Bei destruktiven Operationen werden die Konfigurationen, die Ausdrücke, die vor der Anwendung der Operation bestanden haben, zerstört. Beim Schach wird durch einen Zug die vorhergehende Figurenkostellation verändert, in diesem Sinn zerstört. Bei nichtdestruktiven Operationen bleiben die vorhergehenden Ausdrücke oder Konstellationen erhalten. Dies ist bei den meisten Papier-und-Bleistift Aufgaben der Fall. Der Unterschied ist allerdings durch die Möglichkeit, die destruktiven Züge gleichzeitig aufzuschreiben, relativiert.

Ziele. Eine Aufgabe wird dann als gelöst angesehen, wenn ein wohldefinierter Zielzustand erreicht ist. "Wohl-definiert" heißt dabei aber nicht unbedingt vollständig spezifiziert. Bei Problemen, die in einer oder anderen Form einen Beweis verlangen, ist die Lösung vollständig spezifiziert (und demjenigen, der die Aufgabe stellt, in der Regel bekannt); in Suchproblemen sind die Zielausdrücke hingegen nur unvollständig bestimmt. Bei einer Schachaufgabe ist das Globalziel zwar klar "Schachmatt in x Zügen", nicht aber die Zielkonstellation, die Anordnung der Figuren auf dem Brett, die dieser Bedingung genügen. Natürlich kann man definitiv feststellen, ob das Ziel erreicht ist, oder nicht. Bei derartigen Aufgaben besteht kein Zweifel darüber, ob die Lösung richtig oder falsch ist.

Ganz anders kann sich die Situation bei komplexen, realitätsnahen Gegenstandsbereichen darstellen. Was bedeutet es schon, die "richtige" Straße durch ein Siedlungsgebiet zu legen? Der zu bewertende Endzustand ist notwendigerweise vague. Es gilt, nicht nur ein Ziel im Auge zu haben, z.B. ungestörter Verkehrsfluß, sondern weitere, wie minimale Flurschäden, minimale Lärmbelästigung der Anlieger. Dies führt zu dem Problem der Wertigkeit von Zielen, die interpersonell sehr verschieden sein kann: die beste Lösung für den Autofahrer kann für den Anlieger die schlechteste sein. Zur Lösung derartiger Probleme wurde eine eigene Theorie entwickelt, die multiattributive Nutzen-

oder Entscheidungstheorie; Keeney und Raiffa (1976). Im siebten Kapitel kommen wir auf diese Aspekte zurück.

Implizite und unvollständige Informationen. Die in den Givens vorgegebenen Bedingungen, Ausdrücke etc. können mehr oder weniger exakt, vollständig und durchsichtig sein. So sind bei den meisten mathematischen Aufgaben die Angaben völlig eindeutig und evident, nicht evident ist hingegen, wie man zum Ziel kommt, wie man die Aufgabe lösen kann. Bei anderen Aufgaben sind die benötigten Informationen zwar in den Givens vorhanden, aber nicht notwendigerweise offenkundig. Viele Aufgaben lassen sich besser, oder nur dann lösen, wenn eine Umformung in eine mehr symbolische Form vorgenommen wird. Dabei können verschiedene Repräsentationen möglich sein, die mehr oder weniger leicht zum Ziel führen können.

3.2. Problemzustände und Zustand-Handlungsbäume

Ein Problemzustand ist definiert als ein Ausdruck, in dem sich das Problem im Laufe seiner Lösung befinden kann. Um von einem Problemzustand in einen anderen zu gelangen, muß man eine Handlung durchführen, die aus der Anwendung einer (zulässigen) Operation besteht:

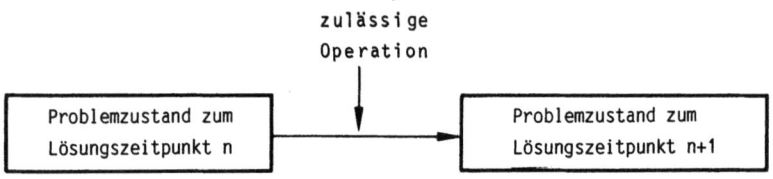

Was von der Aufgabe her gesehen als Problemzustand bezeichnet wird, kann man auch vom Problemlöser her als Wissenszustand bezeichnen; diese Ausdrücke sind äquivalent.

Eine Lösung wird dadurch erzielt, daß auf die Problemzustände Schritt für Schritt zulässige Operationen ausgeführt werden, solange, bis der spezifizierte Endzustand erreicht ist. Die geordnete Sequenz von Problemzuständen beschreibt den Lösungsweg eines Probanden vollständig. Natürlich lassen sich weitere Daten gewinnen, wie z.B. Latenzzeiten, oder physiologische Korrelate etc.

Der Lösungsweg einer Aufgabe kann alternativ durch die Angabe der Zustände oder der Aktionen angegeben werden, d.h. als geordnete Sequenz von Problem- oder Wissenszuständen, oder als geordnete Folge von Aktionen, d.h. Operationen. Manchmal ist es aber übersichtlicher, die Sequenz möglicher Zustände und die Sequenz möglicher Handlungen in einem gemeinsamen Diagramm darzustellen; dieses Diagramm wird Zustand-Handlungs-Baum oder Zustand-Handlungs-Graph genannt.

Abbildung 3.1.

Beispiel für einen Zustand-Handlungs-Baum

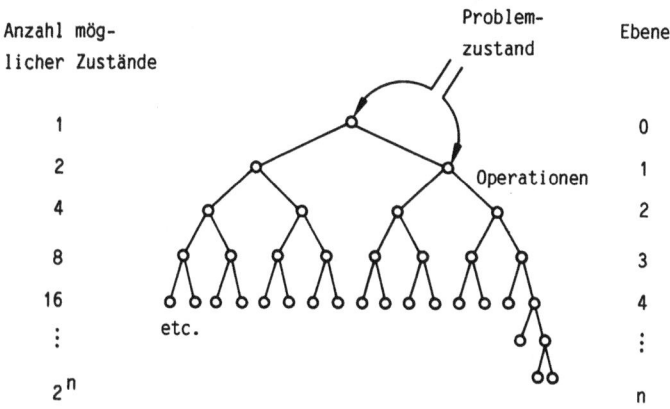

In diesem Baum stellen die Verzweigungspunkte oder Knoten die möglichen verschiedenen Problemzustände dar, die durch die Anwendung zulässiger Operationen erreicht werden können. Zwei verschiedene Knoten in dem Baum müssen aber nicht voneinander verschieden sein, sie können nur auf verschiedenen Wegen - mehr oder weniger direkt - erreicht worden sein. Dies ist ein wichtiger Unterschied zu ähnlichen Bäumen, z.B. Entscheidungsbäumen; Raiffa (1968).

In der obigen Abbildung gibt es an jedem Knoten zwei Verzweigungen, also zwei verschiedene Operationen, die an diesem Zustand angewendet werden können. Bei nur zwei Verzweigungen pro Knoten ist die Anzahl der möglichen Zustände beim Erreichen der n-ten Ebene 2^n; sind bei jedem Knoten m Verzweigungen möglich, so ist die Anzahl der Endzustände m^n. Die Anzahl der möglichen Endzustände wächst also mit wachsender Zahl der Ebenen und mit steigender Verzweigungszahl enorm schnell, genau diskret exponentiell. Folglich wird ein wesentliches strategisches Ziel des Problemlösers darin bestehen, Prinzipien zu finden, mittels derer der Möglichkeitsraum, d.h. der Baum, reduziert wird. Wie später ausführlich dargestellt wird, ist eine wichtige

Klasse solcher Prinzipien die Anwendung verschiedener "Heuristiken";
Kap. 13. Eine weitere Reduktion des Baumes ist oft dadurch möglich,
daß man verschiedene Sequenzen, die zu dem gleichen Ergebnis führen,
auf die kürzeste Sequenz reduziert, dadurch Zustände kombiniert,
"Zweige" des Baumes verkürzt, und dann äquivalente, reduzierte Zustand-Handlungs-Bäume konstruiert.

Vom Problemlöser aus gesehen liegt es nahe, den Baum als "Suchraum"
(Suchgraph) zu bezeichnen: in diesem Rahmen sucht der Problembearbeiter nach der Lösung. Ein Weg durch den Suchraum gibt den Lösungsweg eines bestimmten Probanden wieder; Newell und Simon (1972) nennen
diese Sequenz von Wissenszuständen einer Person den Problemlöse-Graphen (PBG - problem behavior graph).

Die Beschreibung des menschlichen Problemlöseverhaltens besteht, geht
man von den hier dargelegten Vorstellungen aus, darin, den tatsächlich eingeschlagenen Lösungsweg durch den Baum zu verfolgen und zu
analysieren: welche Verzweigungen werden (bevorzugt) gewählt, an welchen Stellen treten gehäuft Probleme auf, werden Umwege eingeschlagen, treten "Schleifen" auf, also Rückkehr zu bereits früher erreichten Wissenszuständen etc. Welche Überlegungen und Strategien wendet
der Proband bei seiner Wanderung durch den Suchraum an; sind diese
Prinzipien "effizient", so wird es ihm gelingen, einen kurzen Weg
durch den Baum zu finden.

Anmerkung: Die Lösung kann an einem oder mehrer Endpunkte des Baumes
liegen; diese können auf verschiedenen Ebenen liegen. Die Lösungspunkte bilden eine Äquivalenzklasse. Es kann Knoten geben, von denen
aus man nicht mehr weiter kommt: es gibt keine zulässige Operation
mehr, die man anwenden könnte. Meist aber bleibt der Weg zurück.

3.3. Formale Kennzeichnung von Problemen und Problemlösungen

Wie in der bisherigen Darstellung, so betrachten wir hier weiter endliche Probleme, die wohl-definiert sind. Es soll möglich sein, den
Zustand-Handlungs-Graphen oder Suchraum zu erstellen - in diesem Sinn
ist das Problem endlich. Der Suchraum kann allerdings ganz gewaltig
groß sein, so daß eine graphische Darstellung absolut unmöglich wäre -
ja, es wäre in Jahrhunderten und Jahrtausenden bei einigen Suchräumen
nicht möglich, sie ganz zu durchwandern.

Es folgen die für eine formale Darstellung des bislang informell diskutierten erforderlichen Definitionen, wobei die Begriffe nochmals
präzise definiert werden.

Definitionen

1. S_+, S^+, s_i, $s_j \in S$ — Die Menge S bezeichnet den Zustandsraum mit allgemeinen Elementen s_i, s_j; S_+ gibt den Startzustand, S^+ den Zielzustand an;

2. o_k, $o_l \in O$ — O bezeichnet eine Menge von Operatoren, die auf S definiert ist, mit allgemeinen Elementen o_k, o_l, so daß
$$o_k: s_i \longrightarrow s_{i+1} ;$$

3. (S; O) — Problemwelt, auch Problemsystem, bestehend aus dem Zustandsraum und den zulässigen Operationen;

4. $P := S_+ \xrightarrow{O} S^+$ — Das Problem ist definiert durch Anwenden von Elementen aus O auf S_+, so daß S^+ erreicht wird;

5. $s_i \xrightarrow{o_k, o_l} s_j$ — Erreichbarkeit: ein Zustand s_j ist von einem Zustand s_i aus erreichbar, wenn es eine Sequenz o_k, o_l,... von Operatoren gibt, die s_i in s_j transformieren; Corrolar: Eine Lösung existiert, wenn S^+ von S_+ aus erreichbar ist.

6. Der Suchgraph (Suchraum) entsteht, wenn man Schritt-für-Schritt wie folgt vorgeht:

Ebene 0: Wende alle verfügbaren zulässigen Operationen auf S_+ an, dadurch entstehen die Nachfolgezustände $S^1_\bullet = (S^1_1, S^1_2, ..., S^1_n)$ auf der Ebene 1;

Ebene 1: Wende die zulässigen Operationen auf die Zustände $S^1_\bullet$ von Ebene 1 an, generiere so die Zustände $S^2_\bullet$ der Ebene 2;

Continue: Führe die Erzeugung weiterer Ebenen solange fort, bis die Endzustände erreicht sind; es sind dies entweder die Lösungen S^+, oder aber Sackgassen. Lösungen und Sackgassen können auf verschiedenen Ebenen liegen. Ist $S^+ = \emptyset$, so gibt es keine Lösung.

7. Problemlöse-Graph (Newell und Simon): Der Problemlöse-Graph ist der von einer bestimmten Person durch den Suchraum eingeschlagene Lösungsweg. Endet dieser Weg bei dem Zustand S^+, so hat die Person die Lösung gefunden.

8. Effiziente Lösung. Eine Lösung heißt effizient, wenn sie mittels einer minimalen Anzahl von Operatoren o_{min} gefunden wird; dies ist dann der kürzeste Weg durch den Suchgraphen:

$$P_{eff} := S_+ \xrightarrow{o_{min}} S^+ \quad .$$

Corrolar. Ein Algorithmus (formalisierte Lösungsvorschrift) heißt (in Bezug auf eine Klasse von Problemen, für die er bestimmt ist) effizient, wenn er immer die effiziente Lösung garantiert. (Es gibt viele Algorithmen, die alles andere als effizient sind; eventuell sind sie nicht einmal - in endlicher Zeit - durchführbar.)

9. Effizienzmaß. Als Maß der Problemlöseeffizienz oder -kompetenz kann man das Verhältnis zwischen minimal notwendiger Anzahl von Operatoren o_{min} zur beobachteten Anzahl von Operatoren o_{obs} definieren:

$$E = \frac{o_{min}}{o_{obs}} \quad , \quad (0,1] \; ;$$

maximale Kompetenz ist gegeben, wenn $o_{min} = o_{obs}$, d.h. $E = 1$; bei abnehmender Kompetenz geht E gegen 0.

Anmerkung. Natürlich kann man auch andere Effizienzmaße definieren, z. B. einfach o_{obs}, oder die Lösungszeit, Anzahl der Fehler bzw. Umwege etc.

Die Termini Problemwelt, Suchraum, aber auch die Zustände und Operationen beziehen sich auf die quasi-objektiven Komponenten des Problems, operationalisiert durch die Aufgabe, wie sie der Forscher oder Versuchsleiter wahrnimmt. Der Problemlöser muß diese Aspekte subjektiv repräsentieren. In der Terminologie von Newell und Simon wird diese subjektive Repräsentation der Aufgabe als Ganzes "Problemraum" (problem space) genannt; vergl. hierzu Kap. 14. Der Problemraum ist somit die subjektive Sicht der Problemwelt, basierend auf den Givens, angereichert aber durch frühere Erfahrungen des Probanden, seine Vermutungen über die Absichten des Vl etc.Sicher ist es von zentraler Bedeutung zu ermitteln, wie Menschen ihre Problemräume konstruieren. Auch dazu später.

3.4. Weitere Lektüre

Unsere Darstellung basiert zumeist auf Wickelgren (1974) und Newell und Simon (1972), die auch zur Vertiefung empfohlen werden können.

Kapitel 4: Anordnungsprobleme

Bei Anordnungsproblemen bestehen die Givens aus Elementen, die der Problemlöser so anzuordnen hat, daß sie einem bestimmten Kriterium genügen. Ein typisches Beispiel ist das Lösen von Anagrammen. Dabei werden Buchstabenkombinationen vorgegeben, die durch Vertauschen von einem oder mehreren der vorgegebenen Buchstaben ein sinvolles Wort ergeben. Beispiel: L-G-A-R-E, aus dem REGAL oder LAGER wird. Bei solchen Problemen besteht der Lösungsgraph aus allen möglichen Permutationen der n vorgegebenen Buchstaben, also n! möglichen Anordnungen (im Beispiel 5! = 120). Dieser Lösungsraum ist sehr groß - der Problemlöser wird also bestimmte Prinzipien anwenden, die es ihm gestatten, einen effizienteren Weg durch den Lösungsbaum zu finden, als dies durch reines Ausprobieren möglich wäre.

4.1. Anordnungsprobleme am Beispiel "Geheimalgebra"

Hier soll ein komplexeres Beispiel für Anordnungsprobleme näher betrachtet werden, die "Geheimalgebra" (crypt arithmetic). Ein viel untersuchtes Problem, das ursprünglich von Bartlett (1958) stammt, ist das folgende:

```
   D O N A L D        Hilfsinformation: D = 5
 + G E R A L D
 ─────────────
 = R O B E R T
```

Die Aufgabe besteht darin, jeden Buchstaben durch eine Zahl zu ersetzen, so daß die Addition stimmt.

Vor dem Weiterlesen sollte man versuchen, dieses Problem selbst zu lösen.

Wie geht man bei dem Bemühen um die Lösung vor, welche Schritte unternimmt man, welche Schwierigkeiten treten auf, von welchen Prinzipien läßt man sich leiten ?
Bei der Untersuchung des Denkverlaufes bei derartigen Problemen geht man oft so vor, daß man den Pbn bittet, "laut zu denken". Die geäußerten Überlegungen schreibt man mit und/oder nimmt sie auf Band

auf, um sie dann zu transkribieren. Die so entstandene Liste von Aussagen der Vp wird "verbales Protokoll" genannt. Die Daten, die dem Untersuchenden dann bei der Analyse der Denkvorgänge des Probanden zur Verfügung stehen, ist eben dieses verbale Protokoll. Daraus muß zunächst alles weitere abgeleitet werden. Ein verbales Protokoll ist ein schönes Beispiel für nicht-numerische Daten. Mit den üblichen Verfahren der Datenauswertung, also der Statistik in ihren diversen Erscheinungsformen, ist hier garnichts auszurichten. Man muß nach alternativen Wegen suchen, derartige Daten zu beschreiben, auszuwerten und zu systematisieren.

Anmerkung: Das verbale Protokoll ist eine Sonderform der Introspektion, die aber von derjenigen früherer Prägung erheblich abweicht (vergl. Kap. 1). Trotzdem gelten auch hier diejenigen Bedenken, die man der Interpretation von introspektiv gewonnenen Daten üblicherweise entgegenbringt. So ist es nicht selbstevident, daß eine Person all das angeben kann, was in ihrem Kopf vorgeht, wenn sie DONALD + GERALD löst. Die Daten können auf verschiedene Art und Weise defekt sein: unvollständig, systematisch verzerrt etc. Ferner ist es nicht auszuschließen, daß das laute Denken den normalen Denkablauf stört, mit diesem interferiert und so die gewonnenen verbalen Protokolle eher untypisch sind. Andererseits hat es sich in der Tat gezeigt, daß die mittels verbalem Protokoll gewonnenen Daten sehr wertvoll sind und wichtige Einsichten vermitteln können, wie wir sogleich sehen werden.

4.1.1. Ein verbales Protokoll zu DONALD + GERALD

Im folgenden werden die ersten acht Statements aus einem verbalen Protokoll zu DONALD + GERALD wiedergegeben, wie sie von Newell (1967) berichtet werden:

1. Jeder Buchstabe hat einen numerischen Wert? (Frage an der Vl, der antwortet "einen numerischen Wert".)

2. Es gibt zehn verschiedene Buchstaben, und jeder hat einen numerischen Wert.

3. Also kann ich, wenn ich die zwei D's ansehe, jedes D ist 5, also ist T gleich $\emptyset$. Ich schreibe 5, 5 ist $\emptyset$.

4. Habe ich noch ein T? Nein, aber ich habe noch ein anderes D. Damit habe ich auf der anderen Seite noch eine 5.

5. Dann habe ich noch zwei A's und zwei L's - irgendwo - und dieses

R, drei R's. Zwei L's sind gleich einem R. Natürlich, ich behalte
eine 1, das bedeutet, daß R eine ungrade Zahl sein muß, wegen der
zwei L's - zwei beliebige Zahlen, die man addiert, ergeben eine
gerade Zahl; L ist eine ungrade Zahl. Also kann R gleich 1, 3,
nicht aber 5, ferner 7 oder 9 sein.

(Lange Pause, der Vl: "Was denken Sie jetzt"?)

6. Da ist das G - da R eine ungrade Zahl und D gleich 5 ist, muß G eine gerade Zahl sein.

7. Ich sehe mir die linke Seite des Problems an, da heißt es D + G. Ja, plus möglicherweise einer anderen Zahl, wenn ich eine 1 von E + O mitnehmen muß. Ich glaub, das laß ich erst mal beiseite.

8. Vielleicht geht man am besten so an das Problem ran, daß man verschiedene mögliche Lösungen ausprobiert. Ich weiß nicht, ob das der einfachste Weg wäre.

Etc.Etc.

4.1.2. Analyse des verbalen Protokolls

In sehr vielen Fällen gewinnt man in der Psychologie numerische Daten wie z.B. Responsezeiten, Anzahl gelöster Aufgaben, Anzahl von Freundschaftswahlen, direkte numerische Einstufungen in Form von Ratings etc. In dem hier vorliegenden Fall sind die Daten aber nicht-numerischer Natur, und sie lassen sich auch nicht in Zahlen transformieren. Die Daten sind die Worte, die Sätze des verbalen Protokolls - diese gilt es zu analysieren.

Zunächst wird man die Protokolle informell durchsehen, um Anhaltspunkte über den Lösungsweg und die Lösungsstrategien der Probanden zu erhalten. Dabei stellt man meist fest (wie auch bei unserem Beispielsprotokoll), daß die Pbn nicht gradlinig, sozusagen mit vorgefertigter Lösungsstrategie an solche Probleme herangehen. Vielmehr werden verschiedene Wege eingeschlagen, mehrere Ansätze ausprobiert. Viele der Versuche sind nicht zielführend und müssen zugunsten neuer aufgegeben werden.

Betrachten wir die ersten Sätze unseres Protokolls etwas eingehender. Nach einer Frage zum Aufgabenverständnis beginnt der Proband energisch, stellt sofort fest, daß T = $\emptyset$; Statement 3: "Also kann ich, wenn ich die zwei D's ansehe, jedes D ist 5, also ist T gleich $\emptyset$. Ich schreibe 5, 5 ist $\emptyset$." Dann versucht er dieses so gewonnene Wissen an einer anderen Stelle des Problems nutzbar zu machen. Der Pb macht das Naheliegendste, er sieht nach, ob es noch weitere T's gibt. Das

bringt nichts, es gibt kein weiteres T. Wie sieht es mit den D's aus?
Es gibt noch eins, also kommt noch eine 5 vor. Hilft dieses Wissen
weiter?
Da scheint es einen Ansatzpunkt zu geben, andere Buchtaben kommen
auch doppelt vor:
Statement 5: "Dann habe ich noch zwei A's und zwei L's - irgendwo -
und dieses R, drei R's."
Dann leitet der Proband durch schlußfolgerndes Denken ab (wobei er
auf vorhandenes Wissen zurückgreift): "Natürlich, ich behalte eine 1,
das bedeutet, daß R eine gerade Zahl sein muß, wegen der zwei L's -
zwei beliebige Zahlen, die man addiert, ergeben eine gerade Zahl..."
Dieser zunächst Erfolg versprechende Weg führt dann aber doch nicht
weiter, es gibt offenbar keine naheliegende Möglichkeit, einen bestimmten Wert für R auszuwählen.
Der Proband kehrt zu seiner zuvor entwickelten Idee zurück, daß R
eine ungrade Zahl ist - folgt daraus was? Statement 6: "Da ist das
G - da R eine ungrade Zahl ist und D gleich 5 ist, muß G eine gerade
Zahl sein."

Nun, soweit das Protokoll. Ein solches Protokoll, wie hier auszugsweise vorgestellt, läßt natürlich viele Fragen offen, z.B.:

- wie wird die Gesamtaufgabe, die in toto ja nicht zu lösen ist,
  in Komponenten aufgebrochen, indem Teilziele formuliert werden
- wie kann der Proband beurteilen, ob die Strategien und/oder Hypothesen, die er verwendet, zielführend sind
- nach welchen Kriterien wird an einer bestimmten Stelle des Problems eine bestimmte Strategie gewählt ???

Um derartige Fragen beantworten zu können, ist eine informelle Analyse des Protokolls sicher nicht ausreichend, man muß sich nach einer wirkungsvolleren Methode umsehen.

4.1.3. Analyse des verbalen Protokolls: Der Problemlöse-Graph

Um die einzelnen Lösungsschritte eines Probanden formaler darzustellen, entwickelten Newell und Simon (1972) die Technik des Problemlöse-Graphen. Aus dem verbalen Protokoll war offenkundig, daß schrittweise neue Informationen angesammelt werden, indem man Regeln oder vorhandenes Wissen anwendet. Dieses zu einem bestimmten Zeitpunkt über das Problem vorhandene Wissen wird Wissenszustand genannt (vom Problem her gesehen kann man alternativ auch vom Problemzustand sprechen).

Um von dem Wissenszustand n in den Nachfolgezustand n+1 zu gelangen,
muß der Problemlöser eine Operation auf n anwenden. Dadurch wird n
in n+1 transformiert, den neuen Wissenszustand. Das Problemlöseverhalten einer Person kann somit durch die Sequenz der Wissenszustände
angegeben werden, die sie durchlaufen hat. Newell und Simon geben diesen Sachverhalt in Form eines speziellen Diagramms wieder, eben den
Problemlöse-Graphen (problem behavior graph; PBG). Darin wird ein Zustand durch einen Kasten angegeben, eine Operation durch einen Pfeil:

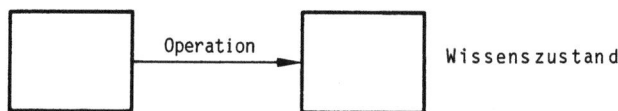

Nun wollen wir den Anfang des Problemlöse-Graphen für unser Beispielprotokoll entwickeln.

Zunächst werden einfach die Spalten der Aufgabe nummeriert:

```
       Spalte
  6 5 4 3 2 1

  D O N A L D
+ G E R A L D

= R O B E R T
```

Zuerst erfolgte die Auswertung der Hilfsinformation D = 5. Dies geschieht dadurch, daß Spalte 1 verarbeitet wird, es ergibt sich D + D
= 5; die Operation wird einfach "Verarbeite Spalte 1" genannt:

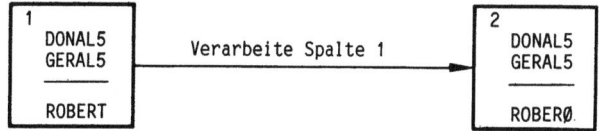

Der nächste Schritt bestand darin, eine neue Spalte mit entweder einem T oder einem D zu finden, kurz:

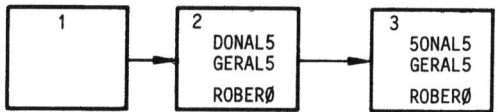

Der erste Versuch, finde neue Spalte mit T, war ein Fehlschlag, der
Versuch mit D aber erfolgreich.

Wie aus dem verbalen Protokoll ersichtlich ist, wendet sich der Pb dann einer anderen Spalte des Problems zu, erst der dritten, dann der zweiten: "Nun habe ich zwei A's und zwei L's und - irgendwo - drei R's ..." Also:

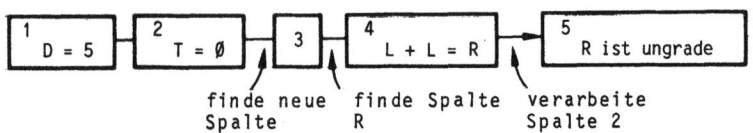

finde neue   finde Spalte   verarbeite
Spalte   R   Spalte 2

Nachdem die Vp festgestellt hat, daß R ungrade ist, hält sie inne und versucht alle Möglichkeiten festzustellen, wie R ungrade sein kann. Dabei geht sie von ihrem Wissenszustand 4 aus. Dies folgt der Konvention folgend zu einer Verzweigung des Graphen, welches wie folgt dargestellt wird:

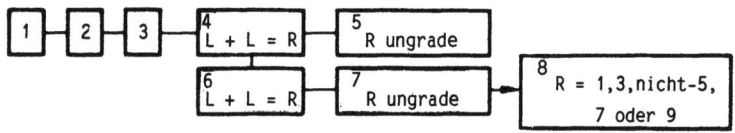

Der Zustand 6 entspricht also Zustand 4, 7 entspricht 5 - nur zu einem späteren Zeitpunkt im Lösungsablauf. Erinnerlich: der gleiche Knoten in einem Zustand-Handlungsbaum kann mehrfach durchlaufen werden, in verschiedenen Ebenen des Baums. Genau dieser Sachverhalt wird hier - geringfügig anders - dargestellt.

Im Anschluß an den Zustand 8 erfolgt eine lange Pause, der Vl sah sich genötigt, nachzufragen. Ob die Vp noch etwas mit den möglichen Lösungen für R angefangen hat, kann aus dem Protokoll nicht entnommen werden. Nach der Pause geht der Prozeß zurück zu Spalte 6, ausgehend von der Überlegung, daß R ungerade sei und D gleich 5 ist folgerte der Proband, daß G grade sein muß: "Da ist das G - da R eine ungrade Zahl und D gleich 5 ist, muß G eine grade Zahl sein."

Wie steht es nun um die Schlußfolgerung, die zum Wissenszustand 10 führte (siehe PBG umseitig): "G ist gerade"? Diese Folgerung ist offenkundig falsch (warum?), was die Vp in ihrem siebten Statement auch selbst bemerkt. Der Zustand 12 zeigt, daß der Proband die Möglichkeit eines Übertrags erkannt hatte, d.h. behalte 1 aus der Spalte vorher, E + 0. Dieser Weg wird dann aber zunächst wieder aufgegeben.

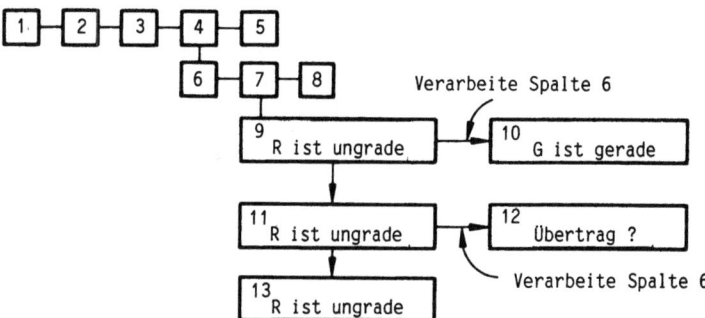

Soweit zur Illustration der Entwicklung des PBG aus dem verbalen Protokoll. In der Forschungsmonographie von Newell und Simon (1972) findet man die komplette Analyse eines umfangreichen verbalen Protokolls. In Lindsay und Norman (1977, S. 552) findet man den vollständigen Graphen für das hier besprochene verbale Protokoll. An diesem sehr umfangreichen Graphen erkennt man, wieviele Transformationen von Wissenszuständen notwendig waren, wieviele tote Enden der Graph aufweist, d.h. nicht zielführende Lösungswege.

Nun aber vor der weiteren Darstellung des Forschungsansatzes von Newell und Simon zunächst die Lösung des Problems:

4.1.4. Lösung des DONALD + GERALD Problems

```
    Spalte
  6 5 4 3 2 1
  D O N A L D
+ G E R A L D         D = 5
  ─────────
= R O B E R T
```

1. $D = 5$, daher $T = \emptyset$ (mit einem Übertrag auf Spalte 2)

2. Spalte 5: $O + E = O$; dies ist nur möglich, wenn $\emptyset$ oder $1\emptyset$ zu 0 addiert wird. Daher muß E gleich 9 sein (mit Übertrag), oder aber $\emptyset$. Da T schon gleich $\emptyset$ ist, muß E gleich 9 sein (mit einem Übertrag aus Spalte 4).

3. Wenn E gleich 9 ist, so muß in Spalte 3 A entweder 4 oder 9 sein (in beiden Fällen mit Übertrag). Da E schon 9 ist, muß A gleich 4 sein.

4. Spalte 2: L + L plus Übertrag = R, plus einem Übertrag auf Spalte 3. R muß ungrade sein. Die einzigen übrig gebliebenen ungraden Zahlen sind 1, 3 und 7. Aus Spalte 6 ergibt sich 5 + G = R, daher muß R größer als 5 sein. Somit ist R gleich 7 und L = 8 und G = 1.

5. Spalte 4: N + 7 = B + Übertrag. Daher ist N größer/gleich 3. Da nur noch die Zahlen 2, 3 und 6 übrig sind, ist N entweder 3 oder 6. Wäre N gleich 3, so müßte B gleich $\emptyset$ sein, folglich N = 6. Damit ist B = 3.

6. Es bleiben der Buchstabe O und die Zahl 2 übrig, O = 2. Also:

```
   5 2 6 4 8 5
 + 1 9 7 4 8 5
 ─────────────
 = 7 2 3 9 7 Ø .
```

4.1.5. Augenbewegungsprotokoll als Ergänzung zum verbalen Protokoll

Bei aller Standardisierung und Formalisierung der Auswertung des verbalen Protokolls bleibt aber das Bedenken, daß die Datenbasis letztlich auf Introspektion beruht: wie schon mehrfach betont, können die Daten in vielerlei Art und Weise defekt sein (vergl. Nisbett und Wilson, 1977). Von daher wäre es sehr wünschenswert, eine alternative oder ergänzende Möglichkeit zu haben, den Problemlösungsverlauf zu beschreiben. Durch die Aufzeichnung der Augenbewegungen des Probanden wird dies möglich. Die dadurch entstehenden Augenbewegungsprotokolle können dann mit ähnlichen Methoden ausgewertet werden, wie dies beim Verbalprotokoll der Fall war.

Aufgrund der Analyse solcher Augenbewegungsprotokolle konnten zwei typische Verhaltensweisen identifiziert werden, die Newell und Simon (1972; die im übrigen recht ausführlich über diese Technik berichten) Aufmerksamkeitseinheiten (attention units) und Sucheinheiten (scan units) nannten. Bei den Aufmerksamkeitseinheiten wenden sich die Probanden bestimmten Teilen des Problems zu, z.B. einer bestimmten Spalte bei DONALD + GERALD; bei Sucheinheiten wird das Display nach einer bestimmten Information abgesucht, oder es wird eine bestimmte Hypothese getestet. Auf Validitätsaspekte kommen wir sogleich zu sprechen (4.1.8.).

4.1.6. Simulation des Problemlöseverhaltens

Das Ziel des Informationsverarbeitungs-Ansatzes der theoretischen Psychologie im Sinne von Newell und Simon besteht zunächst in der möglichst vollständigen Beschreibung von Verhalten. Wird dieses ausreichend erfaßt, so soll es möglich sein, das Wissen über das Verhalten einer Person in einer Situation (oder Klasse von Situationen) zu simulieren. Dazu wird ein Programm in einer geeigneten Programmsprache geschrieben, meist einer Listenverarbeitungs-Sprache (vergl. Kap. 2). Das so entstandene Programm - die Theorie des Forsches über das Problemlöseverhalten - wird dann daraufhin getestet, ob es bei einer Simulation, d.h. bei einem Lauf des Programms im Computer beim Lösen einer vergleichbaren Aufgabe, ein ähnliches Verhalten zeigt wie die Person, die es imitieren will.

Die Konstruktionsphase der Erstellung eines Simulationsprogramms für ein Problem der Geheimalgebra kann wie folgt aufgesplittet werden:

1. Verbale Äußerungen werden mitgeschrieben oder auf Band genommen; Augenbewegungen werden vermittels einer entsprechenden Vorrichtung erfaßt;

2. Transkription des Bandes (betrachten wir weiters nur dies);

3. Überarbeiten der Transkription, Eliminieren von nicht relevant erachteten Äußerungen (wie "Phu, das ist ja wirklich tricky" etc.)

4. Bestimmung der Wissenszustände, sowie der Operationen, die einen Zustand in den nächsten transformieren (zur Überprüfung der Objektivität wird dieser Schritt meist von mehreren Kodieren vollzogen);

5. Daraus graphische Darstellung des Problemlöse-Graphen;

6. Ableiten der Regeln, mit denen die Wissenszustände ineinander überführt werden (s.u.);

7. Daraus Erstellen des Simulationsprogramms als deskriptives Modell der ursprünglichen Beobachtungen. Dies ist die psychologische Theorie des Problemlöseverhaltens!

4.1.7. Validierung des Problemlöse-Graphen und des Simulationsmodells

Wenn das Modell tatsächlich das menschliche Problemlöseverhalten erfaßt und angemessen wiedergibt, so war das Unterfangen erfolgreich.

Wie aber stellt man die empirische Gültigkeit (Validität) des Modells
fest? Auf die oben beschriebene Konstruktionsphase muß die Testphase
folgen. Zunächst aber müssen die Konsequenzen der psychologischen
Theorie errechnet werden: Man führt einen Testlauf durch, der Computer druckt die Ergebnisse der durchgeführten Operationen schrittweise aus - das Ergebnis bezeichnet man als die "Spur" des Laufes, bzw.
der Simulation. In der eigentlichen Verifikationsphase können verschiedene Ebenen der Gegenüberstellung Spur der Simulation - verbales
Protokoll bzw. daraus abgeleitet, dem PBG erfolgen, d.h. verschiedene
Validitätskriterien Anwendung finden:

1. Interne Konsistenz. Wie bei Schritt 6 der Konstruktionsphase angedeutet wurde, kann die Menge der Wissenszustände, in denen sich der
Problemlöser bewegt, durch formale Regeln beschrieben werden, und
zwar durch eine BNF-Grammatik (siehe hierzu Kap. 2). Die BNF-Grammatik, die auch dazu verwendet wird, die Struktur höherer Programmiersprachen zu beschreiben (was kein Zufall ist!), gestattet es erinnerlich, über Klassen von Ausdrücken zu sprechen. Man kann zeigen, daß
der aus dem verbalen Protokoll entwickelte PBG eine kohärente innere
Struktur aufweist, die durch eine BNF-Grammatik beschrieben werden
kann.

2. Konvergente Validität. Dieses Gütekriterium verlangt, daß verschiedene Erfassungsmethoden ein und des gleichen Verhaltens übereinstimmende, zumindest aber sehr ähnliche Ergebnisse liefern sollten.
Mißt man z.B. die Intelligenz eines Probanden mit zwei verschiedenen
Intelligenztests, so sollten diese zu sehr ähnlichen Ergebnissen
führen, d.h. der ermittelte IQ soll nicht vom jeweils verwendeten
Test abhängen (aber natürlich gibt es stets Meßfehler). In unserem
Fall ist zu fordern, daß das verbale und das Augenbewegungs-Protokoll
zu ähnlichen Ergebnissen führen soll. Nach Newell und Simon (1972)
ist dies auch der Fall.

3. Empirische Validität. Bei der empirischen Validierung werden die
Vorhersagen des Modells mit den Verhaltensbeobachtungen verglichen.
In Abhängigkeit vom Anwendungsfall kann man verschiedene Formen unterscheiden. In unserem Fall wird das Vorgehen des Programms mit dem
Vorgehen des Menschen direkt verglichen. Es werden also zwei "verbale" Protokolle miteinander verglichen, der Computer-Ausdruck - die
Spur des Simulationslaufes also - mit dem (transkribierten und gereinigten) verbalen Protokoll des Problemlösers. Bei dieser Gegenüberstellung lassen sich wieder verschiedene Ebenen unterscheiden:

3.1. Ergebnis-Korrespondenz. Dieses eher summarische Kriterium
fordert nur, daß die Protokolle des Modells via Computer und das des
menschlichen Problemlösers im großen und ganzen ähnlich sind. Z.B.
sie brauchen vergleichbar viele Schritte, die Problemlösegraphen sehen ähnlich aus etc.

3.2. Prozeß-Korrespondenz. Die Protokolle der Simulation und des
Menschen werden Schritt-für-Schritt verglichen: im sicher nicht zu
erreichenden Idealfall bestünde vollständige Identität! Realistischer
versucht man u.a. festzustellen, ob sich das Modell an bestimmten,
identifizierbaren Stellen des Lösungsablaufes systematisch anders
verhält als der Mensch. Dies liefert natürlich Hinweise für eine Modifikation und Verbesserung des Modells.

4. Turing's Test. Die Kriterien 3.1. und 3.2. sind recht informeller
Natur, da sie sich auf subjektive Urteile verlassen müssen: der Ersteller der Theorie und sein skeptischer Kritiker können zu recht
unterschiedlichen Bewertungen gelangen. Als Ausweg schlug Turing (1936)
folgendes Verfahren vor, das später den Namen "Turing's Test" erhielt.
Können mehrere Beurteiler im Blindversuch nicht entscheiden, ob ein
Verhaltensprotokoll vom Organismus stammt, oder auf der Simulation beruht, so ist der Test bestanden.

4.1.8. Allgemeine Kennzeichnung des Informationsverarbeitungs-
Ansatzes im Sinne von Newell, Simon und anderen

In der Sicht von Newell und Simon (1972 u.v.a.) stellen die Arbeiten
zur Informationsverarbeitung, d.h. der Simulation des Verhaltens,
eine Wende in der Psychologie dar - weg von den elementaristischen,
assoziationistischen und behavioristischen Ansätzen, bei denen meist
einfache Aufgaben, oft studiert an niederen Organismen, im Vordergrund standen, hin zu der Beschäftigung mit komplexen, symbolischen
Aufgaben beim Menschen.

Folgende Merkmale zeichnen den Informationsverarbeitungs-Ansatz im
Sinne von Newell und Simon aus:

1. Betonung von Leistung (performance)
2. dynamische Orientierung, Entwicklung einer Prozeßtheorie; der Informationsverarbeiter wird als serielles System aufgefaßt, es werden die Veränderungen dieses Systems in der Zeit studiert;
3. Theorie über das Individuum steht im Vordergrund der Bemühungen: Beschreibung einer Person bei der Bearbeitung einer Klasse von Aufgaben, d.h. stark idiographisch orientierter Ansatz;

4. Inhalts-orientierte Theorie
5. die Vorgehensweise ist empirisch, aber (zunächst) nicht experimentell;
6. die Theorie ist nicht-mathematisch, nicht-statistisch;
7. Ziel ist eine möglichst exakte Beschreibung, d.h. Abbild-Theorie, gefaßt in Programme;
8. Betonung des Suffizienz-Kriteriums: es sollen Systeme entwickelt werden, die in der Lage sind, Aufgaben einer bestimmten Komplexitätsstufe zu lösen.

Zur Rekapitulation: Das Generalziel besteht darin, ein Programm zu erstellen, das auf dem Computer menschliches Verhalten (hier Denken) simuliert, wobei "simulation ... is simply the calculation of the consequences of a psychological theory." (Newell, 1973, S. 47) Um ein Informationsverarbeitungs-System IPS auf einem Computer simulieren zu können, muß eine formale Programmsprache zur Verfügung stehen, die serielle Informationsverarbeitung gewährleistet und so beschaffen ist, daß Klassen von Symbolen ihr Gegenstand ist. Dazu haben sich Listenverarbeitungssprachen wie LISP (McCarthy), IPS-V (Newell und Simon) oder FPLP (Gelernter), um nur die bekanntesten zu nennen, als besonders hilfreich erwiesen.

Bestehen, so kann man sich fragen, überhaupt berechtigte Aussichten, menschliches Verhalten, insbesondere wenn es komplexer symbolischer Natur ist, so vollständig und exakt zu beschreiben, daß es via Computer simuliert werden kann, daß man die Konsequenzen der psychologischen Theorie "ausrechnen" kann, wie Newell meint? Nun, eine eher positive Erwartung kann man aus den Ergebnissen verschiedener früher theoretischer Arbeiten ableiten. So zeigte Turing (1936), daß immer dann, wenn es möglich ist, exakt und vollständig zu beschreiben, was ein Organismus tut, man eine "computing machine" bauen kann, die das gleiche Verhalten wie der Organismus zeigt. Eine solche "Maschine", die mehr als algebraisches System denn als eine Maschine im herkömmlichen Sinn zu verstehen ist, nennt man Turing-Maschine. Die Turing-Maschine soll natürlich nicht den Organismus als Lebewesen kopieren, sondern (bestimmte Aspekte) sein(es) Verhalten(s). Daß diese Überlegungen nicht nur theoretisch-mathematische Spekulationen sind, wird durch die Arbeiten von McCulloch und Pitts (1943) über die formale Repräsentation neuraler Netze bekräftigt. Neurale Netzwerke, die ja die Grundlage unseres Gehirns bilden, weisen in vieler Hinsicht eine bemerkenswerte Parallelität zu Computern auf: es gibt nur zwei Zustände, leitet/leitet nicht, elektrische Impulse im Computer

sind analog zu den neuralen Impulsen im Gehirn etc. McCulloch und
Pitts zeigten formal, daß jede Funktion (Verhalten), die logisch eindeutig und vollständig beschreibbar ist (in endlich vielen Wörtern),
durch formalisierte neurale Netzwerke realisiert werden kann, m.a.W.,
solche Netze entsprechen einer Turing-Maschine. Anzumerken bleibt,
daß auch Computer als universelle Informationsverarbeitung-Systeme
die Gleiche Mächtigkeit aufweisen, d.h. ebenfalls äquivalent zu
Turing-Maschinen sind.

4.1.9. Kritische Anmerkungen

Verständlicherweise ist der Informationsverarbeitungs-Ansatz aus verschiedenen Richtungen kritisiert worden. Eine allgemeine Betrachtung
erfolgt im letzten Teil des Buches. Hier soll nur auf einige Aspekte
eingegangen werden, die in Verbindung mit der Validierung stehen.
Für einige Autoren ist insbesonders die Art der Validierung, wie sie
für Programm-Theorien erforderlich ist, Anlaß zur Kritik. Wie bereits
erwähnt ist es ohne weiteres denkbar, daß verschieden motivierte Beurteiler zu unterschiedlichen Auffassungen gelangen, was die Ähnlichkeit zwischen Spur des Programms und tatsächlichem Verhalten anbe-
langt. Dies sehr wohl sehend könnte man erwidern, daß auch alle anderen Ansätze mit solchen Problemen behaftet sind: irgendwann kommt
man zu einem Punkt, wo Formaliesierung aufhört und subjektives Urteil
zwingend erforderlich ist. Will man z.B. die Güte der Anpassung einer
theoretischen (d.h. durch ein mathematisches Modell vorhergesagten)
an eine beobachtete (Fehler) erteilung feststellen, so ist man auch
hier auf eine subjektive Bewertung angewiesen: wann liegen die Kur-
ven nahe genug aneinander, so daß man sagen kann, das Modell liefere
"gute" Vorhersagen? Statistische Signifikanztests liefern nach der
Auffassung von Simon überhaupt keinen geeigneten Beurteilungsmaßstab,
da sie ebenfalls auf beinahe willkürlichen Modellannahmen basieren -
eine Meinung, der sich Bayesianer (eine Richtung in der mathematischen Statistik und wissenschaftliche Weltanschauung) sicher anschlie-
ßen werden.

Darüberhinaus gibt es viele praktische Schwierigkeiten. In Abhängigkeit von der Aufgabe und der Formalisierung im Programm ist die Übereinstimmung zwischen dem Output des Computers und dem des Menschen
nicht immer ohne weiteres festzustellen. Schwierigkeiten treten z.B.
bei Aufgaben auf, die eine starke Interaktion zwischen Personen oder
Person-Computer (oder Computer-Computer) beinhalten, wie dies etwa
beim Schach der Fall ist. Stimmt ein Zug des Computers nicht mit dem

des Spielers, den er abbilden soll, überein, so nimmt die gesamte
Partie naturgemäß einen anderen Verlauf. Ein Ausweg kann darin bestehen, das Programm jeweils wieder einen Schritt zurückzunehmen,
auf den letzten Zug des Probanden. Man nennt dies "setting the model
back on the track". Das im einzelnen anzuwendende Testverfahren hängt
weiters sehr davon ab, ob eine generalisierte/idealisierte oder eine
ganz bestimmte Person abgebildet werden soll (nomothetischer vs. idiographischer Ansatz). Hier sind noch viele Fragen offen!

4.2. Einige psychische Voraussetzungen beim Lösen von Anordnungsproblemen

Anordnungsprobleme sind erinnerlich dadurch gekennzeichnet, daß einige Elemente vorgegeben werden, die auf bestimmte Art und Weise anzuordnen sind, so daß ein Kriterium erfüllt wird. Den bei solchen Problemen - Anagramme und Geheimalgebra waren Beispiele - ablaufenden
psychischen Prozeß kennzeichnet Greeno (1978) als konstruktive Suche.
Dabei werden, so seine Worte, "versuchsweise Teillösungen" (wohl sehr
den Hypothesen unseres Sprachspiels vergleichbar) generiert. Diese
werden dann unter zwei Gesichtspunkten bewertet, 1. ob oder inwieweit
sie zielführend sind, in dem Sinn, daß sie das Problem direkt der Lösung näher führen (der Nachfolgezustand n+1 liegt näher am Lösungspunkt als n), und, 2., ob sie den Suchraum reduzieren. Teillösungen
können sowohl aufgrund von Prinzipien (vor allem Heuristiken), oder
durch Versuch und Irrtum generiert werden.

Den Prozeß des Generierens von Hypothesen und Test ihrer (möglichen)
Konsequenzen bezeichnet Greeno zu Recht als Suchprozeß, da "the target
of the search is not found all at one but rather components are found
and then further elements are added or separate components are combined to form the solution pattern. The process is a search because
the elements given in the problem can be arranged in a large number
of different ways, and only one or few of those arrangements are
satisfactory solutions." (Greeno, 1978, S. 256)

Die primäre Alternative zur konstruktiven Suche sieht Greeno in einem
Verfahren, das meist Generiere-und-Teste genannt wird. Dabei wird eine
Regel gesucht die es gestattet, alle möglichen Teillösungen/Hypothesen
zu generieren und diese, im "Test" Teil, zu bewerten. Bei Anagrammaufgaben würde man folglich nach einer Regel suchen, die alle möglichen
Permutationen der vorgegebenen Buchstaben generiert. In der Testphase
müßte man dann entscheiden, ob die vorliegende Buchstabensequenz ein

Wort der deutschen Sprache ist, oder nicht. Bei der Geheimalgebra müßte eine Regel gefunden werden, die alle möglichen Zuordnungen von Buchstaben zu Zahlen generiert (Frage: wie sieht diese Regel aus, wieviele Zuordnungen gibt es?), der Test besteht trivialerweise darin festzustellen, ob die Gleichung erfüllt ist oder nicht.

Bei einem großen Suchraum ist dieses Verfahren nicht sonderlich vielversprechend, konstruktive Suche führt da wohl eher ans Ziel. Konstruktive Suche basiert sicher primär auf Heuristiken, Generiere-und-Teste hatte zunächst einen algorithmischen Beigeschmak, kann aber auch (sehr effektiv!) als Heuristik eingesetzt werden.

Über welche Fähigkeiten muß der Problemlöser verfügen, um Suchverfahren effektiv durchführen zu können? Nach Greeno (leicht verändert und ergänzt) sind dies die folgenden:

(1) Flexibilität und Geläufigkeit bei der Erzeugung von versuchsweisen Teillösungen (Hypothesen) sowie ausreichende Flexibilität, um nach Fehlschlägen neue Hypothesen zu generieren.

(2) Der Problemlöser muß in der Lage sein, sinnvolle Kriterien für die Bewertung der generierten Hypothesen zu finden und anzuwenden.

(3) Der Proband muß über die Fähigkeit verfügen, Aspekte oder Kriterien zu finden, mittels derer der Suchraum reduziert werden kann. Bei der Bearbeitung von DONALD + GERALD könnten dies die folgenden sein:
(a) Inferenz darüber, ob eine Zahl gerade oder ungrade ist oder sein kann;
(b) Inferenz über die Möglichkeit/Notwendigkeit eines Übertrags;
(c) Inferenz über Gleichheit/Ungleichheit;
(d) Inferenz über den Suchraum, z.B. es kommen nur noch die Zahlen 7 und 9 in Frage.

(4) Suche im Gedächtnis (retrieval): Um zu einer Lösung zu gelangen, muß zumeist auf Elemente der im Gedächtnis gespeicherten Wissensstrukturen zurückgegriffen werden. Dies mag mehr oder weniger einfach sein, z.B. in Abhängigkeit von der (möglicherweise interindividuell verschiedenen) Struktur des gespeicherten Wissens (mehr oder weniger Kategorien, geordnete vs. ungeordnete Kategorien, Faktenwissens vs. Regeln zur Generierung von Strukturen etc.).

(5) Kapazität des Kurzzeit-Gedächtnisses (short term memory): Wenngleich man keine nennenswerten Unterschiede in der Grundkapazität des Kurzzeit-Gedächtnisses postuliert, so können sich doch ganz gravierende Unterschiede in Abhängigkeit davon ergeben, ob es dem Problemlöser gelingt, Bündelungen (chunking) von Informationen vorzunehmen.

Bei der Bearbeitung von DONALD + GERALD ist sicher die begrenzte Kapazität des Kurzzeit-Gedächtnisses ein wichtiges Konstraint; dazu tritt die Schwierigkeit, Kriterien für ein sinnvolles chunking zu entwikkeln. Aber auch die anderen Aspekte spielen eine Rolle, wie Flexibilität. Wichtig ist darüberhinaus natürlich, daß der Problemlöser "im Prinzip" den Weg der konstruktiven Suche einschlägt, d.h. die Gesamtaufgabe in Komponenten, in Teillösungen zerlegt, zu diesen Hypothesen generiert und schließlich diese bewertet, inwieweit sie zielführend sind.

4.3. Weitere Lektüre

Geheimalgebra als ein typisches Problem für Denkaufgaben wird in großer Tiefe und Ausführlichkeit in der oft genannten Forschungsmonographie von Newell und Simon (1972) behandelt: Human problem solving, Kap. 5-7. Eine immer noch sehr lesenswerte Einführung in die Ideenwelt, die schließlich zu dem Bemühen geführt hat, Verhalten zu simulieren, geben Miller, Galanter und Pribram in ihrem Buch "Plans and the structure of behavior", 1960, Kap. 3. Greeno (1978) versucht eine "versuchsweise" Typologie von Problemlöseaufgaben und liefert reichlich weitere Literatur zu Anordnungsproblemen.

Verbale Daten werden in den Beiträgen in Huber und Mandl (1982) behandelt, sowie erschöpfend in Ericsson und Simon (1980, 1984).

Kapitel 5: Transformationsprobleme

Sehr allgemein gesprochen geht es bei Transformationsproblemen darum, einen vorgegebenen Zustand in einen anderen zu transformieren, umzuwandeln. Dieser neue Zustand ist die Lösung des Problems. Die Umwandlung des Ausgangs- in den Endzustand erfolgt durch die Anwendung von zulässigen Operationen oder Transformationen. Dabei lassen sich mit Greeno (1978) zwei Klassen von Problemen unterscheiden, Probleme der Lokationsveränderung (move problems) und Änderungsprobleme (change problems).

Bei Problemen der Lokationsveränderung müssen Objekte und/oder Personen unter vorgegebenen Restriktionen von einer Start- in eine Zielkonstellation überführt werden. Beispiele sind der Turm von Hanoi, Wasserglas-Probleme oder das Missionare und Kannibalen Problem; zu diesen gleich mehr. - Im General Problem Solver (GPS), einem der ersten Mehrzweckprogramme der künstlichen Intelligenz, wird die Erzeugung eines Nachfolgezustandes durch einen einzigen komplexen Operator bewirkt, der im Programm MOVE heißt; Ernst und Newell (1969). Sicher ist es reizvoll, das "Verhalten" des Programms mit menschlichem Verhalten zu vergleichen.

Änderungsprobleme beinhalten solche Aufgaben wie den Beweis von Theoremen, Berechnung einer spezifizierten Antwort aus vorgegebenen Informationen, oder funktionale Relationen, wie sie vor allem Scandura bei Kindern untersuchte.

In der Denkpsychologie erfreuen sich die verschiedenen Transformationsprobleme seit längerer Zeit besonderer Beliebtheit, sicher nicht zuletzt aufgrund der Tatsache, daß durch die Notwendigkeit, eine größere Anzahl von Zügen durchzuführen, reichlich Daten anfallen, die es gestatten, die von den Probanden verfolgte(n) Strategie(n) zu rekonstruieren.

5.1. Das Wasserglas-Problem

Das Wasserglas-Problem ist eines der ältesten Untersuchungsparadigmen der Denkpsychologie. Eine frühe Arbeit liegt von Luchins (1942) vor, auch Luchins und Luchins (1959). In einem typischen Wasserglas-Problem werden drei Gläser verschiedenen Fassungsvermögens vorgegeben, sowie eine beliebige Menge Wasser. Die Aufgabe besteht darin,

Abbildung 5.1.

Die beiden kürzesten Lösungswege durch den Suchgraphen in dem Problem von Atwood und Polson (1976)

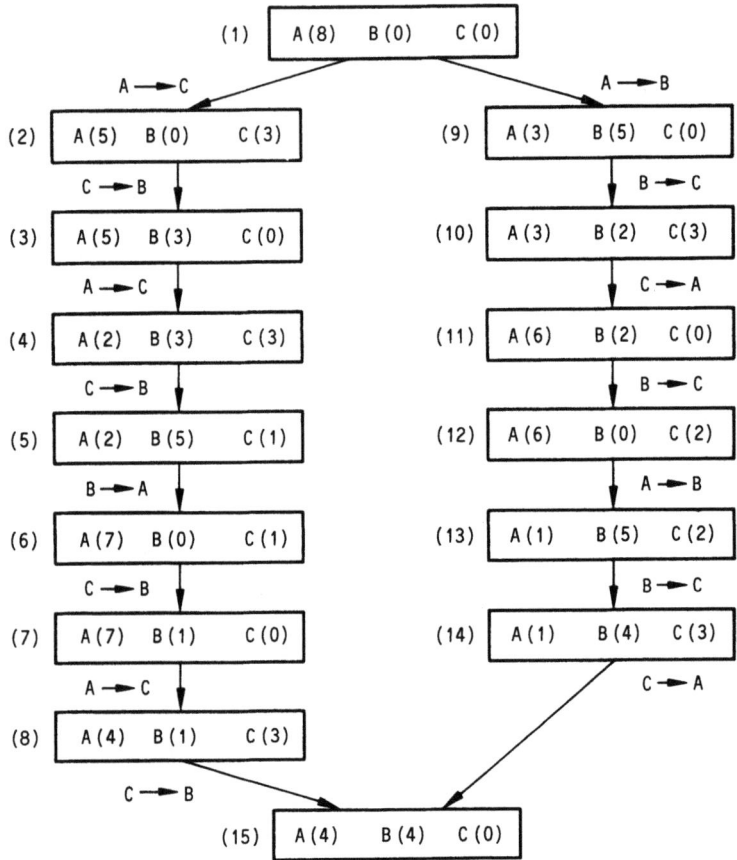

eine bestimmte Menge Wasser in einem bestimmten Glas übrig zu behalten. Zwei Beispiele:

Wasserglas-Probleme nach Luchins

Problem Nr.	Fassungsvermögen der Gläser			gefordertes Quantum
	A	B	C	
1	5	40	18	28
2	21	127	3	100

Die Einheiten bezogen sich auf Quarts (1.136 Liter); die Umschüttoperationen wurden nicht wirklich durchgeführt, sondern symbolisch vergenommen, durch "mental processing". Bei Versuchen mit Kindern verwendet man aus Gründen der besseren Motivierung aber meist Behälter mit Wasser.

Die Lösung der beiden obigen Aufgaben ist äußerst einfach. Bei Nr. 1 wird der Behälter A gefüllt und in B geschüttet, dann A erneut gefüllt und in B geschüttet, schließlich wird C ebenfalls in B gefüllt. In Kurzform kann man diese Lösungssequenz mit 2A+C schreiben. Die Lösung für Problem Nr. 2 ist B-A-2C.

Luchins wies vor allem den Effekt von "set" im Sinne von durch die Aufgaben induzierte Fixiertheit nach (vergl. das Experiment von Scheerer (1963) im Kap. 1 beschrieben).Gibt man beispielsweise hintereinander eine Reihe von Aufgaben vor, die sich gut durch die Additions-Operation lösen lassen, dann entwickelt sich eine starke Tendenz, diese Operation auch dann noch beizubehalten, wenn Abschütten viel schneller zum Ziel führen würde.Fehlt die zuvorige Konditionierung auf die Addition, so verwenden die meisten Personen von sich aus die günstigere Subtraktion-Operation.

In jüngerer Zeit verwendeten u.a. Atwood und Polson (1976) eine Variante des Wasserglas-Problems. Wieder gibt es drei fiktive Gläser unterschiedlichen Fassungsvermögens, z.B. A=8, B=5 und C=3. Im Gegensatz zur ursprünglichen Version wird aber mit einer fest vorgegebenen, begrenzten Wassermenge gearbeitet. Eines der untersuchten Probleme bestand darin, den Inhalt von A, d.h. 8 Einheiten, gleichmäßig auf A und B zu verteilen
Der Leser sei aufgefordert, das Problem zu lösen und die Schritte

seines Lösungswegs zu notieren. Psychologie kann man nur aus der
Analyse psychischen Gesehens lernen!

Das obige Problem ist so beschaffen, daß es mehrere Lösungswege
gibt, d.h. mehrere Wege durch den Suchraum. Die beiden kürzesten Wege
sind in Abbildung 5.1. (umseitig) wiedergegeben. Jeder Problemzustand
ist durch den Inhalt der drei Gläser definiert. Die Übergänge von einem Zustand in den nächsten erfolgen durch die mentale Operation "Umschütten von Wassermengen". Der Startzustand ist mit $S_+ = \{A(8), B(0), C(0)\}$ gegeben, der Zielzustand mit $S^+ = \{A(4), B(4), C(0)\}$.

Sieht man sich die Lösungswege von Probanden an, so stellt man fest,
daß sich die meisten wohl von einer sehr einfachen Maxime leiten lassen: Verändere den Zustand n in n+1 so, daß n+1 dem Zielzustand S^+
möglichst ähnlich ist. D.h., die Bewertung der Züge und deren Auswahl erfolgt aufgrund der Ähnlichkeits-Heuristik. "Ähnlichkeit" bedeutet die holistische, d.h. intuitiv-ganzheitlich aggregierende,
Zusammenfassung von Informationen. Zur Analyse von Ähnlichkeit und
Urteilen über Ähnlichkeit sei auf Tversky (1977) verwiesen.

Wie kann diese zunächst informelle Beobachtung anhand der Daten gestützt und abgesichert werden? Wenn die Behauptung richtig ist, so
müßten im Lösungsprozeß genau an den Punkten für den Problemlöser
Schwierigkeiten entstehen, an denen Transformationen erforderlich
sind, die scheinbar vom Zielzustand wegführen, diesem somit relativ
unähnlich sind - womöglich unähnlicher als der Ausgangszustand n.
Bei den beiden kürzesten Wegen durch den Graphen, Abb. 5.1., sind
dies die Übergänge von (5) auf (6) und von (11) auf (12). Atwood und
Polson berichten, daß in über 50% der Fälle, bei denen die Probanden
vom rechten Lösungsweg abgingen, dies an den beiden vorhergesagten
Stellen geschah. Die Fehler sind also keineswegs gleichmäßig über
die Übergänge von n auf n+1 verteilt.

Das Ergebnis ist eine starke Stützung der Behauptung, daß sich Personen von der Ähnlichkeit als Heuristik beim Bewältigen solcher Probleme leiten lassen. An bestimmten Stellen des Lösungsweges kann sich
diese Daumenregel aber als sehr hinderlich erweisen. Dies ist durchaus typisch für Heuristiken, die als "clevere Daumenregeln" in vielen, aber eben nicht in allen Situationen nützlich und zielführend
sind. Insbesondere garantieren sie nicht die Lösung eines Problems,
wenngleich man andererseits aufgrund der cleveren Anwendung von Heuristiken fulminante Probleme Lösen kann, wie die neueren Arbeiten
auf dem Gebiet der künstlichen Intelligenz beweisen.

5.2. Der Turm von Hanoi

Ein anderes häufig untersuchtes Transformationsproblem ist der "Turm von Hanoi"; siehe Abb. 5.2. Es gibt drei Felder 1, 2, 3. Im einfachsten Fall liegen auf Feld 1 drei Scheiben A, B, C, die unterschiedliche Größe aufweisen: die größte liegt zuunterst, darauf die mittlere, schließlich die kleinste Scheibe. Die Aufgabe besteht darin, diesen "Turm" von Feld 1 nach Feld 3 zu bringen. Die Regeln sagen, daß bei einem Zug stets nur eine einzige Scheibe bewegt werden darf, und daß niemals eine größere Scheibe auf einer kleineren liegen darf.

Abbildung 5.2.

Das 3-Scheiben Turm von Hanoi Problem

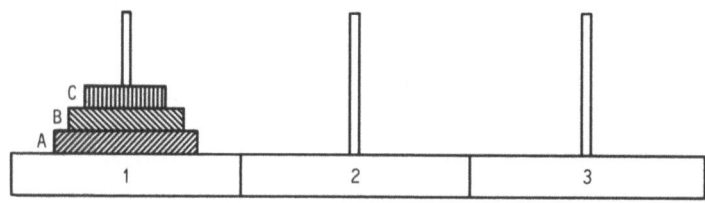

Das 3-Scheiben-Problem ist noch sehr einfach zu lösen, das 4-Scheiben-Problem ist bereits deutlich schwieriger etc. Der Leser sei gehalten, es zu versuchen. Oder wie wär's mit dem 5-Scheiben-Problem?

Wahrhaft eschatologische Bedeutung kommt dem Turm von Hanoi zu, folgt man einer alten buddhistischen Legende, derzufolge weise Mönche in einem Kloster in der Nähe Hanois an einem 64-Scheiben Problem arbeiten (die Zahl der Scheiben besitzt natürlich ebenfalls eine buddhistische Bewandnis). Wenn sie den Turm vollständig von A nach C gebracht haben, dann, so heißt es, ist der letzte Tag der Erde und der Menschheit gekommen. Uns interessiert brennend die Frage, wann dies wohl sein wird. Der Leser sei zu einer Schätzung ermuntert!

Um zu einer präzisen Antwort zu gelangen, müssen wir zunächst einige Operationalisierungen vornehmen. Da es sich um weise Mönche handelt, verfügen sie über die perfekte Strategie, sie machen niemals einen Fehler. Ferner wollen wir davon ausgehen, daß sie jede Sekunde einen Zug machen, Tag und Nacht. Unter diesen Umständen wird es etwa 10^{18}

Jahre dauern, bis sie zuende gekommen sind. 10^{18} sind Millionen Billionen, genannt Trillion. Wie ich neulich las, wird derzeit unsere Galaxie (die Milchstraße) mit ca. 10^{11} Sternen veranschlagt, das heute bekannte Weltall mit ebenfalls 10^{11} Galaxien. Nehmen wir (willkürlich) ferner an, eine durchschnittliche Galaxie habe 1000 mal soviele Sterne wie die unsere, so können wir mit 10^{25} Sternen im Weltall rechnen; die Mönche machen bis zum Ende des Spiels grob gerechnet $3 \cdot 10^{25}$ Züge. Angesichts dieses optimistischen Weltbildes ist es müßig danach zu fragen, wann genau die Mönche mit ihrer Arbeit begonnen haben...

Von anderer Warte aus haben sich Psychologen mit dem Turm von Hanoi befaßt, so auch Klix (1971), Egan (1973), Hayes und Simon (1974) und Simon (1975). Dabei wurde u.a. festgestellt, daß Personen recht unterschiedliche Lösungsstrategien verwenden, die verschiedene trade-offs zwischen Wahrnehmungsleistung, Kurz- und Langzeitgedächtnis beinhalten. In einer besonder lesenswerten Arbeit untersuchte Simon (1975) die wesentlichen Lösungsstrategien und zeigte die Beziehungen dieser untereinander im Detail auf. Simon verwendete Produktionssysteme, um das Verhalten seiner Probanden formal zu charakterisieren.

5.3. Das Hobbits-und-Orcs, bzw. Missionare-und-Kannibalen Problem

Wir wollen nun ein anderes Transformationsproblem etwas genauer untersuchen, das ursprünglich als "Missionare-und-Kannibalen" Problem bekannt war und heute unter der Bezeichnung "Hobbits-und-Orcs" Problem läuft - Tolkien zieht weite Kreise. Nun aber zum Problem:

Drei Hobbits (Missionare) und drei Orcs (Kannibalen), die gemeinsam reisen, müssen mit einem Boot über einen Fluß setzen. Das Boot faßt nur zwei Personen. Randbedingung für das Übersetzen ist, daß die Hobbits zu keinem Zeitpunkt in der Minderheit sein dürfen - auf keiner Seite des Flusses -, da sich sonst die zahlenmäßig überlegenen Orcs zusammentun und die Hobbits überfallen und verschlingen würden.

Erneut ist der Leser gehalten, dies hübsche Problemchen zu lösen!

Thomas (1974) hatte sich zum Ziel gesetzt, den Problemlöse-Graphen aus dem Verhalten der Probanden zu konstruieren, ganz wie dies von Newell und Simon gemacht worden war. Der Autor versuchte zunächst die bei der Geheimalgebra so erfolgreiche Methode des verbalen Protokolls anzuwenden, ohne Erfolg. Bei diesem Problem waren die Probanden offenbar nicht in der Lage, laut zu denken. Sie konnten zwar meist das Problem lösen, nur konnten sie nicht mitteilen, von welchen Überlegungen sie sich leiten ließen. Außer dem verbalen Proto-

Abbildung 5.3.

Lösungsschritte beim Hobbits-und-Orcs-Problem

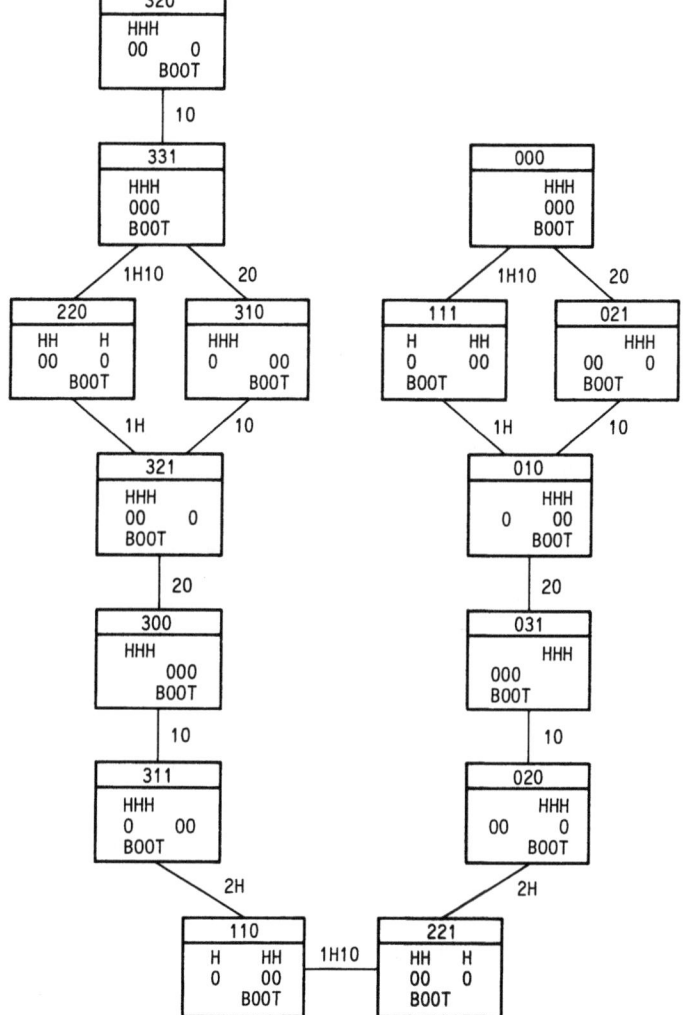

koll, das ja in diesem Fall unergiebig war, verfügt man glücklicherweise noch über weitere Informationen, aus denen sich eventuell Anhaltspunkte über die subjektiven Wissenszustände und Strategien der Probanden ableiten ließen. Es sind dies:

1. Pro Proband eine Sequenz von Zügen
2. Bewertung der Züge
   - zielführend/nicht zielführend
   - zulässig/unzulässig
3. Latenzzeit
   - für jeden Zug
   - vom ersten bis zum letzten Zug.

Zunächst fragen wir uns, wie aus diesen Daten etwas über die Wissenszustände abgeleitet werden kann: Sind die kognitiven Prozesse der Probanden, und die daraus abzuleitenden Wissenszustände, verglichen mit den "objektiven" Zuständen des formalen Suchgraphen, eher mikroskopischer oder eher makroskopischer Art? Oder gibt es keine Beziehung der subjektiven Zustände zu denen des Suchgraphen?

5.3.1. Formale Darstellung des Hobbits-und-Orcs Problems:
Der Suchgraph

Der Suchgraph gibt die Sequenz möglicher Züge an. Die Zustände, Kästchen in Abb. 5.3., werden wie folgt gekennzeichnet:

1. Anzahl der Hobbits H auf der linken, der Startseite
2. Anzahl der Orcs auf der linken Seite
3. Standort des Bootes, 1 bedeutet Startseite, 0 Zielseite.

Die Ausgangsposition des Problems ist dann durch das Triplet 331 gekennzeichnet. Die Verbindungslinien zwischen den Zuständen geben die vorgenommenen Transformationen an, d.h. die Züge. Der Zielzustand ist 000.

5.3.2. Experimentelles Vorgehen in der Untersuchung von Thomas

Der Autor legte seiner Untersuchung einen Transfer-Versuchsplan zugrunde. In Experiment I hatte eine Kontrollgruppe (KG) von N=71 Vpn das ganze Problem von Anfang an zu lösen, d.h. sie begannen bei 331 und hatten nach 000 zu gelangen. Die Experimentalgruppe (EG), N=44, war vom Teil-Ganzes Typ: sie hatten zuerst nur den zweiten Teil des Problems zu lösen, begannen also bei 110 (siehe Abb. 5.3.).Im zweiten Teil des Experimentes hatte die EG dann das ganze Problem von Anfang an zu lösen. Folglich bearbeitete sie die zweite Problemhälfte zweimal.

In einem Experiment II war eine KG (N=15) wie oben definiert, die EG löste das Problem wie die KG von Anfang an, erhielt aber an der Stelle 110 Feedback (Feedbackgruppe). Diesen Pbn wurde folgendes mitgeteilt "Das Problem ist von hier aus lösbar, Sie sind auf der richtigen Spur." In Vorexperimenten hatte sich der Übergang von 110 in den Folgezustand 220 als besonders schwierig erwiesen, da er scheinbar vom Ziel wegführt.
Der Versuch war Computer-gesteuert. Wenn die Vp einen Zug vorzunehmen hatte, leuchtete die Schrift MOVE auf; die Vp hatte dann die Anzahl Hobbits und Orcs anzugeben, die übergesetzt werden sollten. Ein legaler Zug wurde ausgeführt, die sich daraus ergebende neue Konstellation wurde am Terminal angezeigt. Bei einem falschen Zug wurde eine der folgenden Fehlermeldungen gegeben:

- Du läßt die Orcs die Hobbits fressen
- Du bewegst zu viele Personen
- Die Personen sind nicht mehr da .

Ein in diesem Sinn falscher Zug wurde nicht durchgeführt, es erschien vielmehr erneut die Aufforderung MOVE. Es war den Vpn gestattet, jederzeit wieder von ganz vorne zu beginnen.

5.3.3. Einige Ergebnisse der Untersuchung von Thomas

A. Relative Schwierigkeit der Zustände. Zur Kennzeichnung der Schwierigkeit der Zustände, bzw. des Übergangs von n nach n+1, wurden zwei Maße berechnet, 1. die Proportion falscher Züge an jedem Zustand (also falsche Züge in Relation zur Anzahl möglicher Züge), und 2. die Latenzzeit. Die mittels dieser beiden abhängigen Variablen gewonnenen Ergebnisse stimmen zwar nicht vollständig miteinander überein, zeigen aber, daß 321 und 110 besonders schwierige Zustände sind.

B. Leistung der Teil-Ganzes-Gruppe (Transfer). Die Teil-Ganzes-Gruppe bearbeitete erinnerlich zunächst den zweiten Teil des Problems, dann die ganze Aufgabe von Anfang an. Sie zeigte einen positiven Transfer auf die erste Hälfte des Problems. Die mittlere Anzahl von Zügen, die diese Transfergruppe für den ersten Teil benötigte, betrug 10.8 Züge im Vergleich zur KG, die 13.0 Züge benötigte. Diese Differenz ist statistisch signifikant. Wer also zuerst die zweite Hälfte löst, ist dann bei der ersten Hälfte vergleichsweise besser.

Unerwartet sind allerdings die Ergebnisse für den zweiten Teil der

Aufgabe. Für diesen benötigte die Teil-Ganzes-Gruppe bei ihrer ersten Bearbeitung 12.0, die KG aber 15.5 Züge. Diese Differenz ist ebenfalls statistisch signifikant (p < 0.05). Dieses Ergebnis ist insofern überraschend, als die Kontrollgruppe ja bereits den ersten Teil des Problems gelöst hatte und folglich ein positiver Transfer auf den zweiten Teil zu erwarten gewesen wäre.

Die Teil-Ganzes-Gruppe löste den zweiten Teil zweimal - erst nur diesen, dann im Rahmen des Gesamtproblems. Folglich würde man erwarten, daß sie beim zweiten Mal aufgrund von Übungstransfer und Erinnerung erheblich schneller/mit weniger Zügen zum Ziel kommt. Es war aber genau umgekehrt - hatten die Pbn das erste Mal im Schnitt 12.0 Züge benötigt, so brauchten sie für den zweiten Durchgang 14.3 Züge. Diese Differenz ist zwar nicht signifikant, weist aber in die "falsche" Richtung. Der Autor erklärt die Ergebnisse mit einem Konstexteffekt, eine Interferenz besonders bei 110.

C. <u>Wirkung von Feedback bei dem Zustand 110.</u> Der Effekt der Ermutigung bei 110 wies eine Tendenz in die erwartete Richtung auf, war aber nicht signifikant.

5.3.4. <u>Überlegungen zu den psychischen Zuständen</u>

Die bisherigen Ergebnisse, so interessant sie auch sein mögen, geben noch wenig Aufschluß über die zentrale Frage der Untersuchung: Welches sind die "psychischen Zustände"? M.a.W., entsprechen die internen Wissenszustände der Pbn denen des externen Suchgraphen? Um der Lösung dieser Frage näher zu kommen, machte Thomas die Annahme, daß die Zustände eines Problemlöse-Graphen (PBG) auf einem Markoff Prozeß der Zustände des formalen Suchgraphen beruhen. (Ein Markoff Prozeß ist ein Wahrscheinlichkeitsprozeß, bei dem n+1 nur von n, nicht aber von weiter zurückliegenden Zuständen abhängt. An späterer Stelle kommen wir ausführlicher auf Markoff Prozesse zu sprechen.) Diese Überlegung wiederum geht davon aus, daß das Wesen des Problemlösens bei der Hobbits-und-Orcs Aufgabe als Hypothesentesten angesehen werden kann. Dabei geht man im einfachsten Fall mit Restle und Davis (19 62) von folgenden beiden Annahmen aus:

<u>A1</u>: Bei jedem Zustand gibt es eine feste Menge von Hypothesen (d.h. konstante Hypothesenzahl);

<u>A2</u>: Die Auswahl der Hypothesen durch den Probanden läßt sich als Zufallsstichprobe mit Zurücklegen (random sampling with replacement) kennzeichnen.

Sind diese beiden Bedingungen erfüllt, so kann man zeigen, daß die Wahrscheinlichkeit P_i beim i-ten Zustand eine richtige Hypothese zu "ziehen" und folglich einen richtigen Zug zu machen, konstant ist, d. h. P_i = konstant. Wie Thomas im einzelnen diskutiert, wäre das Ergebnis, daß sich eben der Lösungsprozeß als Markoff Prozeß beschreiben ließe, ein Anzeichen dafür, daß die subjektiven Zustände denen des formalen Suchgraphen entsprächen.

Im Sinne der Markoffannahme lautet die Nullhypothese, daß P_i nur vom Problemzustand abhängt, nicht aber davon, wie oft dieser im Problemlösungsprozeß bereits aufgetreten ist. Aufgrund der Daten muß die Nullhypothese aber entschieden zurückgewiesen werden. Folglich kann der Lösungsprozeß nicht als Markoff Prozeß angesehen werden, folglich entsprechen die internen Zustände nicht denen des Suchgraphens.

Wenn dem so ist, dann können die internen Zustände entweder mikroskopisch oder stärker makroskopischer Natur sein, im Vergleich zu den Zuständen des formalen Suchgraphen. Es wäre von großem Interesse, wenn es gelänge, die ungefähre Anzahl der internen Zustände anzuschätzen, d.h. Aussagen über die Komplexität des psychischen Prozesses machen zu können. Eine Möglichkeit hierzu liefert das Verfahren, das Restle und Davis (1962) angegeben haben. Bei diesem Modell wird die Annahme gemacht, daß es sich um einen Prozeß mit k Stufen handelt. Ferner gibt es gute Gründe für die Annahme, daß die Bearbeitungszeiten exponentialverteilt sind, mit λ als Zeitparameter. Wenn man den Mittelwert μ_t und die Varianz σ_t^2 der Lösungszeiten kennt, so kann man die Parameter k und λ wie folgt abschätzen (siehe auch die Anhänge 5.1. und 5.2.):

$$\hat{k} = \frac{\mu_t^2}{\sigma_t^2} \quad ; \quad \hat{\lambda} = \frac{\mu_t}{\sigma_t^2} \quad .$$

Die Grundidee, die hinter diesem Modell steckt, kann hier nur skizziert werden. Bei sehr komplexen Problemen kann man annehmen, daß die Latenzzeiten ungefähr normalverteilt sind (aus ähnlichen Überlegungen leitet man ja die Normal- oder Gauss-Verteilung her). Je schiefer die Verteilungen der Latenzzeiten werden, desto einfacher ist folglich der Prozeß. Die obigen Formeln nützen die Tatsache aus, daß sehr schiefe Verteilungen eine große Varianz im Vergleich zum Mittelwert aufweisen. Ist ein Prozeß durch eine geringe Anzahl von Komponenten k gekennzeichnet, deren Lösungszeiten exponentialverteilt sind, so läßt sich die Schiefe der Verteilung des Gesamtprozesses vorhersagen. Aus dieser läßt sich dann die Anzahl k der Komponenten abschätzen, die dem Prozeß zugrunde gelegt werden müssen.

Eine entsprechende Analyse der Hobbits-und-Orcs Daten zeigt, daß für den ersten Teil des Problems zwischen zwei und vier interne Problemzustände angenommen werden können, für den zweiten Teil nur einer. Der subjektive Prozeß ist also stärker makroskopischer Natur als der formale Suchgraph.

Die Vorgehensweise von Thomas ist in zweierlei Hinsicht typisch für die kognitive Psychologie. Zum einen betrifft dies die Analyse von Responsezeiten, zum anderen die sehr indirekte Vorgehensweise. Diese ist allerdings notwendig, da die Daten keineswegs direkt zu einem sprechen - zumindest in unserem Problem nicht. Es sind also strukturelle Annahmen erforderlich, um Informationen aus den Daten extrahieren zu können. Für die von Thomas vorgelegten Ergebnisse spricht, daß Greeno (1974) bei der Bearbeitung des gleichen Problems mit ganz anderen Analyseverfahren zu ähnlichen Ergebnissen gelangte. Als inhaltliches Fazit kann festgehalten werden, daß die internen Problemzustände ihrer Zahl, vielleicht auch ihrer Art nach, erheblich von denen des Suchgraphen, den ja der Forscher konstruiert, abweichen. Dabei bleiben die subjektiven Zustände aber zunächst inhaltlich uninterpretiert und unidentifiziert.

5.4. Einige psychische Voraussetzungen beim Lösen von Transformationsproblemen

Bei einem typischen Transformationsproblem, wie dem Turm von Hanoi oder dem Hobbits-und-Orcs Problem hat der Problemlöser Zug-für-Zug den Ausgangszustand so zu verändern, daß schließlich der geforderte Endzustand resultiert. Dabei stehen ihm meist sehr viele Transformationen zur Verfügung. Trifft er eine unsystematische oder zufällige Auswahl, so dauert die Lösungsfindung unangemessen lange oder die Lösung wird nie gefunden. Folglich gilt es, vernünftige Prinzipien für die Auswahl der Transformationen oder Züge zu finden.

Eine wichtige Strategie bei der Auswahl von Transformationen wird Mittel-Ziel-Analyse (means-end analysis) genannt. Dabei vergleicht der Problemlöser den durch die Anwendung eines Operators generierten Nachfolgezustand s_{i+1} mit dem Zielzustand S^+ und stellt die "Entfernung" zwischen beiden fest. Dabei wird er danach trachten, den Operator so zu wählen, daß diese Differenz minimiert wird. Anders ausgedrückt kann man auch sagen, er wählt s_{i+1} so, daß dieser eine möglichst große Ähnlichkeit zu S^+ aufweist. Wie die Untersuchung von Atwood und Polson (1976) zeigte, lassen sich Probanden - zumindest bei bestimmten Aufgaben, bei anderen geht das nicht (vergl. die Analogie-Probleme von Evans im nächsten Kapitel) - von der Ähnlichkeits-Heuristik leiten. Bei dem bereits erwähnten General Problem Solver (GPS) nimmt die Mittel-Ziel-Analyse einen zentralen Platz ein.

Fähigkeiten des Problemlösers. Greeno (1978) nennt drei Fähigkeiten, über die der Problemlöser vorzugsweise verfügen muß, um Transformationsprobleme effizient lösen zu können.

(1) Situationsanalyse. Um zur Lösung vorzudringen, muß der Problemlöser in der Lage sein, die verschiedenen Zustände, die entstehen können, mit dem Zielzustand in Beziehung zu setzen. Nichts weiter meint der Begriff "Situationsanalyse". Diese Fähigkeit kann auf verschiedene Art und Weise eingesetzt werden, auf verschiedenen Ebenen erfolgen, und mehr oder weniger gut organisiert sein. So zeigt etwa Simon (1975) bei der Analyse des Turm von Hanoi Problems, daß eine effektive Problemlösung dann möglich ist, wenn der Proband nur einige wenige relevante Aspekte im Auge behält, nicht aber einen ganzen Katalog von Teilzielen speichert. Natürlich bestehen große interindividuelle Unterschiede, die wesentlich auch davon abhängen, wie die Aufgabe intern repräsentiert wird.

(2) Komplexe Operationen. Oft macht man sich das Problemlöse-Leben wesentlich leichter, wenn man lernt, Operationen anzuwenden, die komplexe Transformationen beinhalten. Ein gutes Beispiel bieten wieder Simon's Überlegungen zum Turm von Hanoi. Lernt ein Proband die komplexe Operation "Bewege eine (Teil-)Pyramide" und setzt diese rekursiv ein, so arbeitet er wesentlich effektiver, als wenn er Scheibchen für Scheibchen überlegt. Die Zusammenfassung von elementaren Zügen zu einem einzigen komplexen Operator kann wieder als eine Form des chunking verstanden werden. Bei einigen Problemen, wie dem Turm von Hanoi, kann der komplexe Operator aber nicht in einem Zug ausgeführt werden, er stellt aber eine mentale Entität dar. Das 5-Scheibenproblem beispielsweise ist schon recht schwierig zu lösen, z.T. deswegen, weil es aus sehr vielen Zügen besteht, deren Reihenfolge zu merken wohl nicht möglich ist. Dekomponiert man aber das Problem dergestalt, daß man die drei kleinsten Scheiben als Teilpyramide als ein einziges Element A betrachtet, zusammen mit den beiden verbleibenden Scheiben B und C hat man dann wieder eine Elementarpyramide aus nur drei Elementen. Und die Zugfolge für eine 3-Scheiben Psyramide ist sehr leicht

zu merken. Allerdings können derartige komplexe Operationen wohl nur dann herausgebildet werden, wenn die Teilaspekte dieser Operation sehr gut verstanden werden.

(3) <u>Planung</u>. Einfache Übung im Sinn von wiederholter Durchführung eines Problems fürt meist nicht zu besonderen Problemlösefertigkeiten. Vielmehr muß ein Planungsverfahren herausgebildet werden, das in systematischer Weise Beziehungen zwischen Situationen und - auszuwählenden - Operatoren herstellt. Ein solches Planungsverfahren wird durchaus heuristischer Natur sein können. So untersuchten Scandura, Durnin und Wulfeck (1974) konstruktive geometrische Probleme. In ihrem Modell beginnt der Lösungsprozeß damit, daß eine grobe Skizze der möglichen Konstruktion entworfen wird - ganz im Sinne einer Heuristik, die Polyâ "wishful thinking" genannt hat. Dann werden die charakteristischen Merkmale (features) dieser Skizze identifiziert. Das Problem wird gelöst, indem man ein Verfahren zur Erzeugung dieser features bereitstellt.

5.5. Weitere Lektüre

Eine Zusammenschau verschiedener Aspekte von Transformationsproblemen findet man bei Greeno (1978). Die Analyse von Reaktionszeiten in der kognitiven Psychologie behandeln Lachman, Lachman und Butterfield (1979, Kap. 5).

Neues zum Turm von Hanoi berichtet Karat (1982), Jeffries, Polson, Razran und Atwood (1977) sowie Schmalhofer, Polson und Karat (1984) befassen sich mit Problemen der Flußüberquerung.

In Worten: Die bedingte Wahrscheinlichkeit, daß die Glühlampe länger als x+y Stunden brennt, wenn man weiß, daß sie schon länger als x Stunden gebrannt hat, ist gleich der unbedingten Wahrscheinlichkeit, daß sie länger als y Stunden brennt. D.h., hat das Item schon x Stunden funktioniert, so ist die Wahrscheinlichkeit, daß es weitere y Stunden überlebt die gleiche, als wenn man die erste Information nicht hätte - dies wiederum bedeutet, daß es keinen Verschleißeffekt gibt. Ob dies eine realistische Annahme ist, bleibt eine Frage der Empirie.

Anhang 5.1. Zur Ableitung der Anzahl kognitiver Zustände aus Reaktionszeiten

Wir betrachten nur den diskreten Fall. Dabei wird die Reaktions- oder Latenzzeit in beliebig viele kleine, gleichlange Intervalle unterteilt. Dann werden folgende Annahmen getroffen:

A1: Die Wahrscheinlichkeit, die richtige Lösung zu finden, ist für jedes Intervall gleich, sie sei mit ∅ (Phi) bezeichnet. Die Annahme besagt inhaltlich, daß alle Intervalle gleich "schwer" sind. Die komplementäre Wahrscheinlichkeit, in einem Intervall die Lösung nicht zu finden, ist folglich 1-∅.

A2: Die Wahrscheinlichkeit, in einem Intervall die Lösung zu finden, ist unabhängig von den anderen Intervallen.

A3: Die Stufen des Prozesses werden sequentiell durchlaufen.

Daraus folgt:

(1) Lösungswahrscheinlichkeit für das erste Zeitintervall: ∅
(2) Lösungswahrscheinlichkeit für das zweite Zeitintervall: ∅(1-∅)
(3) Lösungswahrscheinlichkeit für das dritte Zeitintervall: ∅(1-∅)^2
⋮
(n) Lösungswahrscheinlichkeit für das n-te Zeitintervall: ∅(1-∅)$^{n-1}$

Die Lösungszeit hängt von zwei Faktoren ab,
(1) der Anzahl der Stufen/Zustände;
(2) der Wahrscheinlichkeit, innerhalb einer Stufe/Zustand die Lösung zu finden, d.h. von ∅. Mit zunehmender Stufenzahl wächst die erwartete Bearbeitungsdauer, mit steigendem ∅ nimmt sie ab.

Sind diese Modellbedingungen erfüllt, so kann die Anzahl der Zustände k des untersuchten Prozesses abgeschätzt werden:

$$k = \frac{\mu_t^2}{\sigma_t^2},$$
μ_t ist der Mittelwert der Lösungszeiten

σ_t^2 Varianz der Lösungszeiten.

Anhang 5.2. Zur Exponentialverteilung

Eine Exponentialverteilung ist eine bestimmte Form einer kontinuierlichen Wahrscheinlichkeitsverteilung. Sie hat die folgenden Dichte-

und Verteilungsfunktionen:

Dichtefunktion

$$f(x;\lambda) = \begin{cases} \lambda e^{-\lambda x} & \text{für } x > 0 \\ 0 & \text{sonst} \end{cases}$$

Verteilungsfunktion

$$F(x;\lambda) = \begin{cases} 0 & \text{für } x \leq 0 \\ 1-e^{-\lambda x} & \text{sonst } x > 0 \end{cases}$$

Graphische Darstellung der Dichte- und Verteilungsfunktion der Exponentialverteilung

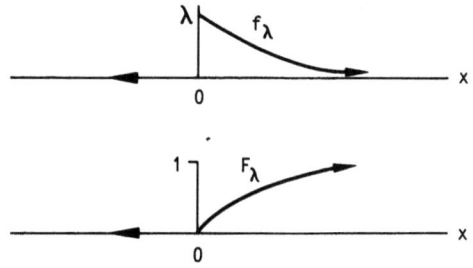

Erwartungswerte

$E(X) = 1/\lambda$ $\qquad E(X^2) = 2/\lambda^2$
$V(X) = 1/\lambda^2$

Einige Anwendungen und Eigenschaften

Die Exponentialverteilung wird häufig in der Reliabilitätstheorie elektronischer oder mechanischer Komponenten angewendet. Es sei die Zufallsvariable X definiert als die Zeit bis zum Versagen eines Items, z.B. die Brenndauer eine Glühbirne. Ferner sei $x, y \in X$, mit $y > x$.

Die zentrale Eigenschaft der Exponentialverteilung besteht darin, daß sie kein "Gedächtnis" hat, d.h. es gilt:

$$P([\ X > x+y\ ] / [X > x]) = P([\ X > y\ ]).$$

Kapitel 6: Induktion: Analoges Denken

Induktion bedeutet den Schluß vom Einzelnen auf das Allgemeine. Bei der psychologischen Analyse induktiven Denkens geht man meist so vor, daß man ein "Ereignis", meist eine Folge von Symbolen, vorgibt mit der Maßgabe herauszufinden, nach welcher Regel oder Gesetzmäßigkeit die Reizfolge aufgebaut ist. Die Aufgaben können dabei sehr verschieden sein, z.B.:

(a) Fortsetzen einer Reihe, wie abaacaada... oder 1357...
(b) Begriffbilden, ein Merkmal, oder eine Kombination von Merkmalen, wird vom Vl als "Begriff" definiert. Die Vp erhält eine Reihe von Stimuli vorgelegt, die aus verschiedenen Kombinationen der verwendeten Merkmale bestehen und muß angeben, ob ein Stimulus den Begriff erfüllt, unter den Begriff fällt, oder nicht. Da das Thema "Begriffslernen" einen derartigen Stellenwert in der Denkpsychologie einnimmt, subsumieren wir es nicht unter dem Oberbegriff "Induktion" (was formal stringenter wäre), sondern widmen ihm einen eigenen Teil III.
(c) Matrix-Aufgaben, wie sie z.b. im Raven Test verwendet werden; ähnlich auch die geometrischen Analogie-Aufgaben, wie sie Evans (s.u.) verwendete.
(d) Analogien, wie sogleich näher ausgeführt wird.

6.1. Analoges Denken und der Analogieschluß

Allgemein kann man einen Analogieschluß (AS) wie folgt kennzeichnen: Es wird angenommen, daß Beziehungen zwischen den Elementen/Sachverhalten eines Bereiches A in gleicher oder ähnlicher Weise auch in einem Bereich B gelten.
Anknüpfend an eine früher eingeführte Terminologie kann man auch davon sprechen, daß bei einem AS ein Relationalsystem $RS_I := <A; R_1, R_2,...,R_n>$ in ein Relationalsystem $RS_{II} := <B; R_1, R_2,..., R_n>$ überführt werden soll, so daß die Abbildung $RS_I \rightarrow RS_{II}$ die im Gegenstandsbereich A herrschenden Beziehungen oder Relationen R "strukturell ähnlich" auf den Sachbereich B übertragen werden. Solche strukturerhaltenden Abbildungen, so sie eindeutig sind, nennt man Homomorphismen; wechselseitig eindeutige oder ein-eindeutige Abbildungen nennt man Isomorphismen.

Exkurs. Homo- bzw. Isomorphismen spielen in der axiomatischen Meßtheorie eine große Rolle. Bei "Messen" in einem sehr allgemeinen Sinn geht es darum, Beziehungen, die in einem empirischen Bereich gelten, strukturerhaltend auf einen formalen Bereich - die Zahlen - abzubilden. M.a.W., es soll ein empirisches Relationalsystem mindestens homomorph auf ein numerisches Relationalsystem abgebildet werden. Beispielsweise soll die empirische Beziehung "ist länger als" derart in die reellen Zahlen abgebildet werden, daß gilt: wenn a länger ist als b, dann soll die Zahl, die a zugeordnet wird, größer sein als die Zahl, die b zugeordnet wird; d.h. die in der Empirie geltende Beziehung soll auf eine entsprechende Beziehung in den Zahlen übertragen werden. Die axiomatische Meßtheorie spezifiziert die notwendigen und hinreichenden Bedingungen, die eine derartige homomorphe Abbildung gewährleisten.

Einige Beispiele für Analogieschlüsse

(1) (Dörner, 1976) Im Bereich der Schallphänomene gibt es den sog. Doppler-Effekt: eine sich vom Beobachter wegbewegende Schallquelle klingt immer tiefer, d,h, es überwiegen die tiefen Frequenzen des Frequenzspectrums, das den Hörer erreicht.

AS: Angenommen, es verhielte sich im Bereich der Lichtphänomene ebenso: Im Frequenzspectrum einer sich vom Beobachter entfernenden Lichtquelle überwiegen zunehmend die niederen Frequenzen, d.h. die langen Wellen. Da die langen Wellen vom Beobachter als Rot wahrgenommen werden, führt dies zu einer Rotverschiebung. Genau so ist es. Dieser Effekt wird in der Astronomie dazu ausgenützt, die Fluchtgeschwindigkeit von Galaxien zu bestimmen.

(2) (Hofstadter, 1981) Die "First Lady" der Vereinigten Staaten von Amerika ist (Jan. 1985) Nancy Reagen. Frage: Wer ist die First Lady des Vereinigten Königreiches? Um diese Frage beantworten zu können, wird man analoges Denken anwenden. Der AS könnte wie folgt entwickelt werden: Nancy Reagen ist die Frau des Präsidenten der U.S.A., folglich müßte die First Lady Englands die Frau des englischen Präsidenten sein (direkte Übertragung der Relation in A auf B). Nun, so einfach geht das nicht - England hat offensichtlich keinen Präsidenten (Rückgriff auf Inhalte des Gedächtnisses). Eine Modifikation tut not, Präsident wird als "erster Mann" übersetzt. Aber wer ist dies im Vereinigten Königreich? Es stehen zwei Kandidaten zur Wahl - und beide "erste Männer" sind Frauen, der Premierminister ist Frau Magaret Thatcher, Königin und formelles Staatsoberhaupt ist Königin Elisabeth. Ist denn eine von diesen die "First Lady"? Generalisiert man von "Frau des höchsten Staatsrepräsentanten" auf "Ehepartner", so stehen wieder zwei Kandidaten zur Auswahl, Prinz Philip bzw. Denis

Thatcher. Wen von beiden man wählt, hängt davon ab, ob man die Wahl de jure oder de facto treffen will. In einem Zeitungsartikel wurde übrigens Denis Thatcher vor einiger Zeit als "First Lady" Englands tituliert.

In diesem Beispiel lernen wir eine wesentliche Eigenschaft von Analogieschlüssen kennen, der sie von rein logischen Schlüssen abhebt: Analogieschlüsse müssen nicht zu einem eindeutigen Ergebnis führen (im obigen Beispiel sind beide Möglichkeiten plausibel), ja, sie können auch zu keinem Ergebnis führen, oder das Ergebnis kann falsch sein.

(3) (Hofstadter, 1981) Betrachten wir zunächst zwei serielle Strukturen, die einfach A und B genannt werden:

A: 123455 4321
B: 12344321

Frage: Was ist in B wie die 4 in A? Oder anders, was spielt in B die "Rolle", die die 4 in A spielt? Diese Form der Fragestellung kürzt man oft ab, indem man schreibt:

A : 4 :: B : ?

Um die Frage beantworten zu können, muß man zunächst feststellen, welche Rolle die 4 in A spielt. Es liegt nahe, sie als Nachbarelement des zentralen Paares 55 anzusehen - diese beiden Elemente sind gleich. Überträgt man diese Struktur auf B, so ist die per AS gewonnene Antwort natürlich 3. Wie aber lautet die Antwort, wenn unser B durch die nachfolgend definierten C oder D ersetzt werden?

C: 123456666 54321
D: 11223344544332211

Viele Autoren sehen Denken in Analogieschlüssen als zentralen Aspekt menschlichen schlußfolgernden Denkens an, so Hofstadter (1981, S. 18): "...analogy, the core of human thinking,..." Insbesondere wird der AS als wichtiges, wennnicht zentrales Vorgehen beim kreativen Denken angesehen, also beim Finden von ausgezeichneten, originellen, eventuell auch neuen Lösungen.

Schritte beim Analogieschluß

Nach Dörner (1976, leicht modifiziert) lassen sich beim AS vier Schritte unterscheiden:

1. <u>Abstraktion</u> von einigen Merkmalen des vorgegebenen Sachbereiches;

2. **Modellsuche.** Suche nach einem anderen Sachbereich, auf den sich die im ersten Schritt gewonnenen Abstraktionen übertragen lassen. Abstraktion ist dabei als eine notwendige Voraussetzung für die Modellsuche anzusehen, da ein Sachverhalt nie vollständig einem anderen gleicht, sondern stets nur im Hinblick auf bestimmte Merkmale.

3. **Rückübertragung** von aufgrund des AS gewonnen neuen Einsichten auf den ursprünglichen Sachverhalt.

4. **Test** (Verifikation). Immer ist zu überprüfen, ob die neuen, zunächst hypothetisch angenommenen Beziehungen auch tatsächlich vorhanden sind.

Nicht bei jedem AS sind alle o.g. Aspekte relevant. Oft ist der Gegenstandsbereich, auf den übertragen werden soll, bekannt und vorgegeben. Ferner macht der Schritt der Rückübertragung nicht immer Sinn (ist aber unerläßlich, wenn ein Isomorphismus demonstriert werden soll). Wie Dörner zu recht bemerkt, wird der vierte Schritt oft ausgelassen, so z.B., wenn ich von meinem Seelenleben auf dasjenige einer anderen Person schließe. Merke: Evidenz ersetzt nicht Verifikation!

6.2. Ein Ähnlichkeitsmodell analogen Denkens

Der Kern des AS kann vielfach als "Ähnlichkeit" verstanden werden, wobei sich die Ähnlichkeit, wenngleich in unterschiedlicher Stärke, auf die Sachverhalte und auf die in diesen erkannten Relationen beziehen kann. Der AS kann dan als Extrapolation dieser Ähnlichkeiten verstanden werden. Rumelhart und Abrahamson (1973) haben ein auf Ähnlichkeiten basierendes Modell entwickelt, das nun dargestellt werden soll.

Es werden Probleme der Form:

$$A : B :: C : (X_1, X_2, ..., X_n)$$

betrachtet, was zu lesen ist als A verhält sich zu B wie C zu welchem der folgenden Auswahlelemente X_1 etc. Die Aufgabe besteht darin, das passende oder passendste Element X_i zu wählen, so daß die Analogie - die es erst zu finden gilt - erfüllt ist.

Ein triviales Beispiel:

Apfel : Baum :: Traube : (Blume, Zweig, Rebe, Birne) ?

Das Lösen derartiger Aufgaben macht die folgenden Schritte erforderlich:

1. Abstraktion: Ermitteln einer Relation zwischen A und B;

2. **Modellsuche:** Suche nach einer entsprechenden Relation zwischen C und den X_i;

3. **Test:** Entspricht die gefundene Relation R' in CR'X_i der Relation R in ARB; aber auch: entspricht die Relation R' der Relation R "gut genug", falls nein, suche neue Relation zwischen A und B und stelle fest, ob sich diese "besser" auf den rechten Teil des AS übertragen läßt etc. Diese Tests werden in der Regel nicht formaler, sondern heuristischer Natur sein. Sie können nur die Sicherheit erhöhen, sind aber kein Beweis im strengen Sinn.

Das Modell von Rumelhart und Abrahamson

Rumelhart und Abrahamson (1973) gehen von der zentralen Annahme aus, daß alle Elemente A, B, etc. einer Analogie in einem m-dimensionalen Ähnlichkeitsraum eingebettet werden können, wobei Unähnlichkeit als Euklid'sche Distanz ausgedrückt wird. Relationen zwischen zwei Elementen werden durch die gerichtete Entfernung zwischen ihnen im Euklid'schen Ähnlichkeitsraum ausgedrückt.

Im einzelnen werden folgende Annahmen gemacht:

A1: Jedes der n+3 Wörter kann als Punkt in einem m-dimensionalen Ähnlichkeitsraum ausgedrückt werden, d.h. jedem Wort X_i entspricht ein Vektor $X_i = (x_{i1}, x_{i2}, ..., x_{im})$, wobei x_{ij} die Koordinatenwerte für X_i auf der Dimension j angibt.

A2: Zu jedem der drei Wörter A,B,C gibt es eine "ideale" Analogie I, so daß gilt: A:B::C:I, wobei die Koordinaten von I durch den Vektor B+C-A gegeben sind.

A3: Die Wahrscheinlichkeit, mit der eine bestimmte Alternative X_i aus X gewählt wird, ist eine monoton abnehmende Funktion ihrer relativen Entfernung zum idealen Analogiepunkt I.

Um nochmals zusammenzufassen: Es wird angenommen, daß
- jedes Element der Analogiefrage als Punkt in einem mehrdimensionalen Ähnlichkeitsraum dargestellt werden kann,
- die ideale Analogie durch einen Punkt in diesem Ähnlichkeitsraum gegeben ist, der die gleiche gerichtete Distanz von C aus hat, wie B von A aus,
- die Responsewahrscheinlichkeit für eine der Alternativen ihrer Entfernung zum Ideal entspricht.

Ein Beispiel (Rumelhart, 1977) mag diesen Modellansatz verdeutlichen. Betrachten wir die in Abb. 6.1. dargestellten schematischen Gesichter.

Sie unterscheiden sich auf drei binären Dimensionen, Kopfform (längs, quer), Augen (gefüllt, ungefüllt) und Mund (gerade, bogenförmig), also $2^3 = 8$ Kombinationen gestatten.

Abbildung 6.1.

Dreidimensionaler Ähnlichkeitsraum zur Veranschaulichung der Ähnlichkeitsbeziehungen zwischen den Gesichtern A - H

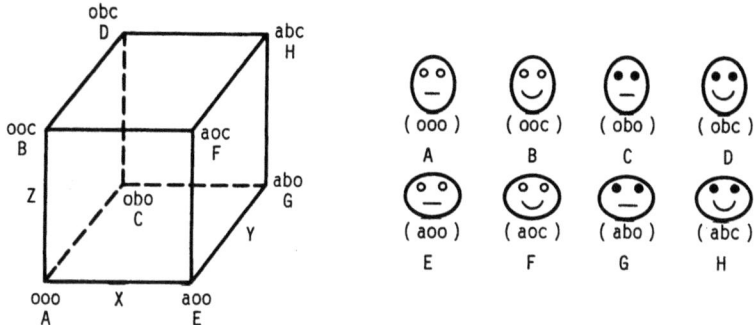

Quelle: Rumelhart (1977, S. 240)

Diese Gesichter sind so angeordnet, daß sie den Ecken des Würfels entsprechen. Mit diesen Gesichtern lassen sich verschiedene Analogieaufgaben formulieren, z.B.:

A : E :: D : ?
H : C :: F : ?

Man ersetze die Buchstaben durch die Gesichter und löse die Aufgaben! Aufgrund der Modellannahmen lassen sich die Antworten leicht finden. Wenn A1 erfüllt ist, so ergibt sich die gesuchte Analogie im ersten Beispiel aus A2 dadurch, daß man Distanz und Richtung von A nach E bestimmt und auf D überträgt, so gelangt man nach H. Die Lösung für das zweite Problem findet man analog (A).

Überprüfung des Modells

Rumelhart und Abrahamson unterzogen ihr Modell verschiedenen empirischen Tests. Bei einem verwendeten sie die Namen von 30 Tieren, die zuvor von Henley (1969) einer nicht-metrischen, multidimensionalen Skalierung unterzogen worden waren. Dabei hatte sie festgestellt, daß die Tiere in einen dreidimensionalen Ähnlichkeitsraum eingebettet werden konnten, dessen Dimensionen Größe, Wildheit und Menschenähnlichkeit waren.

Rumelhart und Abrahamson verwendeten Aufgaben des folgenden Typs:

Ratte : Schwein :: Ziege : X_j

wobei die Auswahlemenge X aus folgenden Elementen bestand:

X_1 Schimpanse
X_2 Kuh
X_3 Kaninchen
X_4 Schaf.

Die Aufgabe der Pbn bestand einfach darin, die Antwortalternativen X_i in eine Rangreihe zu bringen. Rangplatz eins erhält also dasjenige X_i, das nach Meinung des Beurteilers die Analogie am besten erfüllt, und so fort. Diese subjektive Rangreihe wurde mit der aus dem Ähnlichkeitsmodell abgeleiteten verglichen. Diese Ableitung ist sehr einfach, man kennt die Koordinatenwerte eines jeden Tieres im dreidimensionalen Raum, berechnet dann die ideale Analogie um dann die Entfernung der X_i zu I zu berechnen (vergl. Anhang 6.1.). Rangplatz eins erhält dasjenige X_i, das am nächsten bei I liegt etc.

Die Ergebnisse dieses Modelltests sind in der folgenden Tabelle zusammengefaßt.

Tabelle 6.1.

Ergebnisse des Modelltests von Rumelhart und Abrahamson an dem Material von Henley

		Von den Probanden vergebener Rangplatz			
		1	2	3	4
Rangdistanz der Alter-	1	.709	.180	.069	.046
native X_i zur idealen	2	.177	.546	.137	.129
Alternative I	3	.086	.160	.526	.226
	4	.043	.111	.243	.600

Quelle: Rumelhart und Abrahamson (1973, Experiment I)

Die Werte in der Tabelle geben die Übereinstimmungsproportionen wie-

der, gemittelt über Personen und Aufgaben. Lesebeispiel: Der Wert
.709 bedeutet, daß in 70.9% der Fälle der Rangplatz "1" derjenigen
Antwortalternative gegeben wurde, die gemäß des Ähnlichkeitsmodells
am nächsten zu der idealen Analogie liegt (und folglich vom Modell gewählt worden wäre). Um in der ersten Spalte zu bleiben: Nur in 4.3%
der Fälle haben die Probanden dasjenige X_i gewählt, das nach dem Modell
am weitesten entfernt von I lag. Wie man auch ohne Statistik erkennen kann, sind die ordinalen Vorhersagen des Modells erfüllt, es gibt
keine einzige Vertauschung. Für bestimmte Aufgabentypen sagt das Ähnlichkeitsmodell das durchschnittliche Wahlverhalten von Personen bei
Analogieaufgaben offenbar sehr gut vorher. Für weitere Experimente und
eine sehr viel detailliertere Datenanalyse sei auf die Originalarbeit
verwiesen.

6.3. Geometrische Analogien

Nicht immer ist es möglich, die in einem Sachbereich geltenden Beziehungen in einem globalen und integrierenden Sinn als Ähnlichkeit aufzufassen. Dann ist naturgemäß auch keine Einbettung in einen Ähnlichkeitsraum möglich. So war es bei den von Evans (1968) untersuchten
geometrischen Analogieproblemen aber erforderlich, relationale Beziehungen auf direktere Art und Weise zu repräsentieren.

Eine typische Aufgabe von Evans ist nachstehend wiedergegeben:

Abbildung 6.2.

Beispiel für eine geometrische Analogieaufgabe,
nach Evans (1968)

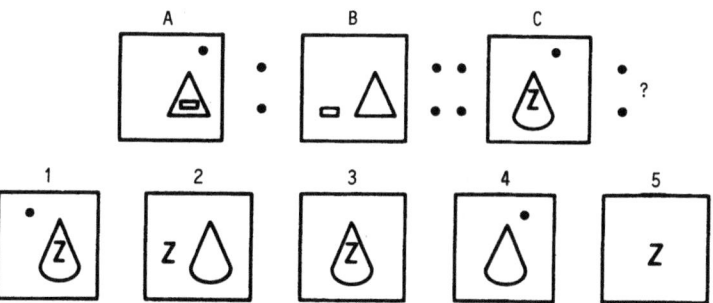

In Evans Modell sind drei Schritte erforderlich, um solche Aufgaben
lösen zu können.

1. **Kodierung.** Zunächst ist eine formale Repräsentation der Givens, der Elemente der geometrischen Konstellationen erforderlich. Es liegt nahe, jedes Element A,B,C der Analogieaufgabe zurch zweierlei zu kennzeichnen, 1. eine Liste der in ihm vorkommenden Elemente, und 2. eine Liste der binären Relationen zwischen den Elementen. Diese Charakterisierung ist natürlich heuristisch, sie ist nicht zwingend, man kann auch andere Darstellungen wählen. Ferner ist es praktisch, die einzelnen Figuren einfach durch ihren Anfangsbuchstaben abzukürzen (in den Abbildungen wurden die Originalbezeichnungen beibehalten, D steht für dot etc.), sowie zur Kennzeichnung der relationalen Beziehungen eine Formalisierung zu wählen; z.B. wird die Beziehung "Der Punkt liegt über dem Dreieck" kurz wie folgt angegeben: "ABOVE (D,T)"; siehe den unteren Teil von Abb. 6.3.

Abbildung 6.3.

Kodierung der geometrischen Analogien von Evans

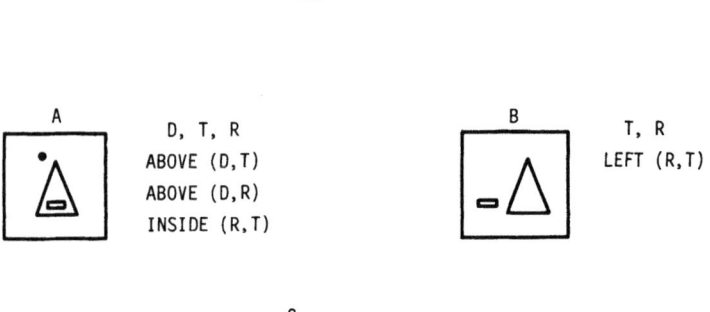

2. **Herstellen einer Beziehung zwischen A und B.** Wie bei dem Ähnlichkeitsmodell besteht der nächste Schritt in der Ableitung einer Beziehung zwischen den beiden ersten Elementen der Analogieaufgabe herzustellen, also zwischen A und B. Genauer gesagt besteht das Ziel darin, eine Menge von Transformationen zu finden, so daß jedes Element in A einem Element in B zugeordnet wird, und jede Relation zwischen Paaren von Elementen in A auf eine entsprechende Relation zwischen Paaren von Elementen in B abgebildet wird. Dabei soll auch eine Abbildung in die leere Menge ∅ zulässig sein, d.h. bestimmte Elemente und/oder Relationen kommen nicht vor; vergl. Abb. 6.4.

Abbildung 6.4.

Beispiele für die Herstellung von analogen Beziehungen zwischen geometrischen Konstellationen

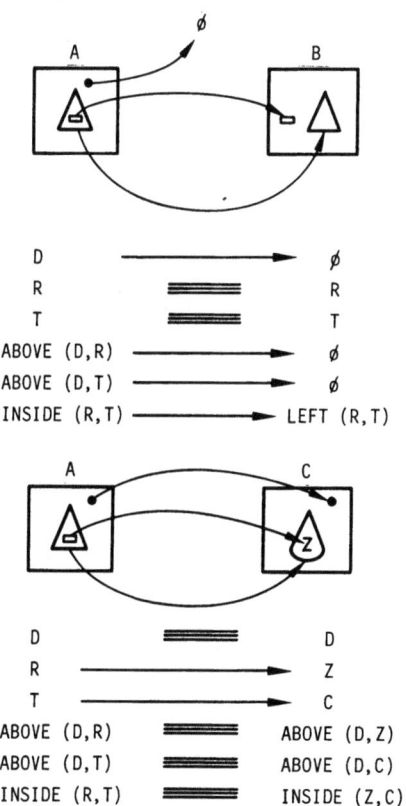

Der Punkt D in A wird also der leeren Menge ∅ zugeordnet, das Rechteck dem Rechteck, das Dreieck dem Dreieck, die beiden Relationen, die den Punkt involvieren, der leeren Menge, und schließlich wird INSIDE (R,T) bei A in LEFT (R,T) transformiert. Entsprechend kann man auch A auf C abbilden.

3. **Konstruktion der idealen Analogie.** Der nächste Schritt besteht darin, die ideale Ergänzung der Analogie zu konstruieren; Abb. 6.5.

Abbildung 6.5.

Vervollständigung der Analogie nach Evans

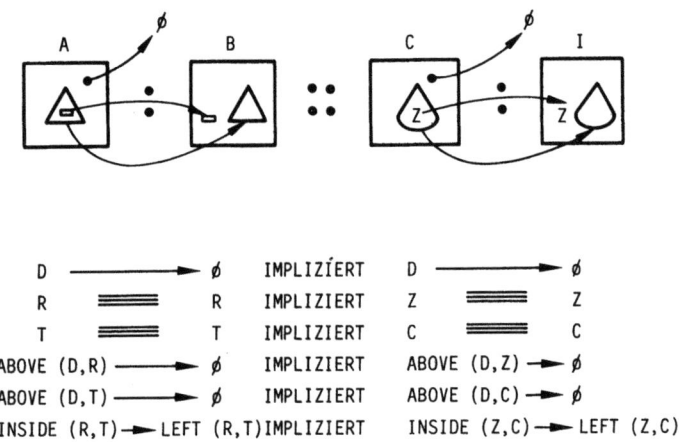

```
D ─────────► ∅    IMPLIZIERT    D ─────────► ∅
R ═════════ R     IMPLIZIERT    Z ═════════ Z
T ═════════ T     IMPLIZIERT    C ═════════ C
ABOVE (D,R) ────► ∅  IMPLIZIERT  ABOVE (D,Z) ──► ∅
ABOVE (D,T) ────► ∅  IMPLIZIERT  ABOVE (D,C) ──► ∅
INSIDE (R,T) ──► LEFT (R,T) IMPLIZIERT  INSIDE (Z,C) ──► LEFT (Z,C)
```

Der Punkt wird fallengelassen, C und Z bleiben erhalten, Relationen, die den Punkt als Element enthalten, fallen weg, und aus INSIDE (Z,C) wird LEFT (Z,C). Da die so konstruierte ideale Analogie in der Alternativenmenge enthalten ist, wird sie gewählt.

Evans (1968) verwendete versuchsweise Aufgaben des American Council on Education, die das für den Collegebesuch erforderliche Denkvermögen erfassen sollen. Von 20 Problemen konnte das nach den obigen Prinzipien konstruierte Programm 19 lösen. Eine systematische Gegenüberstellung der Vorgehensweise von Probanden beim Lösen von geometrischen Analogieproblemen und der Theorie von Evans steht meines Wissens noch aus. Hingegen wurde das Programm von Winston (1970) so generalisiert, daß es auch auf dreidimensionale geometrische Konfigurationen angewendet werden kann.

6.4. Eine Komponenten-Theorie analogen Denkens

Eine allgemeiner gehaltene deskriptive Theorie psychischer Prozesse beim analogen Denken legte Sternberg (1977) vor. Ähnlich wie Evans nimmt auch Sternberg eine Reihe von Teilprozessen (component processes - daher Komponenten-Theorie) an, die bei der Lösung von Analogieproblemen durchlaufen werden. Die Struktur der Sternberg'schen Theorie wird in der nachstehenden Abbildung verdeutlicht.

Abbildung 6.6.

Schematische Darstellung von Sternberg's (1977)
Komponenten-Theorie analogen Denkens

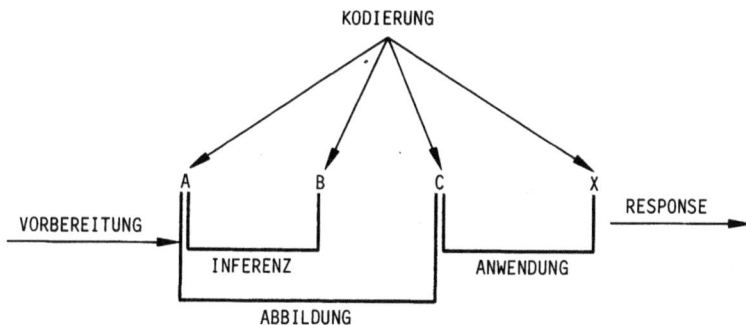

Um operationale Bedeutung zu gewinnen, müssen zumindest einige der Teilprozesse präzisiert werden. Sternberg macht folgende Annahmen:

1. **Attribut-Identifikation**. Zunächst müssen die Merkmale eines Stimulus wahrgenommen und intern repräsentiert werden; diesen Teilprozeß nennt man **Kodieren**. Von den kodierten Informationen wird angenommen, daß sie im Kurzzeitgedächtnis, dem Arbeitsgedächtnis, gespeichert werden.

Kodierung ist ein Teilprozeß, über den Sternberg explizite Annahmen macht. In seiner Theorie - und den entsprechenden Programmen - erfolgt die Kodierung in Form von Attribut-Wert-Darstellungen (siehe auch Kap. 2.). Ein Beispiel:

Adenauer : 1 :: Schmidt : (a, 3, b, 5)?

Die Kodierung für "Adenauer" könnte wie folgt aussehen:

Adenauer [(Kanzler (erster)), (Bürgermeister (Köln)),
Politiker (Deutschlandverträge))]

und für "1":

1 [(Zählnummer (eins)), (ordinale Position (erste)),
Menge (eine Einheit))]

etc. Welche Aspekte in die Attributliste aufgenommen werden, hängt vom Wissen des Pbn über das Problem ab, also wieder von der Struktur des Gedächtnisses.

2. **Attribut-Vergleiche.** Dabei sind mehrere Teilprozesse zu unterscheiden,

Inferenz nennt Sternberg denjenigen Prozeß, bei dem die Regel gefunden wird, die A mit B verbindet (A und B nennt er domain, C und X_j range der Analogie, die deutschen Begriffe sind Urbild und Bild).

Abbildung ist derjenige Teilprozeß, bei dem eine Regel "höherer Ordnung" gefunden wird, mittels derer A auf C bezogen wird. Dieser postulierte Teilprozeß ist rein logisch nicht notwendig.

Anwendung. Generieren einer Regel zum Finden von X_j.

Test (justification) bezeichnet einen nicht-notwendigen Teilprozeß, bei dem geprüft wird, ob die Alternative X_j die beste Antwortmöglichkeit ist.

3. **Kontrolle** bezeichnet den zunächst nicht näher explizierten Teilprozeß, bei dem sich der Proband auf die Lösung des Problems vorbereitet und die Lösung in eine Response übersetzt.

Beschreibung des Lösungsweges

Sternberg schlägt mehrere Modelle vor, die den Lösungsweg bei Analogieproblemen beschreiben. Der einfachste Fall ist im folgenden Flußdiagramm dargestellt; Abb. 6.7. Dieses Diagramm gibt die Struktur der

Theorie wieder, diese kann dann in ein Programm übertragen werden.
Dann könnte man weiter vorgehen, wie dies Newell und Simon gemacht
haben. Sternberg wählte einen anderen Weg.

Abbildung 6.7.

Schematisches Flußdiagramm für das Modell I von
Sternberg (1977)

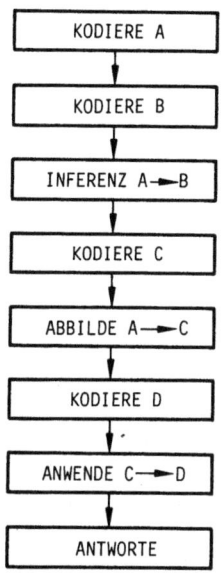

Quelle: Sternberg (1977)

Zum Test seiner Komponentenmodelle verwendete Sternberg zwei verschiedene abhängige Variable, a) Latenzzeiten und b) Fehlerraten.
Bei den Responsezeiten wird angenommen, daß jeder Teilprozeß eine
bestimmte Latenzzeit aufweist - die gesamte Latenzzeit ist dann einfach die Summe der Latenzzeiten der Teilprozesse. Bei den Fehlern
wird entsprechend vorgegangen, nur daß nicht mit jedem Teilprozeß ein
Fehler einhergehen muß.

Sternberg testete seine Modellansätze in mehreren aufwendigen Experimenten. In seinem Hauptexperiment verwendete er gegenständliche Analogieaufgaben: Schematische Personen variierten auf vier binären Dimensionen - Größe, Geschlecht, Farbe und Dicke. Es gibt somit $2^4 = 16$
verschiedene Figuren, d.h. Stimuli.Eine Analogieaufgabe bestand (wie
stets) aus vier solcher Figuren, die tachistoskopisch vorgegeben wur-

den. Die Vpn hatten nur zu entscheiden, ob die Analogie richtig oder
falsch war. Eine Analogie war dann richtig, wenn die an vierter Stelle stehende Figur (D) bezüglich aller relevanten (maximal vier) Merkmale korrekt war. Die Vpn hatten jeweils 4 x 288 = 1152 (!) solcher
Urteile zu fällen. Abhängige Variable waren, wie gesagt, Latenzzeit
und Fehlerrate, unabhängige Variable waren verschiedene Aspekte der
Itemschwierigkeit. Darüberhinaus wurden verschiedene Tests zur Erfassung verschiedener Aspekte der Intelligenz durchgeführt. Das Experiment dauerte im ganzen neun Stunden pro Person.

Aus den vielfältigen Ergebnissen greifen wir nur die Vorhersagegüte
des Modells bezüglich der beiden abhängigen Variablen heraus. Bei dem
letztlich von Sternberg adoptierten Modell werden aufgrund von fünf
Parametern (bei 294 restlichen Freiheitsgraden) 92% der Gruppenvarianz bezüglich der Latenzzeiten und 59% der Varianz bezüglich der
Fehlerraten erklärt. Bei der Vorhersage der Latenzen war das Modell,
bedenkt man die Komplexität des Aufgabenmaterials, außerordentlich erfolgreich. Die Fehlerraten waren schwerer vorherzusagen, was u.a.
daran gelegen haben mag, daß insgesamt nur wenig Fehler gemacht wurden (zwischen 0.5% und 2.6%, Mittelwert 1.4%).

Betrachtet man beide abhängigen Variablen simultan in einer multivariaten Datenanalyse, indem man eine kanonische Korrelation zwischen
den beiden abhängigen und den verschiedenen unabhängigen Variablen
rechnet, so ergeben sich zwei kanonische Variate (diese entsprechen
in etwa den Faktoren einer Faktorenanalyse). Sowohl Lösungszeit als
auch Fehlerrate korrelieren hoch mit der ersten Variaten, wobei allerdings die Fehlerrate keinen Beitrag über die Latenzen hinaus liefert.
Die zweite kanonische Variate korreliert hoch mit der Fehlerrate,
nicht aber mit der Lösungszeit. Folglich enthält die Variable "Fehlerrate" zwei trennbare Komponenten, die aber offenbar noch nicht inhaltlich identifiziert werden konnten.

Läßt man die (logisch gesehen nicht notwendige) Komponente "Abbildung" weg, so verschlechtert sich die Anpassungsgüte des Modells
deutlich, was die psychologische Relevanz dieses Teilprozesses zeigt.
Dieser Teilprozeß nahm auch die meiste Zeit in Anspruch. Die Sternberg'sche Arbeit zeigt sehr schön, wie zunächst nur theoretisch angenommene psychische Prozesse identifiziert werden können, wobei
vielfach die Analyse von Responsezeiten besonders nützlich ist. Ferner zeigt die multivariate Datenanalyse zunächst versteckte Eigenschaften der Daten auf, wenngleich diese, ähnlich wie in der Arbeit
von Thomas (1974), noch nicht vollständig aufgeklärt werden konnten.

6.5. Funktionales Denken - Analogien in der Alltagsprache

Collins und Mitarbeiter (Collins et al., 1975) untersuchten, wie Personen in unstrukturierten Gesprächssituationen bei der Beantwortung von Faktenfragen vorgehen. Dabei konnten Parallelen zum analogen Denken aufgezeigt werden. Ein Beispiel mag dies verdeutlichen (nach Collins, modifiziert):

Frage (an eine Person in Mannheim): Wieviele Klavierstimmer gibt es in Hamburg?

Antwort: Weiß ich nicht, keine Ahnung. Nach erneuter Aufforderung mag der Proband wie folgt weiter antworten: Nun, wenn ich mal von Mannheim ausgehe, da mag es so zwischen zwei und vier Klavierstimmer geben, genau weiß ich das auch nicht, aber so etwa halt. Nehmen wir einfach an, es gäbe deren drei. Mannheim hat ca. 300.000 Einwohner. Also kommt ein Klavierstimmer auf 100.000 Einwohner. Aha. Wievie Einwohner hat Hamburg? Wenn ich mich recht entsinne, so etwa 1.8 Millionen. Dann müßte es in Hamburg 18 Klavierstimmer geben, na sagen wir zwischen 15 und 22. Vielleicht eher an der oberen Grenze, Hamburg ist eine traditionalistische Stadt, da wird sicher noch mehr Hausmusik gemacht...

Derartige Denkverläufe fand Collins typischerweise bei solch Almanachähnlichen Fragen. Kann der Antwortverlauf allgemeiner charakterisiert werden? Sicher hat der Respondent erst die starke Tendenz zu sagen: "Weiß ich nicht" - die gefragte Information ist so gewählt, daß sie mit einiger Sicherheit nicht als Faktenwissen beim Probanden vorhanden ist. Man kann die Beantwortung nur indirekt angehen, indem man nach irgendwelchen Wissenselementen sucht, die mit dem Problem in Verbindung stehen. So hofft man der Lösung näher zu kommen. In dem Beispiel diente die vermutete Anzahl von Klavierstimmern in der Heimatstadt als "Anker". Auch darüber hat der Antwortende kein gesichertes Wissen, er kann aber größenordnungsmäßige Annahmen machen. Wenn es möglich ist, werden natürlich Gründe für die Plausibilität dieser Annahme gesucht. Im nächsten Schritt wird dann nach einer Regel gesucht, in der der erreichte Wissensstand ausgedrückt und für die weitere Antwort nutzbar gemacht wird. Diese Regel wird auf den fraglichen Sachverhalt angewendet. Schließlich kann das Ergebnis noch im Lichte zusätzlicher Informationen modifiziert werden.

Diese Schritte lassen sich wie folgt angeben:
1. Finde ein Grundfaktum als Anker: Anzahl der Klavierstimmer im

Heimatort;

2. Finde eine Regel: Anzahl der Klavierstimmer pro 100.000 Einwohner;
3. Übertrage diese Regel auf den fraglichen Sachverhalt: Hamburg hat 1.8 Millionen Einwohner, also 18 Klavierstimmer;
4. Modifiziere das Ergebnis aufgrund weiterer Informationen: Annahmen über die soziale Struktur Hamburgs.

Die Parallelität des <u>funktionalen Denkens</u>, wie Collins derartige Denkverläufe nennt, zum analogen Denken wird noch deutlicher, wenn man die Frage unter Einbeziehung der ersten Lösungsschritte wie folgt formuliert:

Mannheim : 3 Klavierstimmer :: Hamburg : ? Klavierstimmer

Es ist zu beachten, daß die Frage nicht in Form einer Analogie gestellt wird. Als Eingangsinformationen wird nur der Bildbereich der Analogie gegeben, d.h. der rechte Teil. Um die Frage beantwortbar zu machen, konstruiert der Proband den Urbildbereich, und damit die Analogie. Das Problem wird gewissermaßen von hinten aufgerollt, eine heuristische Vorgehensweise, die als "backward search" bezeichnet wird. Dazu später mehr.

Beim funktionalen Denken wird es sehr deutlich, daß der Antwortende auf die <u>Struktur</u> seines vorhandenen Wissens zurückgreift - je prägnanter diese Struktur ausgebildet ist, desto zielführender kann vorhandenes Faktenwissen eingesetzt und nutzbar gemacht werden.

Collins et al. haben viele Dialoge der oben skizzierten Art geführt und waren in der Lage, das Lösungsverhalten ihrer Probanden so genau zu beschreiben, daß es ihnen möglich war, aufgrund dieser Beschreibungen ein Programm zu erstellen, das funktionales Denken simuliert, d.h. Fragen der genannten Art auf Menschen-ähnliche Weise beantworten kann. Natürlich muß auch das Programm Faktenwissen zur Verfügung haben. Dieses Wissen wird bei Collins durch ein semantisches Netzwerk repräsentiert, in der Art wie es Quillan (1968) beschrieben hat.

6.6. Weitere Lektüre

Die derzeit wohl vollständigste Darstellung analogen Denkens und der damit verbundenen Probleme ist R.J. Sternberg "Intelligence, information processing, and analogical reasoning: The componential analysis of human abilities" (1977). Wichtige frühere Einzelarbeiten über andere Induktionsaufgaben, wie Reihenfortsetzung sind Simon und Kotovsky (1963), Kotovsky und Simon (1973), sowie Greeno und Simon (1974).

Funktionales Denken beschreiben Collins, Warnock, Aiello und Miller (1975) in Bobrow und Collins (1975), ein besonders empfehlenswertes Buch, in dem Probleme der Repräsentation von Wissen und semantisches Gedächtnis erörtert werden. Eine gute neuere Diskussion verschiedener Modelle des semantischen Gedächtnis ist E.E. Smith (1978).

Einige neuere Arbeiten über analoges Denken sind von Glick und Holyoak (1980, 1983) und von Genter (1983) vorgelegt worden.

Anhang 6.1. Ähnlichkeit, Distanz und räumliche Darstellung

Vielfach versucht man, die Beziehungen zwischen Objekten, Personen, Begriffen in einem dimensionalen Modell darzustellen. Dabei werden die Dimensionen (Aspekte, Gesichtspunkte etc.) oft als Dimensionen eines Raumes wiedergegeben. Bei zwei Dimensionen also die Ebene, sonst einem drei- oder höher dimensionalen Raum. Als Ausgangsurteile (aus denen dann mit Verfahren der nicht-metrischen, multidimensionalen Skalierung die Dimensionen abgeleitet werden) wählt man oft Ähnlichkeitsurteile, z.B. Ähnlichkeit zwischen zwei oder drei Tieren, wie in dem Henley-Beispiel. Das Ziel besteht darin, aufgrund dieser Ähnlichkeitsurteile einen kognitiven Raum mit möglichst geringer Dimensionalität abzuleiten. Es soll dann möglich sein, die betrachteten Entitäten (z.B. Tiere) in diesen Raum abzubilden. Im Tier-Beispiel ließen sich die Urteiler ganz wesentlich von den kognitiven Dimensionen Größe, Wildheit und Menschenähnlichkeit leiten.

Bei solchen Modellen wird Ähnlichkeit, oder besser die Umkehrung, Unähnlichkeit, als Distanz aufgefaßt: Je ähnlicher sich zwei Entitäten sind, desto näher liegen sie im m-dimensionalen Ähnlichkeitsraum zusammen. Um operational zu sein, muß man angeben, wie Distanz definiert sein soll. Dazu gibt es viele Möglichkeiten. Im Tiere-Beispiel war Distanz als Euklid'sche Distanz definiert worden, d.h. als

$$d_2(x,y) = \sqrt{\sum_{i=1}^{m} |x_i - y_i|^2} \quad ,$$

oder in Worten: Die Euklid'sche Distanz d_2 zwischen zwei Punkten x und y im m-dimensionalen Raum ist definiert durch die Quadratwurzel aus der Summe der Quadrate der absolut genommenen Abstände (Distanzen) auf den i=1,2,...,m Dimensionen.

Die Euklid'sche Metrik ist nicht die einzige plausible Definition von psychischer Distanz. Ein weiterer Kandidat ist die sog. City Block Metrik,

$$d_1(x,y) = \sum_{i=1}^{m} |x_i - y_i| \quad ,$$

also einfach die Summe der absolut genommenen Abstände. Will man in der Mannheimer Innenstadt (oder in Manhattan) von einem Punkt x zu einem Punkt y gelangen, so ist die Relevanz dieser Metrik sofort evident.

Ein generalisiertes Distanzmaß gewinnt man, indem man die absolut genommene Differenz hoch r nimmt und die r-te Wurzel daraus zieht,

$$d_r(x,y) = \sqrt[r]{\sum_{i=1}^{m} \left| x_i - y_i \right|^r}$$

und so die Minkowski- oder Potenzmetrik erhält. Man sieht sofort, daß die City Block Metrik der Spezialfall r=1 und die Euklid'sche Metrik der Spezialfall r=2 ist. Über die psychologische Bedeutung und die Gewinnung dimensionaler Räume informieren Lehrbücher der (nichtmetrischen, multidimensionalen) Skalierung.

Kapitel 7: Am Beispiel Lohhausen: Über das Verhalten in komplexen Problembereichen

Bislang haben wir ausschließlich wohl-definierte Probleme betrachtet: Es gibt einen eindeutig formulierten Ausgangszustand, präzise Givens, d.h. Eingangsinformationen, und der Zielzustand ist ebenfalls klar formuliert. Dies besagt aber nicht, daß derartige Probleme einfach zu lösen wären! Wer es ausprobiert hat - das 5-Scheiben-Problem des Turms von Hanoi ist nicht trivial zu lösen. Die Suchräume, die entstehen können, können leicht galaktische Ausmaße annehmen und nicht mehr realiter gelöst werden.

Anders liegt der Sachverhalt bei realitätsnahen Problemen, wie sie Manager oder Politiker täglich vorliegen haben. Dabei sind die Erschwernisse vielfältiger Natur. Zum einen sind die Eingangsinformationen meist nicht präzise und/oder vollständig, sie sind schlecht oder garnicht zu operationalisieren. Dann ist der Zielzustand oft vague: Was ist Unternehmenserfolg? Ein beachtlicher Gewinn, ein ebensolcher Marktanteil, eine gesunde Rücklage, erhebliche Investitionen? Und wie hat man zu entscheiden, wenn einige der Teilziele oder Kriterien kontradiktorisch sind (was man an Geld investiert hat, kann man nicht an die Aktionäre auszahlen)? Ganz offensichtlich spielen hier persönliche Wertvorstellungen eine erhebliche Rolle.

7.1. Lohhausen - Das Scenario

Wir wollen anhand eines sehr umfangreichen Fallbeispiels einige der Schwierigkeiten - und Verhaltensweisen - beim Lösen von komplexen, realitätsnahen Problemen aufzeigen. Dazu eignet sich die von Dörner et al.(1983) vorgelegte Studie vorzüglich. Die Aufgabe bestand darin, als "Bürgermeister" für zehn Jahre eine Kleinstadt - Lohhausen - zu regieren. Natürlich nicht wirklich eine Stadt Lohhausen, vielmehr existiert Lohhausen nur als Scenario, als die Computersimulation einer Stadt. Das Funktionieren der Stadt wird durch über 1000 Variable bestimmt, die teils in komplexer, nicht-additiver Weise miteinander verknüpft sind.

Lohhausen. Lohhausen ist eine kleine Stadt mit 3372 Einwohnern, es gibt Bahn- und Busanschluß an eine größere, 60 km entfernte Stadt. Es gibt eine Bank, diverse Geschäfte, Schulen etc. Die wirtschaftliche Grundlage des Ortes ist eine Uhrenfabrik. Lohhausen hat einen mild

sozialistischen Einschlag: alle Betriebe gehören der Stadt, mit der
Ausnahme von Post, Bahn und Einzelhandel. Der Stadt gehören auch alle
Wohnungen und der gesamte Grund. Dafür muß der Ort aber für die Pensionen und die medizinische Versorgung aufkommen. Der Bürgermeister hat
quasi-diktatorische Vollmachten: alle seine Anordnungen werden auch
wirklich ausgeführt. Die "Amtszeit" beträgt 10 Jahre; diese Zeit konnte
beliebig auf acht Experimentalsitzungen verteilt werden, d.h. der Planungshorizont war flexibel für die ersten sieben Sitzungen, betrug
aber mindestens einen Monat. Dies war auch schon alles, was die Pbn
über Lohausen erfuhren!

Aufgabe. Die Aufgabe der Probanden-Bürgermeister bestand darin "für
das Wohlergehen der Stadt in der näheren und ferneren Zukunft zu sorgen." (S. 107)

Ablauf. In den jeweils zwei-stündigen Sitzungen konnten die Probanden
beliebige Fragen an den Vl stellen, sich Aufzeichnungen machen, einen
Taschenrechner benützen. Danach war der Planungshorizont anzugeben
und die auszuführenden Maßnahmen anzugeben. Diese Anordnungen wurden
dann in den Computer eingegeben, der den Effekt dieser auf Lohhausen
simulierte, d.h. ausrechnete. In der nächsten Sitzung wurde den Vpn
dann der Computerausdruck vorgelegt, so konnten sie den Effekt ihrer
Maßnahmen aus den jeweiligen Veränderungen ableiten. In den Sitzungen
wurden die Pbn aufgefordert, laut zu denken. Vor dem eigentlichen
Versuch erhielten die Probanden ein Trainingsverfahren, wobei verschiedene Methoden verwendet wurden; darauf soll hier nicht eingegangen werden.

Wie stellt sich die Ausgangslage für den Probanden-Bürgermeister dar?
Viel weiß er nicht über den Ort, den er regieren soll. Alle wichtigen
Variablen und deren Verknüpfungen waren erst in Erfahrung zu bringen,
sei es durch Befragung des Vl, oder aufgrund der Beurteilung der Konsequenzen der eigenen Handlungen. Es handelt sich sicher um ein
schlecht-definiertes Problem: der Anfangszustand des Systems ist
weitgehend unbekannt (und auch nicht vollständig erfahrbar, da bestimmte Fragen vom Vl nicht beantwortet wurden, es gab also geheime,
nicht zugängliche Variable im System - so geheim, daß sie auch dem
Leser nicht mitgeteilt werden). Aber nicht nur der Startzustand und
das Wirkungsgefüge sind weitgehend unbekannt, auch der angestrebte
Endzustand ist sehr vague gehalten "Wohlergehen der Stadt in der
näheren und ferneren Zukunft". D.h., das Kriterium, das es zu optimieren galt, war von den Probanden selbst zu operationalisieren. Sie
mußten also festlegen, was sie unter "Wohlergehen" "der Stadt" ver-

stehen wollten, was "nähere" und was "fernere" Zukunft bedeutet und wie beides gegeneinander abzuwiegen sei.

Einige Merkmale von Lohhausen. Auch als Leser erfährt man nicht wirklich, wie Lohhausen funktioniert. Immerhin folgendes: In Lohhausen herrschen drei kritische Umstände vor, 1. eine schnell wachsende Jugendarbeitslosigkeit, 2. erhebliche Wohnungsnot, und 3. rapide nachlaßende Produktivität der Uhrenfabrik aufgrund des schlechten Zustandes der Maschinen. Erinnerlich hängt der ökonomische Status des Ortes wesentlich vom Ertrag der Fabrik ab. Ferner wird das System "Lohhausen" als relativ rückkoppelungsarm charakterisiert: "Rückkoppelungen sind Formen von Wirkungen in einem Wirkungsgefüge, in welchem Variable ihre eigene Entwicklungstendenz beeinflussen." (S. 112) Rückkoppelungsarme Systeme sind eher träge, ein Fehler hat nicht sofort durchschlagende Konsequenzen, auch kann er korrigiert werden. Allerdings ist ein gewünschter Effekt, wie z.B. "Steigerung der Produktivität", nicht mit einer einzigen Variable allein erreichbar, es ist vielmehr ein Bündel von Maßnahmen erforderlich. Die Autoren bezeichnen ihr System als relativ transparent, da es nur wenige verborgene Variable gäbe. Warum es bei über 1000 Variablen aber auch noch "verborgene" geben muß, wird nicht begründet.

7.2. Lohhausen - Fragestellungen

Grundsätzlich kann man sich in einer derartigen Situation zunächst fragen, ob Personen überhaupt noch sinnvolle Aktionen vornehmen können. Präziser kann man danach fragen, wie gut Personen agieren. Gibt es Unterschiede, und was bewirkt diese Unterschiede? Ferner, und dies ist sicher die hier primär interessierende Fragestellung, wie gehen Personen in derartigen Situationen vor, von welchen Prinzipien lassen sie sich leiten, welche Strategien werden entwickelt etc. Dörner et al. (S. 115) formulieren vier "Generalfragen", wie sie sich ausdrücken, wie folgt:

"1. Welche Effekte erzeugen verschiedene Vpn im Umgang mit einem komplexen und zunächst teilweise unbekannten System? ("Effektfrage")
2. Auf welche Merkmale der Denk-, Planungs- und Entscheidungsprozesse der Vpn sind die erzielten Effekte zurückführbar? ("Prozeßfrage")
3. Welches sind die situativen und in der Persönlichkeit der Vp liegenden Bedingungen für die Art des Denkens, Planens und Entscheidens? ("Bedingungsfrage")

4. Von welcher Beschaffenheit muß ein theoretisches System sein, damit es in die Lage versetzt wird, das Handeln von Menschen in Unbestimmtheit und Komplexität in Abhängigkeit von Situations- und Persönlichkeitsmerkmalen prognostizieren zu können? ("Theoriefrage")." (Hervorhebungen durch Dörner et al.)

7.3. Lohhausen: Einige Ergebnisse

7.3.1. Güte der Problemlösungen

In der Denkpsychologie steht zwar generell das "wie gut" ganz im Hintergrund, es interessiert das "wie" - man will ja die Denkabläufe beschreiben. Bei komplexen und durch Unbestimmtheit charakterisierten, schlecht-definierten Problemen wie es Lohhausen ist, erscheint aber der Blick auf die Güte der Denk-, Planungs- und Entscheidungsleistungen gerechtfertigt zu sein. Dies zum einen deshalb, weil es kein singuläres Kriterium gibt, wie dies sonst der Fall war, Aufgabe gelöst oder nicht gelöst. Zum anderen um festzustellen, ob Personen in derartigen Situationen überhaupt noch sinnvoll agieren können, so daß es noch Sinn macht, von "Güte" des Verhaltens zu sprechen; der Gegenpol wäre eher zufälliges, trial-and-error Verhalten.

Um feststellen zu können, wie "gut" die Probanden agieren, muß man zuvor Güte definieren. Dörner et al. (S. 115f.) wählen 17 "kritische" Variable aus, um die Effekte des Verhaltens abschätzen zu können. Es sind dies:

1. Allgemeine Zufriedenheit der Bevölkerung
2. Zufriedenheit der Bevölkerung mit der öffentlichen Versorgung
3. Kapital der Stadt
4. Kapital der Uhrenfabrik
5. Kapital der Bank
6. Lebensstandard der Arbeiter (Durchschnitt)
7. Lebensstandard der "leitenden Angestellten" der Stadt (Durchschitt)
8. Lebensstandard der Händler (Durchschnitt)
9. Ausmaß der Arbeitslosigkeit
10. Ausmaß der Versorgung mit Wohnraum
11. Produktivität der Uhrenfabrik
12. Höhe der Nachfrage
13. Höhe des Verkaufs
14. Energieverbrauch der gesamten Stadt

15. Entsorgungsaufwand für die gesamte Stadt
16. Bankeinnahmen
17. Größe der Bevölkerung

Der Verlauf dieser 17 Indikatoren kann über die acht Sitzungen, bzw. die 120 Monate Regierungszeit verfolgt werden. Die graphische Darstellung der Verläufe dieser Indikatoren gibt ein anschauliches Bild der Effekte der Entscheidungen der Pbn. Nun zu einigen Ergebnissen. Es gelingt den 48 "Bürgermeistern" der Stadt, die Produktion der Uhrenfabrik von 2.000 auf 2.900 Einheiten zu erhöhen, also um ca. 45%. Die Einnahmen der Stadt wachsen gleichzeitig um 38%, der Gesamtkapitalbestand der Stadt fällt geringfügig von 22 auf 20 Millionen. Die Einnahmen der Bank fallen von ca. 440.000 auf 120.000. Auf der Ausgabenseite sieht es allerdings weniger günstig aus. Die Lebenhaltungskosten, Energiekosten etc. nehmen deutlich zu, ebenso die Einwohnerzahl und damit trotz reger Bautätigkeit auch die Wohnungsnot. Auch die Zahl der Arbeitslosen steigt von 70 auf 172. Vergleicht man die Einnahmen und Ausgaben, so verschlechtert sich das Verhältnis über den Planungshorizont, d.h. die Ausgaben steigen schneller als die Einnahmen, wenngleich in der Mitte des Versuches (nach 60 Monaten) eine deutliche Abflachung einsetzt, d.h. das Verhältnis wird stabilisiert.

Obwohl die Mehrzahl der Probanden, so die Autoren, eher "sozialistische" Auffassungen vertraten, erhöhte sich die Zahl der Arbeitslosen ebenso wie die Zahl der Wohnungssuchenden. Ferner steigt der Lebensstandard des Managements stärker als der der Arbeiter - sicher alles Handlungskonsequenzen, die die Probanden nicht intendiert hatten. Die o.g. 17 Indikatoren wurden von den Autoren "ex cathedra" festgelegt, sie sind bis zu einem gewissen Grade willkürlich. Auch waren sie den Probanden nicht bekannt - diese hatten ja nur die vage Vorgabe erhalten "für das Wohlergehen der Stadt in der näheren und ferneren Zukunft zu sorgen". Die Probanden-Bürgermeister mußten folglich ihr persönliches Ziel, ihr Kriterium selbst definieren. Leider wurde danach nicht explizit gefragt. Aufgrund der genannten politischen Grundüberzeugung kann man allerdings vermuten, daß es ihnen auch nicht, oder nur zum Teil, möglich war, ihre persönlichen Ziele zu erreichen.

<u>Globale Gütekriterien</u>. Die Autoren ermittelten insgesamt sechs globale Gütekriterien, nämlich: 1. Eigenbeurteilung der Leistung der Probanden nach Ende des Experimentes, 2. dito durch den Vl, 3. Beurteilung der Leistung aufgrund des graphisch dargestellten Verlaufes der 17 Indikatoren über den Planungszeitraum; die Beurteilung erfolgte

anonym durch die Vl.; 4. Beurteilung aufgrund dieser Graphiken durch außenstehende Beurteiler ("naives Urteil"); 5. Finanzlage der Fabrik als wichtigstes Einzelkriterium; 6. Einnahme/Ausgabenverhältnis der Stadt. Aufgrund der recht hohen Interkorrelationen dieser Maße erschien es den Autoren gerechtfertigt, diese Maße linear zu aggregieren, wobei durch eine zuvorige z-Transformation Mittelwerte und Varianzen standardisiert wurden. Die Einzelindikatoren korrelieren dann natürlich hoch mit dem Generalgütekriterium (GGK), wie der aggregierte Wert genannt wird, Maß Nr. 3 mit r = .92, aber auch die Vp-Selbstbeurteilung (Maß Nr.1) immerhin noch zu .80. Das GGK ist insofern wichtig, als aufgrund dieses Maßes Extremgruppen gebildet werden und die weitere Auswertung sich auf diese konzentriert.

Extremgruppen-Vergleiche. Natürlich gibt es bessere und schlechtere Probanden, die Frage ist aber, ob sich diese systematisch im Verhalten unterscheiden, in ihrer Vorgehensweise, ihren Strategien. Durch die Beantwortung solcher Fragen kommt man dem psychischen Geschehen, den Denk-, Planungs- und Entscheidungsprozessen schon eher auf die Spur, als dies mit Mittelwertsvergleichen möglich wäre. Aufgrund des GGK wurden die besten 12 (P-Gruppe) und die 12 schlechtesten (N-Gruppe) Probanden zusammengefaßt; die mittleren 24 bleiben weitgehend unbetrachtet.

Bei der Bewältigung der wirtschaftlichen Probleme der Stadt stellt man in der Tat erhebliche Unterschiede zwischen den Gruppen fest. Bei der P-Gruppe verbesserte sich der Kapitalstand von anfänglich 22 auf 44 Millionen, bei der N-Gruppe verschlechterte er sich von 22 auf minus 15 - eine Differenz von fast 50 Millionen.

Besonders aufschlußreich ist die Analyse des Verlaufes einzelner Indikatoren. Dabei scheint es zunächst so, als ob die N-Gruppe besser abschneiden würdeals die P-Gruppe. So verfügt die P-Gruppe am Ende nur über 3 Millionen in der Stadtkasse, die N-Gruppe aber über 14 Millionen! Das Eigenkapital der Bank beträgt bei der P-Gruppe am Ende 8, bei der N-Gruppe aber stattliche 18 Millionen. Ist das nicht gut? Dies ist gerade nicht der Fall, es zeigt sich vielmehr deutlich, daß die N-Gruppe den Wirkungszusammenhang nicht durchschaut hatte: "Diese Ergebnisse sind aber kein Indiz für die ökonomischen Fähigkeiten der N-Vpn, sondern eher ein Indiz für den mangelnden Einblick der N-Vpn in die Kapitalströme der Stadt. Im Hinblick auf die immens hohe Verschuldung der stadteigenen Fabrik ist ein Ansammeln von Kapital in der Stadtkasse schlichter Unsinn, da es sich um "Scheinkapital" handelt." (Dörner et al., S.171/173)

Auch bei der Analyse anderer Indikatoren zeigt sich regelmäßig die
Überlegenheit der P-Gruppe. So nehmen sie etwa eine Senkung der Produktionseinheit vor, da es offenbar nicht mehr genug Absatzmöglichkeiten gab, und durch diese Maßnahme teure Lagerhaltungskosten vermieden werden konnten. Ferner leiteten sie Maßnahmen zur Absatzförderung ein, die auch griffen.

Wie sieht es aber bei den "sozialen" Indikatoren aus - wird gutes Abschneiden auf den ökonomischen Indikatoren durch Benachteiligung der sozialen Aufgaben erreicht? Dem war nicht so, vielmehr konnte die P-Gruppe auch die sozialen Probleme der Stadt, Wohnungsnot und Arbeitslosigkeit, weit besser lösen, als die N-Gruppe dazu in der Lage war.

Die bisherigen Ergebnisse zeigen nur, daß einige Personen konstant besser waren als andere - wie gut aber waren sie in einem absoluten Sinn? Als Annäherung diente den Autoren die Leistung von fünf (der sieben) Vl. Diese Gruppe erbrachte eine noch wesentlich bessere Leistung. Die Vl kannten das System recht gut, ja einige von ihnen hatten es konstruiert. Die Person, die sich im System am besten auskannte, war allerdings weniger gut. Das Wissen um theoretische Zusammenhänge garantiert offenbar noch nicht die Steuerungsfähigkeit des Systems im "Ernstfall". Leider geben die Autoren nicht an, was die tatsächlich optimale Leistung gewesen wäre, bei Optimierung aller Systemvariablen. Vermutlich blieben auch die Vl weit hinter den theoretischen Möglichkeiten zurück.

7.3.2. Denkprozesse

Als Datenbasis dienten die auf Tonband aufgenommenen verbalen Protokolle, die gereinigt und in ein halb-formales Protokoll übersetzt wurden (S. 247). Dabei waren Sätze die Einheit der Analyse.
Zunächst interessierte, ob sich Hinweise für die angemessene Behandlung der Vernetztheit des Systems finden ließen. Dazu wurden die verbalen Protokolle der P-Vpn und der N-Vpn der zweiten Sitzung ausgewertet (wegen des immensen Arbeitsaufwandes wurde nur dieser kleine Teil der Daten ausgewertet). Vermutete Systemzusammenhänge müßten sich in Sätzen ausdrücken, in denen Ausdrücke wie "beeinflußt", "ist abhängig von", "Hängt zusammen mit" vorkommen. Dadurch wurden Hypothesen über mögliche Zusammenhänge formuliert. Es zeigte sich, daß beide Gruppen gleich häufig Hypothesen aufstellten, oder sich über Zusammenhänge im unklaren waren. Allerdings überprüften die P-Vpn ihre Vermutungen häufiger als die N-Vpn; ferner waren Fragen nach

kausalen Beziehungen bei den P-Vpn häufiger. Weiter glauben die Autoren, Anhaltspunkte für den Aufbau unterschiedlicher Gedächtnisstrukturen bei P- und N-Gruppen gefunden zu haben. So beobachtet man bei den P-Vpn viel häufiger affirmative Wiederholungen, z.B. "So, es gibt also einen Fußballplatz" etc.

Für ein planvolles Vorgehen ist eine Art "kognitive Selbststeuerung" erforderlich. Man muß nicht nur auf der konkreten Ebene über das Problem nachdenken, sondern auch über sein eigenes Denken reflektieren. Auf dieser Meta-Ebene könnte man sich fragen, ob man sich von vernünftigen Prinzipien leiten läßt, oder das ganze Problem anders angehen müßte, es muß ein umfassendes Konzept für die eigene Vorgehensweise entwickelt werden. Um dieser Fragestellung nachzugehen, verwenden die Autoren u.a. die folgenden Indikatoren. 1. "Vornahmen", im Sinne von Verbalisierungen geplanter Vorhaben oder geplanter Fragen. Diese Art Fragen findet man bei der P-Gruppe etwa drei mal so häufig wie bei der N-Gruppe. 2. Themenwechsel - wer oft und sprunghaft das Thema wechselt, der geht eher unsystematisch und unreflektiert vor. Auch diese Vermutung wurde bestätigt, die N-Vpn wechseln häufiger das Thema (Verhältnis 17.3 : 11.9). 3. Konzept-geleitete Annahmen; diese findet man erwartungsgemäß bei der P-Gruppe sehr viel häufiger (47.7 : 17.8).

Beim Umgang mit einem derart komplexen und nicht leicht durchschaubaren System, wie es Lohhausen ist, bleibt Mißerfolg nicht aus. Wie reagieren die Probanden darauf? Auch hier zeigen sich wieder deutliche Unterschiede. Die P-Probanden stellen viel häufiger einen "Ist-Soll" Vergleich an (5.73 : 2.1), um so eine kognitive Kontrolle über das System zu erlangen.

Analyse von Denkabläufen. Wieder wurden die Protokolle der N- und P-Gruppe ausgewertet, diesmal aber von der 1., 4. und 7. Sitzung. Mittels des nachfolgenden Kategoriensystems wurden die Denkfolgen klassifiziert. Einheit der Analyse ist eine Denkfolge.

I. Kategoriensystem: Informationsverarbeitungs-Phasen

AO - Allgemeine Orientierung - Gewinnen eines Überblicks über die Bestandteile des Systems
SO - Spezifische Orientierung - gezielte Nachfragen bezüglich des Zustandes von Systemvariablen ("Wieviele Arbeitslose gibt es z.Zt.")
EX - Exploration - analytische Prozesse, die einem tieferen Verstehen der Zusammenhänge des Systems dienen. Z.B. "was passiert...wenn"
EP - Entscheidungsprozesse - Festlegen von Maßnahmen

ZS - Zielsetzung - Festlegung von Zielzuständen einzelner Variablen
PO - Problemsuche - Suche nach kritischen Variablen, die sich eventuell nicht im gewünschten Zustand befinden
EK - Effektkontrolle - Abfragen des Zustands einer (zuvor durch eine Entscheidung beeinflußten) Variablen
I - Information durch den Vl.

Diese verschiedenen Fragen sind in der Regel in eine hierarchische Struktur eingebettet. Die verschiedenen Übergänge können nun ihrerseits klassifiziert werden:

II. Kategoriensystem: Klassifikation der Übergänge

N - Neuanfang - ein neues Thema wird in Angriff genommen
H - Homogene Nebenordnung - ein neues Element des soeben behandelten Sachverhalts wird in Angriff genommen
E - Heterogene Nebenordnung - ein neues Element des gerade behandelten Themas wird auf andere Art behandelt wie das vorausgegangene
U - die gleiche Fragestellung wird detaillierter weiterverfolgt
R - Rücksprung - das gleiche Thema wird auf allgemeinerer Ebene wieder aufgenommen.

Betrachten wir folgendes Beispiel aus einem genormten Protokoll:

Abbildung 7.1.

Ausschnitte aus einem normierten Grobprotokoll (Dörner, 1983, S. 261)

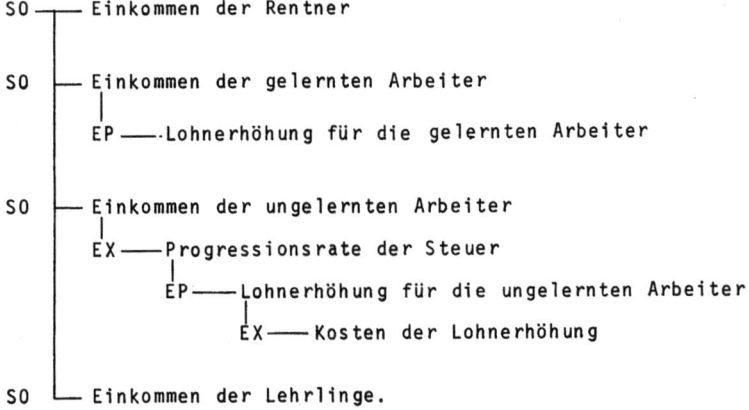

Die Baumstruktur ist ähnlich wie der Problemlösegraph von Newell und Simon, nur daß hier vom Problem aus gesteuert viele kleinere Einzelgraphen entstehen. Eine andere Darstellungsform besteht darin, die Sequenz der durchlaufenen Zustände anzugeben. Dies wiederum kann auf zweierlei Art und Weise erfolgen, einmal nur Angabe der Informationsverarbeitungs-Schritte, wie sie im ersten Kategoriensystem erfaßt werden, zum anderen in der Zusätzlichen Angabe der Art der Obergänge. Die Gegenüberstellung der beiden nachstehenden Sequenzen für Abb. 7.1. verdeutlicht dies:

I: SO---SO---EP---SO---EX---EP---EX---SO
II: N-SO-H-SO-U-EP-R-SO-U-EX-U-EP-U-EX-R-SO .

Bevor wir einige Ergebnisse darstellen, ist anzumerken, daß in diesem Fall leider die Übereinstimmung der Kategorien, wie sie von verschiedenn Beurteilern kategorisiert wurden, nicht sonderlich gut ist; nur bei AO, EP, I, ZS, N und H ergab sich eine signifikante Übereinstimmung. Die Autoren sind aber der Auffassung, daß dadurch keine systematische Verzerrung induziert wird.

Auf die dargestellte Art wurden die 72 Tonbandprotokolle der P- und N-Vpn der 1.4. und 7. Sitzung kodiert. Jede Sitzung wurde nochmals halbiert, so daß für jede Vp sechs Meßwerte pro Kategorie zur Verfügung standen. Es wurden drei abhängige Variable definiert, 1. die Summenhäufigkeiten der Kategorien, 2. "Tiefe" und 3. "Länge" der Sequenzen. Das Maß für Tiefe erhöht sich durch eine Unterordnung U um einen Punkt und fällt durch Rücksprung R oder Neuanfang N um je einen Punkt. Es wurde die durchschnittliche Tiefe der Sequenzen einer Sitzung oder Sitzungshälfte ermittelt. "Länge" gibt die durchschnittliche Länge der Behandlung eines Themas wieder; das Maß ist operationalisiert als Verhältnis Sitzungslänge zu Zahl der Neuanfänge (S.262/3).
Einige Ergebnisse:
(1) <u>Veränderungen über die Sitzungen</u>

Von der 1. zur 4. Sitzung nimmt die allgemeine Orientierung ab, hingegen nehmen die spezifische Orientierung, die Exploration sowie die Entscheidungsphasen zu. Über den ganzen Sitzungsverlauf nehmen die heterogenen Nebenordnungen zu, was als Ergebnis der wachsenden Erfahrung der Vpn gedeutet wird.

(2) <u>Veränderungen innerhalb einer Sitzung</u>

Auch von der jeweils ersten zur zweiten Sitzungshälfte wurden konsistente Veränderungen festgestellt. Die erste Hälfte läßt sich als

"Orientierungs- und Planungsphase" kennzeichnen (weniger Entscheidungen mehr spezifische Orientierungen und Entscheidungskontrollen), die zweite als "Vollzugsphase".

(3) Unterschiede zwischen N- und P-Gruppe

Die Probanden der P-Gruppe treffen mehr Entscheidungen und bündeln diese in der zweiten Sitzungshälfte. Die N-Pbn treffen ihre Entscheidungen mehr ad hoc, verteilt über die ganze Sitzung. Ferner stellen die N-Vpn mehr Orientierungsfragen, es fällt ihnen offenbar schwerer, eine interne Repräsentation des Systems aufzubauen. Aufgrund der systematischeren Beschäftigung mit der Materie erhalten die P-Pbn insgesamt mehr an Information von den Versuchsleitern. Ferner weisen die Graphen der P-Vpn eine größere Tiefe und Strukturiertheit auf als die der N-Pbn (Abb. 7.2.)

Abbildung 7.2.

Beispiele für die Graphen der N- und der P-Gruppe

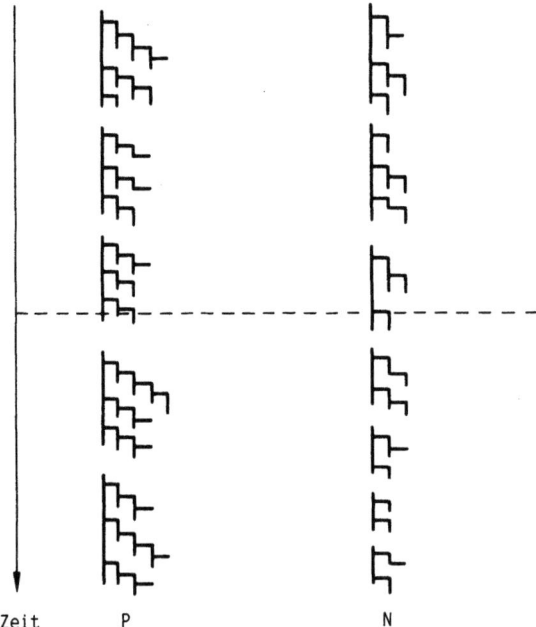

Quelle: Dörner et al.(1983, S. 271)

Aufgrund der Anlage des Experimentes sind, wir sagten es bereits, Mißerfolge unausbleiblich. Wie reagieren die Probanden darauf? Bei der Analyse der guten und der schlechten Probanden, P- und N-Gruppe, fanden sich in der Tat deutliche Unterschiede. Betrachten wir die N-Gruppe; für die P-Gruppe gelten die Aussagen entweder in abgeschwächter Form, oder aber das Gegenteil gilt.

1. Selbstkonzept. Auf schlechte Probanden, im definierten Sinn, bewirkt Mißerfolg eine Verminderung der Selbstsicherheit, ein Gefühl der Leere und der Inkompetenz, Angst vor weiterem Mißerfolg bewirkt Rückzugstendenzen.

2. Informationssuche. Die Informationssuche ist rigide und unflexibel, es werden nicht detailliert Informationen gesucht, "bedrohliche" Informationen werden abgewehrt, d.h. Vogel-Strauß-Politik.

3. Entscheidungsabsicht und Entscheidung. Negativ-Personen formulieren weniger Entscheidungsabsichten, die Ziele sind sehr allgemein gehalten, Vorhaben und Entscheidungen sind stark ad hoc, das Verhalten ist unstet und sprunghaft, alte Ziele werden nicht wieder aufgenommen, generell werden weniger Entscheidungen (pro Sitzung) getroffen. Ferner besteht eine Neigung zur Radikalisierung, bzw. aus-dem-Felde-zugehen (Lewin).

4. Rechtfertigung. Die Rechtfertigung hat zwei Aspekte, erstens: ich kann nichts dafür (negative Konsequenzen werden als unabänderlich hingestellt), und/oder zweitens: Schuld sind andere (z.B. der blöde Computer, oder Forscher).

Dörner et al. (1983) konstruieren aus diesen Variablen verschiedene Wirkungszusammenhänge, die sie in Form von Flußdiagrammen darstellen (z.B. S. 168, 171, 283); siehe dort.

7.3.3. Problemlösekompetenz, Intelligenz und Persönlichkeitsmerkmale

Entgegen jeder, zumindest vorwissenschaftlichen, Erwartung besteht praktisch keine Beziehung zwischen den verschiedenen Maßen der Güte (d.h. Problemlösekompetenz) und dem IQ. Wie ist dieser Nicht-Zusammenhang, der auch in anderen Arbeiten gefunden wurde (Putz-Osterloh, 1981a,b; 1983; Putz-Osterloh und Lüer, 1981), zu erklären? Zum einen mögen Intelligenztests nur sehr unzulängliche Maße dafür sein, was Intelligenz "wirklich" ist; in diese Richtung argumentieren u.a. Dörner et al. Zum anderen können die Maße der Problemlösekompetenz willkürlich und/oder unzuverlässig sein; siehe Funke (1983). Da uns diese Fragen nicht zentral interessieren, sei der Leser auf die genannten Arbeiten verwiesen, auch auf Hussy (1984) und Funke und Hussy (1984), die sich intensiv damit beschäftigen.

Die Autoren korrelierten ferner verschiedene Persönlichkeitstests mit der Problemlösungsleistung (Generalgütekriterium). Es ergaben sich sehr signifikante positive Produkt-Moment-Korrelationen zwischen dem GGK einerseits und Selbstsicherheit ($r = .518$) und einem eigens entwickelten Fragebogen für "kognitive Prozeßvariable" ($r = .571$), der 18 Fragen enthält, die auf einer sieben-stufigen Rating Skala zu beantworten sind. Einige Beispiele: Frage 6: Mir schweifen die Gedanken oft ab, oder Frage 10: Wenn mit etwas zuviel wird, schalte ich einfach ab (blocke ab), oder Frage 18: Ich will alles ganz genau wissen. Schwächere Korrelationen, aber immer noch signifikant, ergaben sich zwischen dem GGK und Extraversion ($r = .356$) sowie einem Analogietest ($r = .305$). Keine signifikanten Korrelationen bestanden zum Neurotizismus, zur Rigidität oder zu einem Kreativitätstest. Im Anblick der nicht vorhandenen Korrelation zwischen Intelligenz und Problemlösekompetenz sind diese Beziehungen zu doch eher "weichen" Variablen wie Selbstsicherheit einigermaßen verwunderlich und verdienen weitere Beachtung. Lohhausen nicht als Intelligenz- oder Kreativitätstest, sondern als Persönlichkeitstest?.

7.4. Weitere Lektüre

Die kurze Darstellung wird der Komplexität des Lohhausen Berichtes von Dörner et al. (1983) sicher nicht gerecht. So bleibt nur, die 448 Seiten der Originalarbeit als Lektüre zu empfehlen. Weitere Arbeiten wurden oben genannt, eigenartigerweise stammen sie alle von deutschen Autoren - eine nationale Subkultur?

Teil III: DAS LERNEN VON BEGRIFFEN

Kapitel 8:   Grundlagen des Begrifflernens

8.1.   Einführung

Unsere Umwelt zeichnet sich durch eine unabsehbare Fülle von Erscheinungsformen aus, es gibt zig-Tausend Tiere und Pflanzen, Gerüche und Farben etc. Man schätzt, daß der Mensch ungefähr 7 Millionen Farben unterscheiden kann. Um in dieser Welt des Unterscheidbaren über Dinge, Personen, Sachverhalte sprechen zu können, ist offenbar eine Vereinfachung notwendig. Menschliches Denken und menschliche Kommunikation zeichnen sich in hohem Maße dadurch aus, daß sie auf der Verwendung von Begriffen beruhen. In der gewöhnlichen Konversation verwenden wir nicht 7 Millionen Bezeichnungen für Farben, sondern nur sehr wenige, vielleicht ein Dutzend - die Primärfarben sind gar nur vier an der Zahl, Rot und Grün, Gelb und Blau, dazu noch die "uneigentlichen" Farben Weiß und Schwarz. Dabei werden offenbar unterscheidbare Entitäten unter Berücksichtigung bestimmter Aspekte, bei Vernachlässigung anderer, kategorisiert und zu Klassen zusammengefaßt. Wir reagieren dann auf die Klassenzugehörigkeit, nicht auf die spezielle Entität.

Beispielsweise werden so klar unterscheidbare Erscheinungsformen wie Bernhardiner, Terrier,Pekinese und Dackel unter dem Oberbegriff "Hund" zusammengefaßt - trotz der evidenten Unterschiede zwischen diesen. Wäre z.B. nur die Größe und die Länge der Behaarung für die Begriffsbildung maßgebend, so würde man Pekinese (Hund) und Siamese (Siamkatze) in einer Kategorie vermuten, nicht aber Pekinese und Terrier. Offenbar waren andere Merkmale für die Begriffsbestimmung entscheidend, nicht so sehr offenkundige, sondern tieferliegende, hier stammesgeschichtliche bzw. verhaltensbedingte.

Generell lassen sich zwei Arten von Begriffen unterscheiden. Bei den Identitätsklssen werden Objekte als Erscheidungsformen des gleichen Dings zu einen Begriff zusammengezogen. So sieht der Mond sehr unterschiedlich aus, in Abhängigkeit von seiner Position am Horizont und seiner Phase, ob zu- oder abnehmend. Trotz der enormen Unterschiede in Größe, Form und Farbe wird nur ein Begriff verwendet, "da es ja das gleiche Objekt ist". Bei Äquivalenzklassen hingegen werden verschiedene, unterscheidbare Objekte zu einem Begriff zusammengezogen, wie dies im Hundebeispiel der Fall war.

Mit Bruner, Goodnow und Austin (1956), auf deren wegweisende Arbeit wir uns im folgenden an vielen Stellen beziehen, lassen sich drei Aspekte unterscheiden, die für Klassenbildung maßgeblich sind, a) der affektive Aspekt, wie reagieren wir emotional auf bestimmte Dinge, b) der funktionale oder utilitaristische Aspekt, also pragmatische Gesichtspunkte, und schließlich c) formale Gesichtspunkte, auf einem höheren Abstraktionsniveau.

Das Einteilen von Entitäten in Klassen, das Bilden von Begriffen also, ist eine aktive menschliche Tätigkeit, ein Akt des Erfindens, nicht des Entdeckens. Wir machen die Begriffe, wir identifizieren nicht vorhandene Begriffe. Dabei hängt die Art der Begriffsbildung, z.B. deren Feinheit, davon ab, was wir mit ihnen vorhaben (der utilitaristische Aspekt). So unterscheiden wir nur wenige Farben von Schnee, vielleicht weiß, wenn er neu gefallen ist, und grau, wenn er bereits eine Weile liegt, vielleicht noch einige wenige andere. Für die im hohen Norden lebenden Völker, wie die Eskimos, hat der Schnee eine ganz andere, viel zentralere Bedeutung: sie unterscheiden mindestens neun verschiedene Farben. Für uns sind Pferde braun oder weiß, schwarz oder fuchsfarben, die Indianer Südamerikas, und mit ihnen die Gauchos, unterscheiden etwa 17 Farben bei Pferden...

Begriffsbilden ist ein eminent intellektueller Vorgang. In welcher Art, auf welchem Abstraktionsniveau Begriffe gebildet werden, wird vielfach als wichtiger Indikator der geistigen Entwicklung angesehen, sei es beim Kinde (Piaget), sei es bei (Natur-)Völkern (Werner). Beispiel: In verschiedenen natürlichen Gesellschaften werden Morgen- und Abendstern (die Venus) als verschiedene Entitäten betrachtet, also nicht einer Klasse zugeordnet, wie dies bei uns geschieht. Dies ist (oder kann sein) im übrigen auch unabhängig davon, ob die Objektkonstanz erkannt wurde oder nicht - die Bedeutung wird verschieden gesehen, daher eben auch verschiedene Namen. Dieser Vorgang kann keinesfalls als "irrational" angesehen werden, es werden nur andere Kriterien zugrunde gelegt.

8.2. Begriffsbilden versus Begrifflernen

Kulturen prägen Begriffe, das Kind lernt sie im Laufe seiner Entwicklung in einer Kultur. Diese Vorgänge sind schon aufgrund ihrer zeitlichen Erstreckung schwer zu beobachten. Daher hat man in der experimentellen Psychologie des 20sten Jahrhunderts damit begonnen, die Bildung von Begriffen unter restriktiveren, kontrollierbaren Bedingungen im Labor zu untersuchen. Bezeichnet man ersteres als Begriffsbildung, so hebt man letzteres terminologisch dadurch ab, daß man von Begrifflernen spricht (engl. concept attainment, - aquisition, - identification).Beim Begrifflernen legt der Vl eine Klassifikationsregel für eine Menge von Stimuli fest. Diese Regel macht den Begriff aus. Sie ist so beschaffen, daß sie eine Partition der Stimulusmenge bewirkt, d.h. diese in zwei sich wechselseitig ausschließende und erschöpfende Teilklassen zerlegt. Für die eine Teilmenge X gilt, daß jedes ihrer Elemente den Begriff erfüllt, die Elemente der komplementären Menge $\bar{X}$ hingegen nicht. Die Aufgabe der Vp ist es, die Begriffbildungsregel zu lernen um damit in der Lage zu sein, jeden Stimulus entweder X oder $\bar{X}$ zuordnen zu können. Bruner et al. (1956, S. 23) definieren Konzepterwerb als den "process of learning what features of the environment are relevant for grouping events into externally defined classes."

Das Ziel der psychologischen Beschreibung solcher Begriffbildungsvorgänge besteht letztendlich in einer "analytic description of the actual behavior that goes on when a person learns how to use defining cues as a basis for grouping events in his environment." (ibid.) Laborexperimente mit mehr oder weniger willkürlich definierten Konzepten können sicher nur ein "Trockentraining" in Bezug auf dieses Ziel sein, das im Beschreiben und Verstehen der Begriffsbildung in der natürlichen Umwelt des Organismus besteht. Dazu später mehr.

8.3. Experimentelle Vorgehensweisen bei der Stimulusvorgabe

In einem typischen Begrifflernexperiment bekommt der Pb sequentiell Stimuli vorgegeben und muß entscheiden, ob der Stimulus den Begriff erfüllt (d.h. Element von X ist), oder nicht. Nach der Response erhält der Proband Feedback durch den Vl in Form von "richtig" oder "falsch"Meldung.
Bezüglich der Stimulusvorgabe lassensich zwei Verfahren unterscheiden:

1. **Freie Beispielwahl** (freie Reizvorgabe, Selektionsverfahren).
Dabei kann die Vp selbst bestimmen, welchen Stimulus sie als näch-

stes sehen möchte. Dabei werden zwei Varianten unterschieden, a) Auswahlverfahren, die Vp hat alle Stimuli vor sich liegen und wählt einen davon aus, und b) sie generiert "im Kopf" einen Stimulus aufgrund vorher mitgeteilter Merkmale; s.u.

2. Feste Reizvorgabe (Rezeptionsverfahren). Bei dieser Methode legt der Vl die Reihenfolge fest, mit der die Stimuli vorgegeben werden. Dabei kann a) die Reihenfolge für alle Pbn gleich sein, oder b) die Reihenfolge wird zufällig variiert (randomisiert). Bei der festen Reizvorgabe sind einige weitere Varianten möglich. So können z.B. sog. "blanc trials" eingeführt werden, d.h. Stimulusvorgaben, bei denen kein Feedback erfolgt. Dadurch sind Rückschlüsse auf die Vorgehensweise der Pbn möglich, weil diese aufgrund fehlender Informationen keinen Grund haben können, ihre derzeitige Meinung zu ändern.

Die Daten bestehen aus einer Sequenz von Responses X und $\overline{X}$, mit der dazugehörigen Response des VL, richtig R oder falsch F. Jeder Durchgang ist also durch ein Datenpaar gekennzeichnet, mit den Möglichkeiten XR, XF, $\overline{X}$R und $\overline{X}$F. Nach einer zuvor festgelegten Anzahl richtiger Klassifikationen wird das Experiment beendet. Meist wird der Pb noch gebeten, das Konzept zu verbalisieren. Natürlich lassen sich noch weitere Daten gewinnen, indem man z.B. die Latenzzeiten erfaßt oder den Probanden bittet, während des Experimentes laut zu denken, um daraus ein verbales Protokoll zu erstellen.

8.4. Formale Kennzeichnung der Stimuli

Bei den Stimuli in einem Begriffidentifikationsexperiment sind zwei Aspekte auseinanderzuhalten,
1. qualitative Aspekte, auch Attribute, Variable (Reiz-)Dimensionen genannt, und
2. qualitative oder quantitative Abstufungen auf diesen Dimensionen, auch Ausprägungen oder Klassen genannt (engl. oft "value"); die Terminologie ist sehr uneinheitlich. Beispiel:

Dimension	Ausprägung	
A: Dreieck	a_1: groß	a_2: klein
B: Kreis	b_1: gefüllt	b_2: ungefüllt

Die erste Aufgabe der Vp in einem Begrifflernexperiment besteht darin herauszufinden, welche Dimensionen und Abstufungen auf diesen vorkommen, sofern dies nicht vom Vl in der Instruktion mitgeteilt wird. Als nächstes sind dann die relevanten Dimensionen und deren Abstufung(en) herauszufinden, die "cues" oder Schlüsselreize, die den Begriff ausmachen. Bei einfachen Begriffen definiert die Ausprägung einer einzigen Dimension den Begriff, z.B."ist rot" oder "ist quadratisch". Jeder Stimulus, der dieses Merkmal aufweist, erfüllt den Begriff - unabhängig davon, welche anderen Merkmale er aufweist. Wenn aber die Abstufungen auf zwei (oder mehr) Dimensionen den Begriff ausmachen, so muß man nicht nur herausfinden, welches die relevanten Merkmale sind, sondern auch, wie sie verknüpft sind. M.a.W., man muß die Regel lernen, die den Begriff ausmacht.

8.5. Begriffsregeln

Betrachtet man nur Regeln für die Verknüpfung von je zwei Attributen, so liegt es nahe, die im Prädikatenkalkül oder in der Mengenlehre definierten Regeln zu verwenden. Von den 16 möglichen binären Relationen werden vier als "primäre" bezeichnet: UND, UND/ODER, WENN, DANN und DANN UND NUR DANN (Bourne, 1974). Diese Begriffsbildungsregeln werden in der nachstehenden Tabelle 8.1. definiert und in Abbildung 8.1. dargestellt.

Tabelle 8.1.
Definition der vier "primären" binären Begriffsregeln

Name der Regel	Definition	Verbale Kennzeichnung
Konjunktiv	R ∩ Q	Alle Muster, die Rot und quadratisch sind
Disjunktiv	R ∪ Q	Alle Muster, die Rot, quadratisch oder beides sind
Konditional	R → Q ($\overline{R}$ ∪ Q)	Wenn eine Figur rot ist, dann muß sie quadratisch sein
Bikonditional	R ↔ Q (R ∩ Q) ∪ ($\overline{R}$ ∩ $\overline{Q}$)	Rote Figuren erfüllen den Begriff dann und nur dann, wenn sie quadratisch sind

Legende: R = Rot, Q = Quadratisch, die logischen Zeichen bedeuten:
∩ UND, ∪ ODER, → WENN, DANN, ↔ DANN UND NUR DANN

Ein Beispiel mag dies verdeutlichen. Die Stimuli haben die Dimensionen Farbe und Figur, mit je drei Abstufungen, Weiß, Rot und Schwarz sind die Abstufungen von Farbe, Dreieck, Quadrat und Kreis die von Figur; drucktechnisch erscheint Weiß als ungefüllte Figur, Rot als schraffiert, Schwarz als ausgefüllt. Es gibt $3^2 = 9$ unterscheidbare Stimuli. Durch jeden der vier logischen Begriffe wird eine andere Zerlegung der Stimulusmenge bewirkt, wie aus der folgenden Abbildung ersichtlich wird.

Abbildung 8.1.

Beispiel für die Zerlegung einer Stimulusmenge durch die vier primären bidimensionalen Begriffsregeln

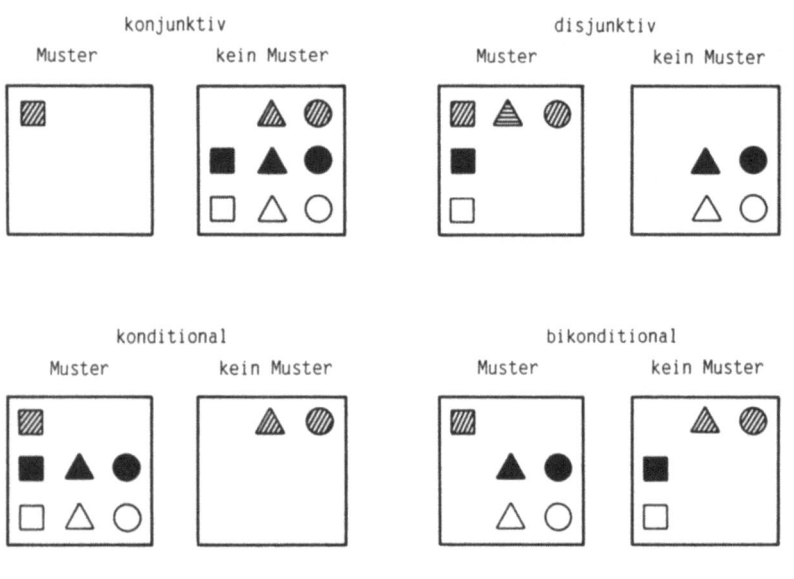

Während UND und ODER unmittelbar einleuchtend sind, fällt die Übersetzung der verbalen Regeln konditionaler Art sehr viel schwerer. Natürlich ist die Definition als Zusammensetzung von Mengen ebenso präzis. Über diese elementaren logischen Begriffsregeln hinaus kann man auch allgemeinere, relationale Begriffe definieren.

Die Aufgabe der Vp entspricht einem der drei möglichen Fälle:
1. Attribut-Identifikation C = R(?,?,...)

2. Regel Lernen   C = ?(x,y,...)
3. Vollständiges Lernen C = ?(?,?,...)

Bei 1. teilt der Vl die Natur der Regel mit, nicht aber die verwendeten Dimensionen und deren Ausprägungen, bei 2. werden der Vp die Merkmale mitgeteilt, nicht aber die Begriffsregel, bei 3. schließlich muß der Pb beides herausfinden.

8.6. Informationsverarbeitungs-Prozesse beim Konzepterwerb

Das nachstehende "black-box" Diagramm zeigt die wesentlichen am Konzeptlernen beteiligten Elemente und Prozesse. Durch ein solches Flußdiagramm wird nur die Struktur der Theorie angegeben, die einzelnen Prozesse müssen erst inhaltlich präzisiert werden, damit eine Theorie entsteht. Im Rahmen des allgemeinen Bezugsrahmens sind durchaus verschiedenartige Theorien möglich.

Abbildung 8.2.
Informationsverarbeitungs-Prozesse beim Konzepterwerb

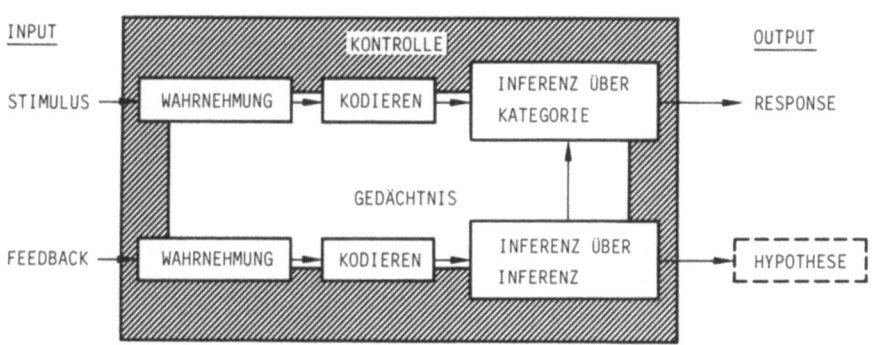

Quelle: Neu gezeichnet nach Bourne (1974, S. 235)

Nun zu den Funktionen im einzelnen:
1. Wahrnehmung. Die Attribute des Stimulus müssen korrekt erkannt werden, d.h. "Rot" als Rot, "Grün" als Grün etc.
2. Kodieren. Bei der Kodierung, der internen Repräsentation des Stimulus, lassen sich u.a. folgende Möglichkeiten unterscheiden:

(a) Abbild-Annahme: der Stimulus wird genau so, wie er wahrgenommen wird, an die nächste Stufe des Verarbeitungsprozesses weiter gegeben;
(b) Reduktions-Annahme: durch einen "Filter" werden irrelevante Aspekte bei der Kodierung unterdrückt;
(c) symbolische Repräsentation: der Stimulus wird von seiner konkreten Erscheinungsform losgelöst und symbolisch repräsentiert.
Bei b) und c) sind natürlich auch wieder verschiedene Ausformungen möglich.

3. Gedächtnis. Das Gedächtnis umfaßt erinnerlich Inhalte und Regeln; die Theorie muß spezifizieren, wie Inhalte miteinander verknüpft und so gespeichert werden, z.B. in Form von propositionalen Netzwerken.

4. Kontrolle. In Anlehnung an Atkinson und Shiffrin (1968) kann man folgende Aspekte auseinander halten:

- fokale Aufmerksamkeit, d.h. Lenkung der Aufmerksamkeit auf bestimmtes Aspekte des Stimulus;
- aktive Einflußnahme auf die Wahl der Kodierregel;
- Wahl eines geeigneten Inferenzverfahrens, aktives Festlegen einer Strategie.

Der Einfachheit halber wird zwischen den einzelnen Stufen des Informationsverarbeitungs-Systems zunächst keine Interaktion angenommen, siehe aber Greeno (1976) für erste Überlegungen in diese Richtung.

8.7. Weitere Lektüre

Die Kennzeichnung der Stimuli in einem Experiment zum Konzepterwerb stammt wohl von Hunt (1962), ein immer noch lesenswertes Buch; auch Hunt, Marin und Stone (1966). Informationsverarbeitungs-Prozesse beim Konzepterwerb werden z.B. in Gregg und Simon (1967) eingehend betrachtet - wir kommen später darauf zurück.

Kapitel 9: Strategien beim Begrifferwerb

9.1. Zum Strategiebegriff

Wie stets in der psychologischen Forschung geht es darum, Verhalten - hier das Lernen von Begriffen - zu beschreiben, vorherzusagen und zu erklären. Frage also: wie gehen Personen vor, wenn sie Begriffe lernen? Zunächst geht man davon aus, daß die Vorgehensweise nicht rein willkürlich ist, sondern mehr oder weniger systematisch ist. Eine derartige Vorgehensweise bezeichnet man als Strategie. Bruner et al. (1956, S. 54) definieren Strategie als: "the pattern of decisions in the aquisition, retention and utilization of information that serves to meet certain objectives, i.e., to ensure certain form of outcomes and to insure against certain others."

Aber wie stellt man fest, welche Strategie jemand verfolgt. Dazu wieder Bruner et al. (1956, S. 55): "... a strategy is inferred from the pattern of decisions one observes in a problem-solver seeking to attain a concept."

Aus ihren Beobachtungen leiten die Autoren drei Ziele ab, denen Strategien genügen sollen:

1. Es sollen zunehmend mehr Informationen gewonnen werden, so daß sich die Wahrscheinlichkeit einer richtigen Zuordnung im Laufe des Experiments erhöht;
2. Die mentale Belastung, der "cognitive strain" soll reduziert, bzw. in Grenzen gehalten werden;
3. Das Risiko, das Konzept in einer bestimmten Anzahl von Durchgängen nicht zu lernen, soll ebenfalls begrenzt werden.

Der zentrale Aspekt ist wohl der zweite, die menschliche Informationsverarbeitungs- und Gedächtniskapazität darf nicht überfordert werden. Die Punkte 1. und 3. implizieren u.a., daß der Proband die vom Vl gestellte Aufgabe versteht und willens ist, das Konzept schnell lernen zu wollen. Dabei versteht es sich, daß der vom Lernenden eingeschlagene Weg durch den Suchraum nicht der kürzeste Weg sein muß.

9.2. Strategieformen

Die Identifikation der von den Pbn verwendeten Strategien ist die zentrale Aufgabe, die sich Bruner, Goodnow und Austin (1956) in ihrem Buch "A study of thinking" stellen. Dieses Werk, das sich vorwiegend mit Denken beim Konzepterwerb befaßt, wird allgemein als ein Meilenstein in der Geschichte der Denkpsychologie angesehen, als ein wichtiger Schritt zu einer von den Fesseln des Behaviorismus befreiten, kognitiv orientierten Psychologie. Generell gehen die Autoren so vor, daß sie "am grünen Tisch" die möglichen Strategieformen durch logische Analyse a priori ermitteln und dann in den Verhaltensprotokollen nachsehen ob oder inwiefern Menschen diese Strategien tatsächlich verfolgen ob sie dies in konsistenter Weise tun, über verschiedene Versuchsbedingungen hinweg etc.

Dabei verwenden Bruner et al. sowohl die Selektions- wie auch die Rezeptionsform der Stimulusvorgabe. Als typisches Stimulusmaterial verwendeten sie geometrische Figuren, deren Dimensionen und Ausprägungen vollständig orthogonalisiert waren, d.h. jedes Merkmal und jede Merkmalskombination hat die gleiche Chance, den Stimulus zu bilden. Beispiel:

Dimension	Ausprägung
1. Gestalt der Figur	Kreuz, Kreis, Quadrat
2. Zahl der Figuren	1, 2, 3
3. Farbe der Figuren	leer, schraffiert, ausgefüllt
4. Umrandung der Stimuluskarte	einfach, doppelt, dreifach

Daraus resultieren 3^4 = 81 mögliche Kombinationen; diese sind in Abbildung 9.1. (umseitig) dargestellt.

Da sich die möglichen Strategien beim Selektions- und beim Rezeptionsverfahren unterscheiden, werden diese getrennt behandelt.

9.2.1. Strategien beim Selektionsverfahren

In Kapitel 4 des genannten Werkes werden mehrere Experimente berichtet, die das Selektions- oder Auswahlverfahren verwendeten. Die Begriffsregel war stets die konjunktive Regel, also das logische UND. In einem typischen Experiment wurden den Vpn alle 81 Stimuluskarten gut sichtbar auf einem Brett liegend vorgegeben. Dann wurde erklärt,

Abbildung 9.1.

Das von Bruner et al. (1956) verwendete Stimulusmaterial

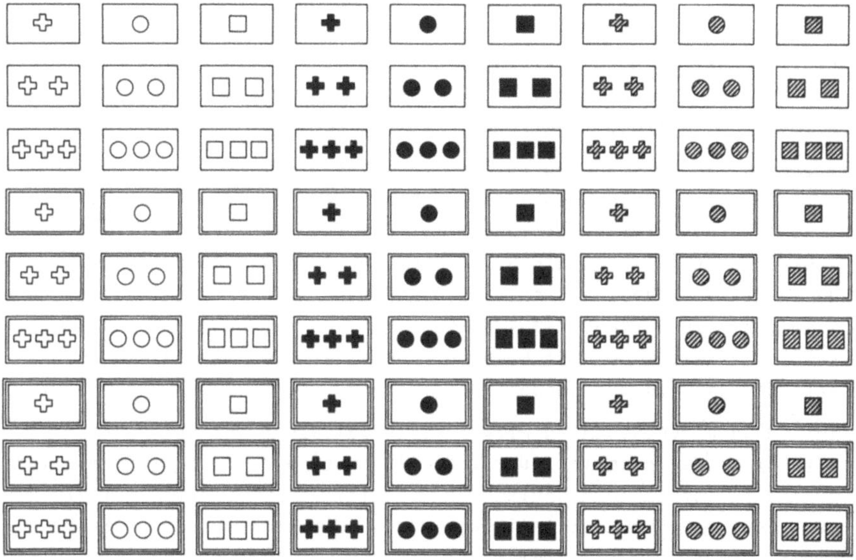

Quelle: Bruner, Goodnow und Austin (1956, S. 42)

welcher Art (eben konjunktiv) der verwendete Begriff war, und es wurde ein positives Beispiel gegeben, d.h. eine Stimuluskarte gezeigt, die den Begriff erfüllte. Die Aufgabe besteht natürlich darin, den vom Vl definierten Begriff mit möglichst wenig Karten herauszufinden. Die Vpn wählten dann eine Karte nach der anderen und erhielten vom Vl jedesmal eine Rückmeldung in Form von "richtig" oder "falsch".

Aufgrund logischer Analyse a priori unterscheiden Bruner et al. idealtypisch zwei Strategieformen, die sie "scanning" und "focussing" nennen. Beide Formen haben zwei Ausprägungen, die als Endpunkte eines Ausprägungskontinuums verstanden werden können.

Scanning. Unter scanning versteht man das gezielte Testen bestimmter Hypothesen. Für die Probanden ergeben sich die folgenden Möglichkeiten, Informationen zu gewinnen: Trifft eine Hypothese für zwei verschiedene Stimuli zu, die beide positiv sind (den Begriff erfüllen, den Begriff enthalten), so wird diese Hypothese nicht widerlegt und folglich beibehalten (die Hypothese kann aber dennoch falsch gewesen sein!). Widerlegt ein Stimulus die Hypothese, so wird diese unhaltbar und folglich aufgegeben.

Bei Sukzessiven scanning wird jeweils bei einem Durchgang nur eine einzige Hypothese getestet. Der Vorteil dieser Strategie besteht offenkundig in ihrer Einfachheit, der "cognitive strain" wird auf ein Minimum reduziert. Ein Nachteil kann darin bestehen, daß pro Durchgang nicht sonderlich viele Informationen gewonnen werden, die Strategie also nicht sonderlich effizient ist. Das andere Extrem wäre das Testen aller verfügbaren Hypothesen, bzw. zumindest einer Teilmenge dieser. Dann würde der Proband jedes vorliegende Beispiel verwenden um herauszufinden, welche Hypothesen noch haltbar sind und welche bereits eliminiert werden können. Natürlich ist dies eine sehr anspruchsvolle Strategie, es müssen viele Daten gespeichert werden, insbesondere auch die Ergebnisse der mentalen Deduktionen. Der Vorteil der Strategie besteht darin, daß u.U. aus wenigen Beispielen sehr viele Informationen gewonnen werden können, der Nachteil darin, daß man sich leicht "verheddert" und am Ende garnichts weiß.

Focusing. Alternativ kann der Proband von der vorgelegten positiven Musterkarte ausgehen und diese als mentalen Anker verwenden. Dann geht er weiter so vor, daß er die Relevanz oder Nichtrelevanz der in der Musterkarte enthaltenen Merkmale testet. Beim konservativen focusing variiert der Proband nur jeweils ein einziges Attribut, beim sog. focus gambling werden zwei oder mehr Attribute simultan verändert.

Ein positives Beispiel eliminiert alle geänderten Attribute; ist der
getestete Stimulus aber negativ, erfüllt den Begriff nicht, so liegt
keine eindeutige Information vor, da jedes der geänderten Attribute,
oder eine Kombination dieser, relevant sein könnte.

Im Anschluß an die einleuchtenden Überlegungen von Bruner und Mitarbeitern wurden focusing und scanning oft als die typischen Erscheinungsformen von Strategien beim Begriffserwerb angesehen. Spätere Untersuchungen haben allerdings gezeigt, daß es nicht immer möglich ist, exakt zwischen den verschiedenen Strategieformen zu differenzieren (Eiferman, 1965a,b; Wetherick, 1969; Laughlin, 1973). So kann z.B. eine konsistent angewandte konservative Focus-Strategie nicht von einer simultanen Scanning-Strategie unterschieden werden. Daher schlägt Laughlin (1974) vor, nur die Focus-Strategie zu betrachten und diese als ein Kontinuum der Effektivität beim Begriffslernen anzusehen. Laughlin hat ein Modell entwickelt, das den verschiedenen Strategien ein Effizienzmaß zuordnet, in Abhängigkeit von der Regel, die das Konzept definiert.

9.2.2. Strategien beim Rezeptionsverfahren

Beim Rezeptionsverfahren und konkunktiven Konzepten unterscheiden
Bruner et al. idealtypisch wiederum zwei Strategieformen. Die holistische oder ganzheitliche Strategie ist eine Variante des focussing.
Personen, die dieser Strategie folgen, kurz Holists genannt, gehen
folgendermaßen vor:
- der erste positive Stimulus wird insgesamt als Ausgangsfocus genommen;
- die Schnittmenge zwischen diesem focalen Stimulus und jedem späteren positiven Stimulus wird als neue Hypothese gebildet.

Beispiel: Die erste positive Karte enthalte die Elemente x_2, x_3, x_4, x_6, x_7, der nächste positive Stimulus die Elemente x_1, x_3, x_4, x_5, x_7; die Schnittmenge, d.h. die beiden Mengen gemeinsamen Elemente bilden die neue "Arbeitshypothese"; etc.

Die zweite Form nennen die Autoren "part scanning", Personen, die dieser Strategie folgen kurz Partists. Die ideale Vorgehensweise eines Partists ist wie folgt:
- einige Merkmale der ersten positiven Karte werden als Ausgangspunkt genommen;
- bei negativen Stimuli wird die Hypothese gewechselt; eine neue Hypothese wird aufgrund dieser Stimuluskarte sowie aller früheren

Stimuli gebildet.

Die holistische und die selektive scanning-Strategie unterscheiden sich u.a. darin, daß die zentrale Aufgabe bei erster darin besteht, die zuvor gebildeten eigenen Hypothesen zu erinnern, während bei zweiter die früheren - extern vorgegebenen - Beispiele erinnert werden müssen. Die Holists sind die aktiveren, die Partists die eher passiven Problemlöser.

Bruner et al. untersuchen u.a. experimentell die folgenden Fragen:
- in welchem Umfang werden die a priori identifizierten Strategien auch tatsächlich von Probanden verwendet,
- werden diese Strategien konsistent angewendet,
- ändern Personen unter dem Einfluß externer Bedingungen, wie z.B. unter "Stress", ihre Strategie,
- welche Strategie ist - unter welchen Bedingungen - am effektivsten???

In ihren Experimenten verwendeten die Autoren bis zu 3^6 = 729 mögliche Konzepte; die konjunktiven Konzepte waren zwischen 1 und 5 Merkmalen definiert. Vpn waren 46 Collegestudenten, die je 14 Probleme zu lösen hatten.

Bei den Ergebnissen fällt zunächst auf, daß die holistische Strategie bei weitem überwiegt: zwischen 60 und 70% der Pbn verwenden sie. Auch bei veränderten Bedingungen, wie zunehmender Schwierigkeit der Aufgabe oder Stress (operationalisiert z.B. als Zeitdruck) besteht eine deutliche Tendenz, die einmal gewählte Strategieform beizubehalten: Holisten bleiben Holisten, Partisten bleiben Partisten. Weiter kann man fragen, wie häufig die beiden Strategien konsequent durchgehalten werden. Dies ist bei 47% der Holisten und bei 38% der Partisten der Fall. Dieses Ergebnis weicht extrem hoch vom Zufall ab: Bei 4 Attributen gibt es bei vorliegendem positiven Beispiel 15 mögliche konsistente Hypothesen. Jede von ihnen kann als a priori gleich wahrscheinlich angesehen werden, d.h. p = 1/15. Werden insgesamt 5 Beispiele gegeben, so ist die Wahrscheinlichkeit, daß ein als "holististisch" interpretiertes Responsemuster rein zufällig zustande kommt, gleich p = $(1/15)^5$ oder p = 1/759.375 oder p = 0.0000013. M.a.W., Personen bleiben sehr konsequent bei der einmal verfolgten Strategie. Warum sie aber gerade eine bestimmte Strategie wählen, oder wer wählt welche Strategie, wird leider nicht erörtert. Auch nicht, wie Strategien zustande kommen, erworben werden.

Was passiert unter beiden Strategien, wenn die Aufgaben schwieriger werden, definiert durch die Anzahl der konjunktiv verbundenen Attribute? Wie kaum anders zu erwarten, nimmt die Zahl der gelösten Probleme mit wachsender Schwierigkeit ab, wobei die Holisten aber unter allen Bedingungen besser sind als die Partisten; Abbildung 9.2.

Abbildung 9.2.

Prozentsatz der gelösten Aufgaben bei Holisten und Partisten, in Abhängigkeit von der Schwierigkeit der Probleme

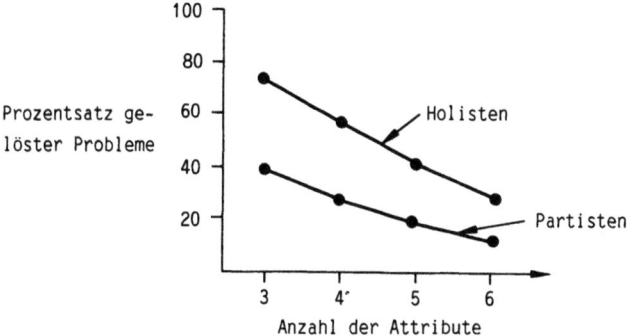

Quelle: Bruner, Goodnow und Austin (1956, S. 146)

Die beiden Strategien lassen sich aber noch tiefergehend vergleichen. Bedenkt man, daß eine Stimuluskarte entweder ein Beispiel für den Begriff ist oder nicht, und daß die gegenwärtig gehaltene Hypothese bestätigt werden kann oder nicht, so ergeben sich zwangsläufig vier Möglichkeiten:

PC (++): positive confirming, d.h. es liegt eine Stimuluskarte vor, die den Begriff enthält, und die Hypothese des Pbn wird bestätigt;

NC (-+): negative confirming, d.h. dem Pbn liegt eine Karte vor, die den Begriff nicht enthält, wohl aber seine Hypothese bestätigt;

PI (+-): positive infirming, d.h. dem Pbn liegt eine Karte vor, die den Begriff enthält, seine Hypothese aber nicht bestätigt;

NI (--): negative infirming, d.h. dem Pbn liegt eine Karte vor,
die den Begriff nicht enthält und auch seine Hypothese
nicht bestätigt.

Exkurs. Bevor weiter auf die experimentellen Ergebnisse eingegangen
wird, Bruner folgend ein medizinisches Beispiel, das die obigen Fälle
plausibler macht.
Es gibt eine Form der Sprachstörung, die als Aphasie bezeichnet wird.
(Pschyrembel, Klinisches Wörterbuch, 1977: "Sprachstörungen, die durch
Erkrankung des zentralen Sprachapperates bedingt sind und bei intaktem Sprechwerkzeug und erhaltener Intelligenz mit dem Verlust der
Fähigkeit, Begriffe in Wort- oder Schriftbilder umzusetzen oder Gesprochenes und Geschriebenes begrifflich aufzunehmen, einhergehen.")
Gemäß einer bekannten Theorie von Broca kommt dieser Ausfall durch
die Störung eines lokal begrenzten "Sprachzentrums" zustande. Dann
sind vier Fälle möglich:

Sprachzentrum	Symptome
1. Zerstört	Aphasie
2. Intakt	Aphasie
3. Intakt	Keine Aphasie
4. Zerstört	Keine Aphasie

Fall 1 und 3 sind offenbar kompatibel mit Broca's These, bei Fall 2
würde man annehmen, daß auch der Ausfall anderer Zentren und/oder
globale Schädigungen zur Aphasie führen können, Fall 4 gibt erst einmal Rätsel auf. Die vier Fälle führen zu den o.g. Möglichkeiten:

PC : Aphasie bei zerstörtem Sprachzentrum
NC : Keine Aphasie bei intaktem Sprachzentrum
PI : Aphasie bei intaktem Sprachzentrum
NI : Keine Aphasie bei zerstörtem Sprachzentrum.

Derartige Kontingenzen sind typisch für diagnostische Situationen,
sei es im medizinisch-psychologischen Bereich, sei es bei der Fehlerdiagnostik von mechanischen oder elektrischen Systemen, sei es beim
Testen von (statistischen) Hypothesen. Stets steht der Problemlöser=
Diagnostiker vor der Aufgabe, sinnvolle Gruppierungen vorzunehmen, d.
h. Konzepte zu bilden. Finis.

Wie sollte sich der perfekte Holist in diesen vier Fällen verhalten?
Konsistent wäre folgendes Verhalten:

PC : Hypothese beibehalten
NC : Hypothese beibehalten
PI : Hypothese verwerfen, neue Hypothese als Schnittmenge zwischen alter Hypothese und vorliegendem Beispiel bilden
NI : Hypothese verwerfen, neue Hypothese aufgrund der Erinnerung an vorangegangene Durchgänge bilden.

Folgen Probanden diesem Idealverhalten? Dies war tatsächlich in

PC = 54%
NC = 61%
PI = 54%
NI = 10%

der Fälle so. Man sieht also, daß sich die Pbn doch sehr konsistent verhalten, nur bei NI ist die richtige Inferenz offenbar schwerer zu finden. NI ist deswegen schwierig, da nur sehr indirekte Informationen zur Verfügung stehen: die Stimuluskarte illustriert, was das Konzept nicht ist, und die momentane Hypothese erweist sich als nicht richtig. Aus dieser doppelten Negation ist es schwierig, eine sinnvolle neue Hypothese abzuleiten. Auch bei anderem Aufgabenmaterial, z.B. bei Syllogismen, findet man Probleme bei der Behandlung von Negationen; Wason und Johnson-Laird (1972).

Konsistente Partisten würden sich so verhalten:

PC : Hypothese beibehalten
NC : Hypothese beibehalten
PI : Hypothese unter Berücksichtigung der behaltenen Beispiele ändern
NI : Hypothese unter Berücksichtigung der behaltenen Beispiele ändern.

Dieses ideale Verhalten zeigten in den Experimenten tatsächlich

PC = 66%
NC = 52%
PI = 50%
NI = 26%

der Probanden. Die Ergebnisse entsprechen weitgehend denen der Holisten, nur daß die Partisten die NI-Kontingenzen offenbar etwas effektiver behandeln konnten.

Leider berichten die Autoren nicht, _wie_ diejenigen Personen vorgehen, die sich nicht von einer der idealen Strategien leiten lassen. Man darf doch wohl annehmen, daß sie sich ebenfalls von Überlegungen leiten lassen und nicht nur reines trail-and-error Verhalten an den Tag legen. Oder verfolgen diese Personen keine Strategie, die sich als Hypothesentesten im weitesten Sinne beschreiben ließe? Können solche Personen lernen? Dazu später.

9.3. Strategien als Entscheidungsbäume

Eine einleuchtende Form der Beschreibung der abgeleiteten Klassifikationsregeln oder Strategien wurde von Hunt, Marin und Stone (1966) vorgelegt; vergleiche auch Egan und Greeno (1974). Hunt et al. beschreiben den Prozeß beim Konzepterwerb als sequentielle Entscheidungsbäume. Bei jedem Verzweigungspunkt (Knoten) des Baumes wird ein bestimmtes Merkmal des Stimulus daraufhin getestet, obe es vorhanden ist oder nicht. Die einzelnen Stufen oder Ebenen des Baumes sind voneinander abhängig; was in der Stufe n+1 getestet wird, hängt vom Ausgang des Tests bei Stufe n ab. Die Struktur und die Komplexität des Baumes wird durch die Art der Begriffbildungsregel bestimmt, also ob diese konjunktiv, disjunktive etc ist.

Abbildung 9.2.

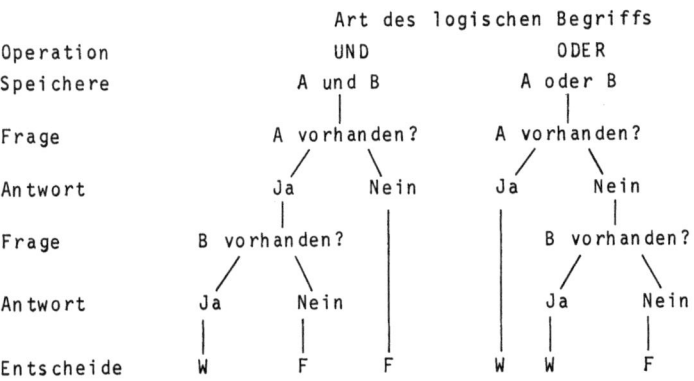

Legende: W = wahr, F = falsch

Der von der Vp durchlaufene Entscheidungsbaum ist ein Sonderfall des
Suchraumes. Trabasso, Rollins und Shaughnessy (1971) konnten zeigen,
daß ein Zusammenhang zwischen Schwierigkeit der Begriffe und Komplexität des Entscheidungsbaums besteht, wenngleich die subjektive Schwierigkeit (Zeit, Anzahl der benötigten Versuche, Fehler) offenbar noch
von weiteren Faktoren mitbestimmt wurde. Ein Modell, das von etwas anderen Annahmen ausgeht, wird unten beschrieben.

9.4. Weitere Lektüre

Der Strategiebegriff wurde vor allem von Bruner, Goodnow und Austin
(1956), auf deren Arbeiten dieses Kapitel im wesentlichen beruht,
herausgearbeitet. Die Lektüre dieses Werkes kann nur empfohlen werden,
zumal wesentliche Teile (Konzepterwerb bei probabilistischen Cues,
Rolle der Sprache beim Konzepterwerb) hier nicht behandelt wurden.
Heuristische Strategien in einem umfassenderen Sinn werden in Kapitel
13 behandelt; hierzu auch Dörner (1979).

Kapitel 10: Determinanten der Schwierigkeit von Begriffen

Ergebnisse experimenteller Untersuchungen, aber auch unsere Alltagserfahrung lehrt, daß einige Begriffe schnell und ohne größere Mühe gelernt werden, andere hingegen offenbar schwer zu erwerben sind. Im folgenden sollen einige Faktoren beschrieben werden, die die Schwierigkeit von Begriffen mitbestimmen. Wir beschäftigen uns zunächst wieder nur mit experimentellem Material der beschriebenen Art. Dem Umgang mit "natürlichen" Begriffskategorien ist ein eigenes Kapitel gewidmet.

10.1. Komplexität

Ein naheliegender Kandidat für die Bestimmung der Schwierigkeit von Begriffen ist die "Komplexität" des Stimulusmaterials. Komplexität deswegen in Anführungszeichen, weil es sehr schwer ist, Grade oder gar quantitative Abstufungen der hybriden Entität "Komplexität" zu definieren. Bei den Begriffsbildungsexperimenten liegt es aber nahe, die Anzahl der Dimensionen und deren Abstufungen als Faktoren der Komplexität aufzufassen. Mit der Zahl der Dimensionen und der Abstufungen nimmt die Zahl der möglichen Stimuli ganz rapide zu. Bei 4 Dimensionen mit je 3 Abstufungen gibt es $3^4 = 81$ mögliche Kombinationen, bei 7 Dimensionen mit 5 Ausprägungen aber schon $5^7 = 78.125$ mögliche Stimuli, d.h. mögliche Begriffe. Man kann sich leicht vorstellen, daß im Rahmen des üblichen Begriffslernexperimentes Begriffe, die in einem derart komplexen Stimulusraum eingebettet sind, kaum noch (ohne Hilfsmittel und in überschaubarer Zeit) gelernt werden dürften. Sicher spielt auch die Art der Begriffsregel eine Rolle, s.u.

Im Abschnitt 9.2.2. waren bereits einschlägige Ergebnisse mitgeteilt worden. Unter Verwendung der Rezeptionsmethode bei konjunktiven Begriffen untersuchten Bruner et al., wie sich die Leistung beim Konzeptlernen mit wachsender Komplexität, operationalisiert als Anzahl der konjunktiv verknüpften Attribute, veränderte. Wie wohl zu erwarten war, wurde die Aufgabe umso schwieriger, desto komplexer das Stimulusmaterial war. Dieser Sachverhalt ist in Abb. 9.2. wiedergegeben. Unabhängig von der verfolgten Strategie nahm die Anzahl gelöster Probleme ab.

10.2. Salience

Nicht nur die reine Menge der Dimensionen und Attribute hat einen Einfluß auf die subjektive Schwierigkeit des Konzepterwerbs, sondern auch die "salience" der Dimensionen und/oder Attribute. Die Übersetzung des Terminus "salience" erweist sich als tückisch, vorgeschlagen wurde u. a. Auffälligkeit, oder Dominanz, oder "Augenfälligkeit". Gemeint ist, daß bestimmte Aspekte des Stimulusmaterials Menschen eher ins Auge springen, auffallen, als andere; vergl. auch Kapitel 11.

In einer frühen Untersuchung zeigte Heidbreder (1947) mit einer etwas anderen als der heute üblichen Versuchsanordnung, daß Gegenständliche Objekte (Gesichter, Häuser, Bäume) augenfälliger waren als geometrische Formen, diese wiederum auffälliger als abstrakte Symbole, wie z. B. Zahlen. Demzufolge werden zunächst solche Hypothesen häufiger generiert und getestet, die auf auffälligeren Symbolen beruhen. Folglich werden Konzepte, die auf abstrakten Symbolen definiert sind, langsamer gelernt.

10.3. Cognitive Strain

Aber nicht nur die Komplexität und die unterschiedliche Augenfälligkeit der Stimuli haben einen Einfluß auf die Schwierigkeit, sondern natürlich auch die äußeren Umstände, unter denen das Konzept zu identifizieren ist. In einem Experiment, welches das Selektionsverfahren verwandte, operationalisierten Bruner et al. "cognitive strain" wie folgt: Bei geringer mentalter Beanspruchung wurden den Vpn alle 81 Stimuluskarten vorgelegt, bei der Bedingung "hohe mentale Belastung" hingegen wurde den Pbn die Dimensionen und deren Ausprägungen nur verbal mitgeteilt; diese Informationen waren zu behalten. Um eine Hypothese testen zu können, muß also eine Stimuluskarte "im Kopf" erzeugt werden, was sicher eine zusätzliche Belastung des Gedächtnisses darstellt, zumal die Ergebnisse der jeweiligen Inferenzen ebenfalls behalten werden müssen. Die Ergebnisse des Experimentes sind in der umseitigen Tabelle 10.1. zusammengefaßt.

Die Ergebnisse sind wie folgt zu lesen: Von den insgesamt 12 Vpn waren fünf Personen Hypothesentester, die restlichen sieben verwendeten die Focus-Strategie. Die Zellenwerte geben den Median der zum Konzepterwerb benötigten Stimuluskarten an; die Werte in der Klammer geben die Anzahl der redundanten (und somit eigentlich überflüssigen) Wahlen an.

Tabelle 10.1.

Ergebnisse des "cognitive strain" - Experimentes
von Bruner et al., 1956

Strategie der Vpn N = 12	cognitive strain	
	gering	hoch
(Modifiziertes) sukzessives scanning; n = 5	10 (4)	13 (6)
(Modifiziertes) Focussing n = 7	5 (1)	5 (1)

Erklärung siehe Text

Bei den Hypothesentestern wirkt sich der erhöte cognitive strain geringfügig aus, bei den Personen, die die Focus-Strategie verwendeten - sie waren durchwegs deutlich besser - hingegen überhaupt nicht.

Bezüglich der verwendeten Strategie ist anzumerken, daß die Modifikation des sukzessiven Focussing in einem Verlangen nach redundanter Information bestand, sowie eine Reduktion des Focus auf diejenigen Merkmale, "die noch im Rennen waren". Die Modifikation des sukzessiven scanning bestand in der Hinzunahme einer Gedächtniskomponente, so daß ein Mittelding zwischen sukzessivem und vollständig simultanem scanning bestand.

Eine weitere Möglichkeit, die kognitive Beanspruchung zu variieren besteht darin, beim Selektionsverfahren die Karten entweder systematisch nach Dimensionen und Merkmalen geordnet vorzulegen, oder aber gemischt, in zufälliger Anordnung. Die Ergebnisse des "Anordnungsexperimentes" sind nachstehend zusammengefaßt; Tabelle 10.2. umseitig. Wie die Ergebnisse zeigen, erhöhte die Unordnung der Karten die Schwierigkeit. Darüberhinaus verwandten die Vpn etwas unterschiedliche Strategien, bei geordnetem Material eine Mischung aus konvervativem und riskantem focussing, bei ungeordnetem Material hingegen sukzessives Hypothesentesten.

Bei den Experimenten mit dem Rezeptionsverfahren hatten die Autoren eine ähnliche, erschwerende Bedingung definiert, nämlich Arbeiten unter Zeitdruck ("Stress"). Die Ergebnisse waren ähnlich.

Tabelle 10.2.

Ergebnisse des "Anordnungexperimentes" von
Bruner et al., 1956

	cognitive strain Bedingung	
	Karten geordnet (gering) n = 15	Karten ungeordnet (hoch) n = 15
Median der Wahlen	6.1	10.4
Range	-	7.0 - 16.2
Mittelwert redundanter Wahlen	1.0	4.1
Mittelwert falscher Hypothesen	0.5	1.4

10.4. Problemisomorphismen

Von Problemisomorphismen spricht man, wenn das gleiche Problem nur unterschiedlich "verpackt" dargeboten wird. Die interne Problemrepräsentation hängt dabei stark von der Art der Darbietung ab (vergl. 14.3.). Nicht zuletzt kann die Aufgabe dadurch schwerer oder leichter werden. Eines der Experimente mit dem Selektionsverfahren vonBruner et al. behandelt diesen Themenbereich. Zu dem dargestellten geometrischen Material wurde ein anschauliches, isomorphes Problem konstruiert. Dieses bestand aus je zwei menschlichen Figuren, Junge oder Mädchen, Mann oder Frau, die jeweils Tages- oder Nachtkleidung trugen, ferner entweder einen positiven oder negativen Affekt induzierten (Kinder: Geschenk oder Strafe erwartend, Eltern: Geschenk in der Hand oder "böse Miene").

Die Nullhypothese wird sicher lauten, es handelt sich um das gleiche Problem, d.h. gleiche Anzahl von Dimensionen und Abstufungen dieser, ferner um identische Versuchsbedingungen - warum sollte es Unterschiede geben?

Die Ergebnisse sprechen eine andere Sprache: Thematisch vorgegebene, aber formal äquivalente Konzepte sind schwerer zu lernen; Tabelle 10.3. umseitig. Auch verwendeten die beiden Versuchsgruppen verschiedene Strategien. Die Gruppe, die mit dem abstrakten, geometrischen

Tabelle 10.3.

Ergebnisse des Isomorphie-Experimentes ("Thematisierungs-Experiment") von Bruner et al., 1956

	Art der Thematisierung	
	abstraktes Material n = 15	figürliches Material n = 15
Mittelwert der Wahlen	6.1	9.7
Range	5.0 - 7.2	7.0 - 11.75
Redundanzen	1.0	3.9
Anzahl falscher Hypothesen pro Aufgabe	0.5	1.9
Range	0.0 - 1.0	0.25 - 5.25

Material arbeitete, verwendete die gleiche Strategie wie beim oben beschriebenen Anordnungsexperiment (gleiche Versuchsbedinungen!); die Gruppe, die mit dem konkreten figürlichen Material arbeitete, verwendete die Strategie des sukzessiven Hypothesentestens.

Im Gegensatz zu den unter 10.2. berichteten Ergebnissen induziert hier figürliches Material eine Erschwernis. Bruner et al. erklären diesen Effekt inhaltlich. Durch die Darstellung wird ein sozialer Kontext induziert. Dadurch werden offenbar bestimmte Einstellungen oder Stereotype aktiviert. Vor allem scheint das Geschlecht der erwachsenen Person erhöhte soziale salience zu besitzen: es werden vorrangig Hypothesen über dieses Element der Stimulusmenge getestet; siehe die Originalarbeit für eine genauere Analyse der Daten dieses Experimentes.

10.5. Art der Kontingenz

Wie unter 10.2. diskutiert wurde, lassen sich vier verschiedene Kontingenzen unterscheiden: PC, NC, PI und NI. Wie gezeigt wurde, ist die doppelte Negation NI deutlich schwieriger - nur 10 bzw. 26% der Pbn konnten unter dieser Bedingung optimales Inferenzverhalten durchführen. Diesbezügliche Befunde scheinen recht generell zu sein.

Derartige Befunde wurden bereits von Smoke (1932, 1933) mitgeteilt. Bei der Bewertung muß man aber im Auge behalten, daß - in Abhängigkeit vom verwendeten Stimulusmaterial und in Abhängigkeit von der Begriffsregel - positive und negative Fälle sehr unterschiedlich informativ sein können. Auf diesen Zusammenhang hat wohl als erster Hovland (siehe Hovland und Weiss, 1953) hingewiesen. Hovland (1952) bringt ein Beispiel, bei dem nur zwei positive, aber 625 negative Fälle zur Begriffsbestimmung erforderlich sind. Natürlich gibt es auch Fälle, wo mehr positive Beispiele erforderlich sind. Der Autor berichtet eine Methode, den Informationswert von Beispielen allgemein zu ermitteln.

10.6. Ein Modell für die Vorhersage der Schwierigkeit binärer Begriffsregeln

Empirische Untersuchungen haben immer wieder gezeigt, daß erhebliche Unterschiede bezüglich der Schwierigkeit verschiedener Begriffbildungsregeln bestehen. Von einem formalen Standpunkt aus betrachtet erscheint dies zunächst verwunderlich, warum sollte es einen Unterschied geben bezüglich verschiedener Partitionen der Stimulusmenge? Nun, in Abhängigkeit von der theoretischen Position lassen sich mit Bourne (1974) vier Fälle oder Interpretationsmöglichkeiten ("Theorien") unterscheiden:

1. S-R Theorie, die Vp löst ein Problem des Regel-Lernens, indem sie jeden Stimulus mit einer Responsekategorie verbindet, assoziiert. Danach müßten alle Regeln gleich schwierig sein.

2. Fokussieren auf positiven Beispielen. Es wird eine Hypothese gebildet, die die positiven Beispiele beschreibt. Wenn so vorgegangen wird, müßte die Schwierigkeit von der Anzahl der positiven Fälle X abhängen; Smoke (1933), Hovland (1952), Bruner et al. (1956).

3. Fokussieren auf der kleineren, eher homogenen Klasse der Stimuli, unabhängig ob diese positiv X oder negativ $\bar{X}$ sind; danach wäre das Verhältnis X zu $\bar{X}$ maßgebend; Bourne und Guy (1968).

4. Schwierigkeit als Äquivalent der Komplexität der strukturellen Repräsentation, operationalisiert als Komplexität des (optimalen) Entscheidungsbaumes. Für bi-konditionale Regeln sind zwei logische Operatoren erforderlich, für die anderen primären logischen Regeln hingegen nur ein Operator.

5. Reihenfolge der Schwierigkeit, wie sie empirisch ermittelt wurde; s.u.

Dies führt zu folgenden Vorhersagen (vergl. auch Bourne, 1974):

"Theorie"	Vorhersage
1. S-R.	Cj = Dj = Cd = Bd
2. Fokussieren positiv	Cj < Dj = Bd < Cd
3. Fokussieren homogen	Cj < Cd < Dj = Bd
4. Entscheidungsbaum	Cj = Dj = Cd < Bd
5. Empirisch beobachtet	Cj < Dj < Cd < Bd

Legende: Cj = konjunktive Regel "UND", Dj = disjunktive Regel "ODER", Cd = konditionale Regel "WENN, DANN", Bd = bikonditionale Regel "DANN UND NUR DANN"

Man steht vor der Situation, daß vier durchaus plausible Vorhersagen alle im Widerspruch zur empirischen Realität stehen. Sind die beobachteten empirischen Resultate wirklich eine Realität und nicht nur eine doch letztlich zufällige Kuriosität, so müßte es doch möglich sein, eine Theorie zu konstruieren, die dieses Verhalten vorhersagt. Geht man auf das früher dargestellte "black-box" Modell zurück, so scheint es plausibel anzunehmen, daß das sensible Teilsystem die Inferenz ist.

In seinem Modell geht Bourne (1974) davon aus, daß die Probanden natürliche, bereits vor dem Experiment vorhandene Responsetendenzen haben, sowie ebenfalls bereits angelegte Stimulusgeneralisierungs-Prozesse vorhanden sind. Von ähnlichen Überlegungen waren zuvor auch Sawyer und Johnson (1970) und Sawyer (1972) ausgegangen.

Annahmen des Modells:

Bei einer zweidimensionalen Regel muß der Proband lernen, einen Stimulus einer von vier Klassen zuzuordnen. Diese Klassen sind definiert durch Vorkommen (T von true) oder Nicht-Vorkommen (F von false) der zwei für die Regel relevanten Attribute. Es gibt also die Kombinationsmöglichkeiten TT, TF, FT und FF.

Das Verhalten eines Probanden sei durch folgende naive Inferenzregeln gekennzeichnet:

<u>A</u>. Alle Stimuli, bei denen <u>beide</u> relevanten Merkmale wahrgenommen werden, werden als "positiv" bezeichnet; TT-Stimuli.

<u>B</u>. Alle Stimuli, die <u>keines</u> der beiden Attribute aufweisen, sind negativ; FF-Stimuli.

C. Alle Stimuli, die eines, nicht aber beide relevanten Attribute aufweisen, also TF und FT, werden derjenigen Kategorie zugewiesen, der auch FF zugewiesen wird. Da aufgrund von Annahmen B FF negativ ist, sind folglich auch TF und FT negativ. Lernt die Vp im Laufe des Experimentes, daß FF positiv ist, dann sind folglich auch TF und FT positiv.

D. TT und FF gehören verschiedenen Responsekategorien an. Aufgrund der Annahme A werden TT Stimuli zunächst der Kategorie "positiv" zugeordnet, aufgrund von B ist FF negativ. Erfährt die Vp im Laufe des Experimentes eine Reihe von Verletzungen von entweder A oder B, so daß sie diese durch ihr Komlement ersetzt, so folgt aus D, daß sie beide ersetzt.

Aus diesen Annahmen müssen nun Vorhersagen über die Schwierigkeit der verschiedenen Regeln abgeleitet werden. Generell wird angenommen, daß jede Verletzung der naiven Inferenzregeln zu einer Steigerung der Schwierigkeit führt.

Ableitung der subjektiven Schwierigkeiten aus den Annahmen des Modells

Konjunktion. TT sind positiv, FF sind negativ, TF und FT werden FF zugeordnet, ferner besteht keine Notwendigkeit, TT und FF der gleichen Kategorie zuzuordnen, d.h. alles entspricht den naiven, prä-experimentellen Responsetendenzen, die Schwierigkeit ist Null.

Disjunktion. TT sind positiv, FF negativ, aber TF und FT sind positiv, daher inkonsistent mit der Klassifikation von FF, also gibt es (bei zwei relevanten Attributen von zwei Dimensionen) zwei inkonsistente Zuordnungen, informatorisch gesehen sozusagen zwei "Überraschungen", der Schwierigkeitsindex ist 2. Bei drei Ausprägungen pro Dimension gibt es 2TF und 2FT, der Index ist 4.

Konditionale Regel. TT, FT und FF sind positiv, TF ist negativ. In diesem Fall widersprechen 4+2=6 Stimulusmuster den Inferenzannahmen B und C; darüberhinaus müssen TT und FF der gleichen Kategorie zugeordnet werden, der Index wird noch einmal (arbiträr) um einen Faktor 2 hochgesetzt, 2x6=12.
Entsprechende Überlegungen für die bikonditionale Regel führen zu einem Index von 16. Zu den vier "primären" binären Regeln kann jeweils das Komplement definiert werden und auch dafür der Schwierigkeitsindex nach dem skizzierten Verfahren berechnet werden (vergl. Bourne, 1974, S. 242). Die Rangreihe der Werte des Index ist dann die Vorhersage des Modells.

Zur Überprüfung der Validität der Modellvorhersagen führte Bourne ein Experiment durch. Acht Gruppen von Vpn hatten je eine der acht Regeln in einem Begriffslernexperiment zu lernen. Die Ergebnisse sind in der nachstehenden Tabelle zusammengefaßt.

Tabelle 10.4.

Ergebnisse des Experimentes von Bourne (1974) zur Überprüfung seines Modells der Vorhersage der Schwierigkeit binärer Konzepte

Regel	Mittelwert Versuche	Mittelwert Fehler	Rangreihe beobachtet	vorhergesagt
Konjunktiv	6.92	2.67 (1)	1	1
Disjunktiv	8.83	3.33 (2)	2	2
Konditional	60.58	23.08 (7)	7	7
Bikonditional	66.42	27.25 (8)	8	8
Alternative Verneinung	35.00	13.75 (4)	4	3
Gemeinsame Verneinung	49.17	21.42 (6)	6	5
Exklusiv	32.50	12.67 (3)	3	4
Exklusiv Disjunktiv	40.33	18.17 (5)	5	6

Quelle: Bourne (1974, S. 243)

Wie man sieht, stimmen die Vorhersagen des Modells (letzte Spalte) recht gut mit den beobachteten Werten überein, dies gilt sowohl für die beobachteten Schwierigkeitswerte (vorletzte Spalte), als auch für die Rangreihe der mittleren Fehlerzahlen als zweiter abhängiger Variable (Werte in der Klammer). Für die erste Gruppe der vier "primären" Regeln ist die Übereinstimmung Modell - Empirie sogar perfekt. In der zweiten Gruppe gibt es aber einige Vertauschungen, die vom Modell so nicht vorhergesagt werden. Die Daten lassen noch feinere Tests der Annahmen zu; siehe Bourne (1974).

Insgesamt wird das Modell zur Vorhersage der Schwierigkeiten bidimensionaler Konzepte recht gut bestätigt, wenngleich zu einer perfekten Vorhersage noch weitere Aspekte Berücksichtigung finden müßten.

10.7. Weitere Lektüre

Bourne (1974) gibt weitere Einzelheiten zu seinem Modell, siehe dort auch für weitere Literaturhinweise. Einige weitere Arbeiten sind Neisser und Weene (1962), Haygood und Bourne (1965), sowie Shepard, Hovland und Jenkins (1961).

Kapitel 11: Theorien und Modelle des Begrifflernens

11.1. Begrifflernen: Inkrementell oder Alles-oder-Nichts?

Um die Vorgehensweise beim Erwerb von Begriffen beschreiben zu können, wurden zwei verschiedene Arten von Theorien entwickelt. In der bisherigen Darstellung wurde - mehr oder weniger explizit - davon ausgegangen, daß der essentielle, zugrundeliegende Mechanismus das Testen von Hypothesen ist: Aufgrund des Stimulusmaterials, bei gegebener Instruktion und Vorwissen formuliert der Proband eine Vermutung, was der Begriff sein könnte. Diese "Hypothese" testet er dann am nächsten vorgegebenen Stimulus. Wird seine Hypothese bestätigt, der Vl sagt "richtig", so gibt es natürlich keinen Grund, sie zu verwerfen, folglich behält er sie bei. Bei negativem Feedback wählt er eine neue Hypothese. Ferner wird vielfach angenommen, daß dieser Prozeß nach der Alles-oder-Nichts (AON)-Manier verläuft: Entweder der Proband weiß nichts und stellt seine Hypothese rein zufällig auf, er ist im Zusatand des "Nichtwissens", oder aber er hat das Konzept herausgefunden, ist somit im Zustand des "Wissens". Zwischenstadien werden demnach nicht angenommen. Anzumerken ist aber, daß viele Variationen dieser Grundannahmen möglich sind; vergleiche 11.3.

Der AON-Position diametral entgegengesetzt ist die Auffassung, daß das Lernen von Begriffen kontinuierlich, schrittweise, inkrementell erfolgt: Verbindungen zwischen Stimuli und Responses werden (durch Verstärkung in Form von Feedback) sukzessive aufgebaut. Es handelt sich dabei um "passive and gradual learning of common defining elements" (Mervis und Rosch, 1981), wie dies prototypisch in einer frühen Arbeit von Hull (1920) zum Ausdruck kommt. Dies ist natürlich nichts als die Auffassung des Assoziationismus behavioristischer Prägung, der alles Lernen als Konditionieren von Verbindungen zwischen Reizen und Responses ansieht. (Es ist allerdings anzumerken, daß es auch behavioistische AON-Theorien gibt.)

Welche dieser grundverschiedenen Sichtweisen des gleichen Sachverhaltes wird durch die Daten besser gestützt, aufgrund welcher Theorien lassen sich Modelle entwickeln, die die Daten erklären und vorhersagen? Ist der Mensch, wie bei den Hypothesen oder kurz H-Theorien angenommen wird, ein aktiver Hypothesengenerierer und Informationsverarbeiter, oder entstehen S-R-Verbindungen durch Verstärkung auf eher passive Art und Weise? Kurz, wird der theoretische Ansatz des Behaviorismus oder derjenige des Kognitivismus den Daten besser gerecht?

11.2. Zur Geschichte der Theoriebildung und Versuchen, zwischen den rivalisierenden Ansätzen zu trennen

Vielfach wird der Eindruck vermittelt, am Anfang der Entwicklung stünde der Behaviorismus, dieser sei aber nicht zielführend gewesen, so daß sich später der Kognitivismus entwickelt habe: Also erst S-R-Theorie, dann H-Theorie. Diese Auffassung ist falsch. Vielmehr ist die Geschichte der Psychologie und die Geschichte der Begriffsbildung durch ein, beinahe dialektisch zu nennendes, Wechselspiel zwischen den beiden theoretischen Positionen gekennzeichnet. Am Beispiel der Begriffsbildung soll dieser ideengeschichtliche Weg nachgezeichnet werden.

11.2.1. Anfänge einer H-Theorie

Wie bereits im ersten Kapitel angedeutet wurde, haben die Beobachtungen von Hamilton (1911), Yerkes (1916), Köhler (1917) und anderer nahegelegt, daß Lernen oft sehr plötzlich erfolgen kann, z.B. durch unvermittelte "Einsicht" in die Zusammenhänge der Problemsituation, begleitet von einem "Aha"- Erlebnis. Ein konkreter Hinweis, der sehr zu Ausformung einer H-Position beigetragen hat, stammt von Lashley (1929), der nun gewiß nicht im Verdacht steht, ein Kognitivist zu sein. Lashley arbeitete mit Ratten, die bei Diskriminationsaufgaben zu lernen hatten, daß sich in einem Labyrinth mit zwei Armen das Fressen stets an dem Ende befand, dessen Abzweig durch einen bestimmten Cue gekennzeichnet worden war, z.B. einen hellen Kreis. Der andere Weg war durch einen anderen Stimulus markiert, z.B. einen dunklen Kreis. Damit das Tier diese Stimuli, bzw. Stimulus-Konsequenz-Verbindung lernt und sich nicht etwa an der Position der Stimuli orientiert, wurden die Positioen in zufälliger Reihenfolge vertauscht. Die Ratte kann nur dann systematisch richtig reagieren und den Gang wählen, der zur Verstärkung führt, wenn sie "das Prinzip gelernt hat". Dieses Prinzip,"Fressen gibt's immer nach dem hellen Kreis", ist ja nichts anderes als das Lernen eines Begriffes, der durch den Vl willkürlich definiert wurde. Wie man sieht, besteht ein enger Zusammenhang zwischen dem Diskriminationslernen - das meist als Domäne der Lernpsychologie angesehen wird - und dem Lernen von Begriffen - was meist als Domäne der Denkpsychologie angesehen wird. Wie man an diesem Beispiel erkennt, sind die Abgrenzungen zwischen den psychologischen Teildisziplinen einigermaßen willkürlich, praktisch für Studierende und für die Autoren von Lehrbüchern, aber inhaltlich und systematisch kaum zu rechtfertigen. Aber zurück zu Lashley (1929, S. 135), der folgende Verhaltenbeobachtung bei Diskriminationsaufgaben lieferte: "In many cases it (behavior) strongly suggests that the actual assoziation is formed very quickly and that both the practice preceding and the errors following are irrelevant to the actual formation of the assoziation." Und wenig später (S. 136) merkt er an: "There is no present way to record such behavior objectively, and I can present the description only as an impression from the training of several hundred animals in these problems."

Hier werden also bereits Bedenken an der zentralen Position der S-R-Theorie geäußert, daß die Verbindungen allmählich entstehen, nur wird der Sache zunächst nicht weiter nachgegangen, in Ermangelung ausreichend objektiver Verfahren, die dem behavioristischen Reinheitsgebot Genüge tun würden.

Krechevsky (der sich später kurz Krech nannte) las diese Zeilen in Lashley's Buch "Brain mechanisms and intelligence" und kam bald zu dem Schluß, daß grundsätzliche Positionen der seinerzeitigen Lerntheorie zu überdenken wären. In dieser Zeit wechselte Krechevsky von New York nach Berkeley, wo sich Tolman maßgeblich mit Fragen der Lerntheorie befaßte, oft in kritischer Reaktion auf die Thesen Hull's. Krechevsky diskutierte seine Ideen mit Tolman, der in einem dieser Gespräche plötzlich aufsprang mit dem Ausruf "Hypotheses in rats!" Dies ist genau der Titel eines Beitrages, den Krechevsky (1932) wenig später verfaßte und mit dem er den "kognitiven" Standpunkt einer H-Theorie erstmals bündig formulierte. Die provokante Formulierung, Ratten als Hypothesentester, wurde später stets Krechevsky zugeschrieben. Der genannten Arbeit folgten dann in kürzeren Abständen weitere, wobei sich dieser theoretische Standpunkt aber nicht durchsetzen konnte, der Zeitgeist, beherrscht von dem damals übermächtigen Behaviorismus Hull's und Skinner's, ließ dies offenbar nicht zu.

11.2.2. Die Reaktion des Behaviorismus

Die Beobachtung, daß das Verhalten gelegentlich plötzliche "Sprünge" aufweist, war durch Daten gut belegt. Dies stellte natürlich eine Herausforderung der S-R-Theoretiker dar, die ihre Theorie so zu formulieren hatten, daß diesem Umstand im Rahmen einer behavioristischen Betrachtungsweise Rechnung getragen werden konnte. Aber wie sind Verhaltenssprünge in einem Modell zu erklären, das kontinuierliches Anwachsen der Stärke einer Verbindung zwischen Reiz und Reaktion annimmt?

Spence (1936) gelang dies tatsächlich. In seiner auf den Prinzipien des Konditionierens beruhenden Theorie konnte er ein quantitatives Modell des Unterscheidungslernens formulieren, das derartigen Verhaltenssprüngen Rechnung trägt. Das nachfolgende Beispiel, das ich Levine (1975) entnehme, illustriert die Spence'sche Idee.

In einem einfachen Experiment zum Unterscheidungslernen gibt es vier relevante Größen, die Positionen (a) Links und (b) Rechts, sowie die beiden verwendeten Symbole, z.B. (c) Kreis und (d) Dreieck. Im Sinne der Konditionierungstheorie ist anzunehmen, daß jede dieser vier Stimuluskomponenten durch die Konditionierungsgeschichte des Organismus eine zu Beginn des Experimentes bestehende Responsetendenz bewirkt. Ohne Verlust an Allgemeinheit kann man ferner annehmen, daß diese Responsestärke auf einer Skala von 0 bis 20 ausgedrückt werden kann. Ferner nimmt Spence an, daß sich die Responsestärken addieren. Sehen wir uns das Beispiel in Tabelle 11.1. an.

Tabelle 11.1.

Illustration des Modells von Spence (1936) zum Diskriminationslernen, nach Levine (1975, S. 18)

Versuch	Responsestärken der Komponenten				Position des positiven Stimulus (K)	Responsestärke		Response	Ergebnis
	L	R	K	D	L oder R	L	R		
1	20	15	15	15	L	35	30	L	+
2	21	15	16	15	R	36	31	L	-
3	20	15	16	14	L	36	29	L	+
4	21	15	17	14	R	35	32	L	-
5	20	15	17	13	R	33	32	L	-
6	19	15	17	12	L	36	27	L	+
7	20	15	18	12	L	38	27	L	+
8	21	15	19	12	R	33	34	R	+
9	21	16	20	12	L	41	28	L	+
10	22	16	21	12	R	34	37	R	+
11	22	17	22	12	R	34	39	R	+

Es bedeutet: R=rechts, L=links, K=Kreis, D=Dreieck

Es wird angenommen, daß die a priori Responsestärke für L gleich 20 beträgt, für die drei anderen Stimuluskomponenten hingegen einheitlich 15. Die mittlere Spalte in Tabelle 11.1. gibt die Position des Kreises bei jedem Durchgang an; der Kreis ist der positive Stimulus: am Ende des durch den Kreis bezeichneten Ganges gibt es Futter. Die Ratte kann nur wählen zwischen rechtem und linkem Gang; aufgrund der Additivitätsannahme für Responsetendenzen bestimmt sich die Responsestärke für L aus den a priori Responsestärken, also L=20 plus K=15, also 35; entsprechend ist die Responsestärke für R gleich 30. Da die Responsetendenz für L größer ist als die für R, läuft das Tier nach L. Da es hinter dem Kreis Fressen vorfindet, ist das Ergebnis positiv, also + .

Neben der soeben formulierten Responseregel muß noch eine Konditionierungsregel angegeben werden. Diese sei wie folgt: Wenn das Ergebnis positiv ist, dann werden die Responsetendenzen der involvierten Stimuluskomponenten um +1 erhöht, ist das Ergebnis aber negativ, dann -1. Die a priori Responsetendenzen sind somit L=21 und K=16; Tab. 11.1.

Sieht man sich die Stärke der Komponenten an, so erkennt man, daß die Stärke von K relativ zu den anderen Komponenten schrittweise zunimmt. Ab dem sechsten Durchgang wird das Verhalten von dieser Responsetendenz kontrolliert, das Tier läuft nicht mehr nur nach links, sondern auch nach rechts, in Abhängigkeit von der Position des Kreises. Es hat das Konzept gelernt.

Dieses Modell zeigt deutlich, daß plötzliche Veränderungen im Verhalten per se noch keinen Widerspruch zur Konditionierungstheorie bedeuten. Solche "Sprünge" lassen sich mit einem einfachen Modell, das auf Verstärkungs- und Extinktionsmechanismen beruht, im Prinzip erklären. Erfolgreiche Experimente von Spence (1945) und seinem Schüler Ehrenfreud (1948) brachten die Kontroverse Kontinuitäts- versus Nicht-Kontinuitätstheorie erst einmal zum Verstummen. Die behavioristische Position hatte sich durchgesetzt.

11.2.3. Mathematische Modellbildung im Rahmen der behavioristischen Konditionierungstheorie

In den 50er Jahren wurde der Konditionierungsansatz des Neo-Behaviorismus durch mathematische Modelle wesentlich verfeinert und präzisiert. Von Forschern wie Burke, Bush, Estes, Mosteller, Restle u.a. wurden zunächst Modelle für einfache Lernsituationen entwickelt, dann aber durch Arbeiten von Estes und Burke (1953) oder Restle (1955) auch auf das Unterscheidungslernen übertragen. Schließlich wurden auch

Modelle für komplexes Diskriminationslernen, d.h. Konzeptlernen, entwickelt. Arbeiten von Bourne und Restle (1959) und Bourne und Haygood (1959) markieren einen Schlußpunkt in der Entwicklung der "mathematischen Lerntheorie", wenngleich sich auch spätere Arbeiten noch mit diesem Themenkreis befassen.

11.2.4. Neubeginn der H-Theorie

Ein wichtiger Anstoß für den Neubeginn einer H-Theorie des Konzeptlernens wurde durch die Arbeit von Bruner , Goodnow und Austin (1956) gegeben. Bruner hatte bereits in den 40er Jahren mit H-Modellen im Bereich der Wahrnehmung gearbeitet: Wahrnehmung wurde als Klassifikationsprozeß aufgrund von Hypothesenprüfen aufgefaßt. Unter dem Einfluß des Behaviorismus konnten sich diese Ideen allerdings nie so recht durchsetzen. Dies änderte sich aber mit Bruner et al. "A study of thinking" - dieses Werk stellt anerkanntermaßen einen der wesentlichen Anstöße für eine kognitive Neuorientierung dar. Durch die Übernahme der Hovland'schen Kennzeichnung von Stimuli, Dimensionen und Ausprägungen auf diesen, konnten einigermaßen kontrollierte Versuchsbedingungen geschaffen werden. Ein zentrales Ergebnis der verschiedenen Experimente ist sicher darin zu sehen, daß verschiedene Strategien beschrieben werden konnten, die von Probanden verfolgt wurden. Wenngleich diese Strategien nur verbal beschrieben wurden, so spricht deren Identifikation doch gegen den Grundgedanken der Konditionierung: Verschiedene Personen verfolgen willentlich und aktiv verschiedene Wege beim Lösen solcher Probleme. Darauf war je an früherer Stelle ausführlich eingegangen worden.

Einen weiteren, wesentlichen Beitrag leisteten Kendler (1960) und Kendler und Kendler (1969). Diese Autoren verwendeten "simultane" Diskriminationsaufgaben zur Überprüfung der Theorie von Spence, dessen Schüler sie sind. Bei solchen Problemen hat der Pb zu wählen zwischen (a) einem großen, weißen Dreieck und (b) einem kleinen, schwarzen Kreis, oder analog aufgebauten Reizpaaren. In Phase I des Experimentes ist eine der Dimensionen relevant, z.B. Größe; das Konzept ist dann definiert durch "ist groß". In Phase II gibt es zwei verschiedene Versuchsbedingungen. Unter IIa "reversal shift" wird die Dimension beibehalten, nur der Wert dieser verändert - das Konzept ist dann "ist klein". Bei IIb "nonreversal shift" wird der Wert einer anderen Dimension zum Konzept, z.B. "ist weiß".

Aus der Theorie von Spence kann man ableiten, daß die reversal shift

Gruppe schlechter lernen sollte, da nach dem Konditionierungsmodell unter dieser Bedingung mehr neue Assoziationen zu lernen sind. Bei Erwachsenen und bei Kindern ab ca. fünf Jahren fand man diese Vorhersage aber nicht erfüllt, vielmehr lernten diese Personen Konzepte, die in der Umkehrung des Wertes innerhalb der gleichen Dimension bestanden, besser. Kleinere Kinder hingegen, die noch nicht so gut sprechen konnten, schienen in ihrem Verhalten eher der Konditionierungstheorie zu folgen.

Die Kendlers erklären diese Ergebnisse damit, daß erwachsene Probanden lernen, auf die relevante Dimension eine mediierte Response zu geben; bei IIa ist die Dimension "Größe" ja immer noch relevant, nur eben deren alternative Ausprägung, "ist klein". Beim nonreversal shift, IIb, müßte, legt man die Überlegungen der Konditionierungstheorie zugrunde, diese mediierte Response zunächst ausgelöscht werden.

Die Ergebnisse und Überlegungen der Kendlers, die sicher nicht in kognitiver Terminologie abgefaßt wurden, sind aber dennoch mit einer H-Position verträglich: (1) der Organismus ist selektiv, und damit aktiv, er konzentriert sich auf eine Dimension, unter Vernachlässigung einer anderen; und (2) bedeutet die Einführung einer nicht direkt beobachtbaren mediierten Response ja bereits eine Aufweichung strikter behavioristischer Positionen.

11.2.5. Mathematische Modellbildung im Rahmen der kognitiven oder H-Theorie

Mit der Ausarbeitung der mathematischen Lernmodelle hatte die Konditionierungstheorie eine ganz beachtliche Präzision der Modellbildung erreicht. Fraglich erschien aber, ob eine vergleichbare Präzision und Formalisierung auch von kognitiven Theorien erreicht werden könnte. Die Vermutung läge ja nahe, daß bei dem Versuch, in die "black box" hineinzusehen, zu untersuchen, was zwischen S und R alles abläuft, Spekulationen unvermeidlich seien, und so allenfalls verbale Theorien resultieren könnten, deren theoretischer Status dubios sein könnte. Dem ist aber nicht so!

In einer stark beachteten Arbeit hatte Rock (1957) die Position, verbales Lernen erfolge inkrementell, nachhaltig angegriffen. Die sich daran entzündende Diskussion wurde u.a. von Estes und Restle aufgegriffen und führte zu einer grundlegenden Neuorientierung dieser bedeutenden Forscher, weg von der Konditionierungstheorie, hin zu einer stärker kognitivistischen Position. Estes vertrat in seiner Arbeit von

1960 zwar nicht explizit eine H-Theorie, betonte aber, daß in vielen
Situationen Lernen auch nach Alles-Oder-Nichts-Manier erfolgen könnte.
Restle (1960, 1961, 1962) schlug aber dann direkt H-Modelle vor.
Hier wollen wir die Betrachtung historischer Entwicklungen erst einmal abbrechen und uns H-theoretischen Gesichtspunkten etwas ausführlicher zuwenden. In 11.3. wird der einfachste Fall betrachtet, H-Modelle für eindimensionale Konzepte; in 11.4. wird das wohl bekannteste
Modell, das Bower-Trabasso-Modell in einiger Ausführlichkeit dargestellt; in 11.5. wird gezeigt, daß sich die betrachteten Sachverhalte mühelos in die Sprache der Informationsverarbeitung a la Newell
und Simon übersetzen lassen.

11.3. Analyse eindimensionaler Konzepte aus der Sicht der H-Theorie

Im weiteren soll die Modellbildung bezüglich des Erwerbs von einfachen
oder eindimensionalen Konzepten betrachtet werden. Ausgangspunkt der
Überlegungen von Millward und Wickens (1974), denen wir hier folgen,
ist die Menge H aller Hypothesen, die betrachtet werden können, d.h.
zur Überprüfung zur Verfügung stehen. Die Gesamtmenge H wird in drei
Teilmengen zerteilt, die wesentlich durch den Aufmerksamkeitszustand
des Probanden bestimmt werden. Es sind dies:

$$H = \{A, S, U\},$$

wobei:

A diejenigen Hypothesen bezeichnet, die die Vp im Moment nicht
betrachtet, wohl aber zu einem späteren Zeitpunkt betrachten
könnte ("hypotheses available for sampling");

S diejenigen Hypothesen bezeichnet, die die Vp derzeit aktiv verfolgt ("hypotheses selected for testing");

U diejenigen Hypothesen bezeichnet, die die Vp bei früheren Durchgängen bereits getestet und verworfen hat ("hypotheses eliminated and thus not available for testing").

Die Zusammenhänge zwischen diesen drei Prozessen werden in der umseitigen Abbildung 11.1. veranschaulicht.

Um ein formales Modell im Rahmen einer H-Theorie aufstellen zu können,
müssen die drei involvierten Teilprozesse, das Ziehen der Stichprobe
von zu testenden Hypothesen (sampling), Eliminierung bereits getesteter Hypothesen (elimination) und Wiederaufnahme zunächst verworfener
Hypothesen in die Menge der testbaren Hypothesen (replacement) spezi-

fiziert werden. D.h., es müssen über diese Prozesse psychologisch
plausible, mit bisherigen Beobachtungen kompatible und empirisch
testbare Annahmen gemacht werden. Ferner muß die Inferenzregel angegeben werden, die Regel, vermittels derer der Proband die Response generiert. Schließlich muß noch der Zustand des Systems vor dem ersten
Durchgang angegeben werden.

Im folgenden werden Klassen von Annahmen betrachtet. In jeder dieser
Klassen sind verschiedene, sich wechselseitig ausschließende Annahmen
möglich. Jede Kombination von Annahmen, je eine aus jeder Klasse, definiert ein ganz bestimmtes H-Modell. Allerdings werden nicht alle
Kombinationen sonderlich sinnvolle Modelle sein.

Abbildung 11.1.

Schematisches Diagramm der Struktur von möglichen
H-Theorien bei der Konzeptidentifikation (nach
Millward und Wickens, 1974)

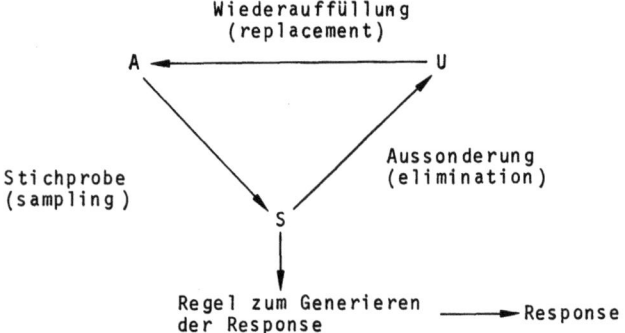

Klassen von Annahmen für eine H-Theorie einfacher Konzepte

(1) Annahmen über Art und Umfang der Hypothesen. Ein Beispiel wurde
in Abb. 11.1. gegeben: H = $\{A, S, U\}$; ferner kann man die maximale
Größe von $s \in S$ festlegen, d.h. Annahmen darüber machen, wieviele Hypothesen eine Person gleichzeitig aktiv verfolgen kann, welches wiederum Annahmen über das Kurzzeitgedächtnis macht, möglicherweise in

Abhängigkeit von der verfolgten Inferenzstrategie (die mehr oder weniger viel Gedächtniskapazität beanspruchen kann).

(2) Stichprobenziehung. Es müssen Annahmen über das Verfahren der Ziehung der Stichprobe von zu testenden Hypothesen getroffen werden (hypothesis sampling assumption); dies beinhaltet spezielle Annahmen über den Beginn des Prozesses, den Zeitpunkt der Stichprobenentnahme, oder Zurücklegung der Stichprobe (sampling replacement).

(3) Eliminierung. Es müssen Annahmen über das Verfahren der Eliminierung von Hypothesen aus S gemacht werden; Beispiel: "resampling on errors" - immer wenn ein offenkundiger Fehler gemacht wurde, werden alle Hypothesen aus S eliminiert und kommen nach U.

(4) Abduktion. Annahmen über die Hypothesen-Generierung. Beispiel: Wenn $S = \emptyset$, so ist die Response eine Zufallsstichprobe aus den zur Verfügung stehenden Responsealternativen.

(5) Start. Annahmen über den Ausgangszustand des Systems, z.B.
- Zu Beginn enthält S nur falsche Hypothesen;
- Zu Beginn enthält S eine Stichprobe der Größe s;
- Zu Beginn ist $S = \emptyset$.

(6) Fehler. Bei der Informationsverarbeitung kann der Proband Fehler machen - welcher Art können die sein? Beispiele für Problembereiche sind: Annahmen über den Wahrscheinlichkeitsprozeß bei der Hypotheseneliminierung; Annahmen über den Wahrscheinlichkeitsprozeß bei der Wiederaufnahme (replacement) von zuvor eliminierten Hypothesen; Annahmen über den Wahrscheinlichkeitsprozeß bei der Stichprobenentnahme (sampling). Alternativ kann man auch fragen, ob man psychologisch plausible Prinzipien definieren kann, so daß wahrscheinlichkeitsmäßige Betrachtungen irrelevant werden.

11.4. Ein Markoff-Modell für eindimensionale Konzepte

Eines der bekanntesten Modelle zur Beschreibung der Identifikation eindimensionaler Konzepte stammt von Bower und Trabasso (1964); es basiert auf früheren Überlegungen von Bower (1961) und Restle (1962). Dabei werden nur zwei-kategoriale Konzepte betrachtet: es gibt n Dimensionen mit jeweils nur zwei Ausprägungen, also 2^n Stimulusmuster. Ein Beispiel mag dies verdeutlichen. Angenommen, es gäbe drei Dimensionen, Farbe (rot und blau), Form (Dreieck, Kreis) und Größe (groß, klein); die eine Ausprägung sei mit 1, die andere mit 0 symbolisiert. Dann entsteht folgendes Stimulusmuster, Tab. 11.2.

Tabelle 11.2.

Schema der Stimuluskonstruktion eines Experimentes
zur Anwendung der Bower-Trabasso-Theorie

D1	D2	D3	Konzept-Zuordnung
1	1	1	A
1	1	0	A
1	0	1	A
1	0	0	A
0	1	1	B
0	1	0	B
0	0	1	B
0	0	0	B

Jede Zeile von Tab. 11.2. entspricht einem möglichen Stimulus. Das einfache Konzept lautet: wenn D1, dann A, dann ist das Konzept erfüllt, sonst nicht, dann entsprechend B. D1 ist somit die relevante Stimulusdimension, die Klassifikation hängt nur von D1 ab. Stimulusmuster die A bzw. B erfüllen sind gleich häufig, jede Stimuluskombination kommt vor (orthogonaler Versuchsplan, die Dimensionen und deren Ausprägungen sind unabhängig voneinander). Wie bei anderen Experimenten auch, wird jeweils ein Stimulus vorgelegt, der Proband gibt an, ob dieser den Begriff erfüllt oder nicht, und der Vl gibt Rückmeldung über die Richtigkeit der Klassifikation.

Modellannahmen:

A1: H besteht aus je einer Hypothese für jede Realisierung jeder Stimulusdimension; im Beispiel gibt es also acht mögliche Hypothesen;

A2: Stichproben werden am Ende jeden Durchgangs entnommen, die Hypothese ist konsistent mit dem Feedback;

A3: Zu Beginn sind nur falsche Hypothesen in S;

A4: Beim ersten Durchgang wird geraten;

A5: Stimuli werden zufällig generiert, s.o.;

A6: Ab einem Durchgang i kennt die Vp das Konzept und antwortet stets richtig;

A7: Nach einem Fehler geht die Vp mit einer konstanten Wahrscheinlichkeit c aus dem Zustand des Nichtwissens in den Zustand des Wissens über (Stationarität).

Diese Annahmen führen zunächst zu einem Markoff-Modell mit zwei Zuständen, Wissen und Nichtwissen. Eine etwas andere Version wird sogleich vorgestellt. Zunächst aber einige Anmerkungen über Markoff-Modelle allgemein.

Es werden Wahrscheinlichkeitsprozesse betrachtet, die endlich viele Zustände haben, und bei denen die Zeit, in der sich der Prozeß erstreckt, als diskrete Variable angesehen wird. Hängt der Prozeß nicht von allen früheren Zuständen ab, sondern nur vom unmittelbar vorangegangenen, gilt also:

$$P(X_n = a_n / X_{n-1} = a_{n-1} \quad X_{n-2} = a_{n-2} \cap ... \cap X_1 = a_1)$$
$$= P(X_n = a_n / X_{n-1} = a_{n-1}) ,$$

so nennt man diesen Zufallsprozeß Markoff-Kette, zu Ehren des russischen Mathematikers A.A. Markoff (1856-1922), der solche Prozesse als einer der ersten beschrieb.

Erklärung der Formel: In Worten bedeutet die Formel in der ersten Zeile, die Wahrscheinlichkeit P, daß die Zufallsvariable X beim n-ten Durchgang den Zustand a_n realisiert, gegeben sie hat bei n-1 a_{n-1} realisiert, und bei n-2 den Zustand a_{n-2} und ... beim ersten Durchgang den Zustand a_1; in der zweiten Zeile: die Wahrscheinlichkeit P, daß bei einem Durchgang n der Zustand a_n eintritt, sei nur davon abhängig, welcher Zustand a_{n-1} beim unmittelbar vorangehenden Durchgang n-1 eingetreten ist, nicht aber von weiter zurückliegenden Durchgängen n-2, n-3,..., 1.

Der Prozeß hat somit ein Gedächtnis, das nur einen Zeittakt in die Vergangenheit reicht. Diese Annahme, die es natürlich empirisch zu überprüfen gilt, macht solche Prozesse formal besonders gut handhabbar.

Anmerkung: Man kann auch in der Zeit kontinuierliche Markoff-Prozesse formulieren.

Um ein Markoff-Modell vollständig zu spezifizieren, sind zweierlei Angaben notwendig und hinreichend, 1. ein Vektor von Startwahrscheinlichkeiten und 2. eine Matrix von Übergangswahrscheinlichkeiten.

Jede Markoff-Kette hat eine bestimmte Anzahl von Zuständen - wieviele
es sind, und wie sie inhaltlich zu interpretieren sind, hängt vom jeweiligen Problembereich ab, s.u.

Damit der Prozeß starten kann, muß für jeden Zustand die Startwahrscheinlichkeit angegeben werden, d.h. es muß ein Vektor P_o von Startwahrscheinlichkeiten spezifiziert werden. Angenommen, der Prozeß hätte nur die beiden Zustände Z_1 und Z_2, dann könnte P_o beispielsweise so definiert sein: $P_o = (0.4, 0.6)$, d.h. mit einer Wahrscheinlichkeit von 0.4 beginnt der Prozeß mit dem Zustand Z_1, mit der komplementären Wahrscheinlichkeit 0.6 mit Z_2.

Natürlich will man nicht nur wissen, mit welcher Wahrscheinlichkeit der Prozeß mit den einzelnen Zuständen beginnt, sondern vor allem auch, mit welcher Wahrscheinlichkeit bei einem Durchgang ein Zustand in einen anderen übergeht, inklusive sich selbst. Diese Wahrscheinlichkeiten heißen Übergangswahrscheinlichkeiten. Bleibt man bei obigem Beispiel, so könnte die Matrix der Übergangswahrscheinlichkeiten folgendermaßen aussehen:

		In den Zustand	
		Z_1	Z_2
Aus dem Zustand	Z_1	1-β	β
	Z_2	0	1

Diese Matrix von Übergangswahrscheinlichkeiten ist wie folgt zu interpretieren: ist man in Z_1, so bleibt man mit Wahrscheinlichkeit 1-β in diesem Zustand, mit der komplementären Wahrscheinlichkeit β geht der Prozeß in den alternativen Zustand Z_2 über. Ist man aber in Z_2, so bleibt man auch darin, mit Wahrscheinlichkeit 1; es gibt keinen Weg zurück nach Z_1. Daher nennt man Zustände wie Z_2 absorbierende Zustände. Bei Übergangsmatrizen handelt es sich um stochastische Matrizen, diese haben stets eine Zeilensumme von 1.0 .

Die obige Matrix von Übergangswahrscheinlichkeiten besitzt eine naheliegende psychologische Interpretationsmöglichkeit. Sie stellt das einfachste mögliche AON-Modell dar. Dabei wird angenommen, der Lernende sei entweder im Zustand Z_1, interpretiert als "hat noch nicht gelernt", oder in Z_2 "hat gelernt". Das Modell sagt dann, daß man mit der Wahrscheinlichkeit β aus dem Zustand des Nichtwissens in den Zustand des Wissens gelangt (und folglich mit 1-β im Zustand Nichtwissen verbleibt); weiß'man's, so weiß man's definitiv - "Wissen" ist ein absorbierender Zustand. Gibt man auch den Vektor der Startwahrscheinlichkeiten an, so ist das AON-Modell komplett. Nun aber zurück zum Bower-Trabasso-Modell.

Mit Millward und Wickens (1974) gebe ich eine drei Stufen Version des Modells an:

Z1: LR - die Vp hat das Konzept gelernt ($\underline{L}$-learned) und gibt eine $\underline{r}$ichtige Response, sie befindet sich im Zustand des Wissens;

Z2: UR - die Vp hat das Konzept noch nicht gelernt ($\underline{U}$-unlearned), gibt aber zufällig eine $\underline{r}$ichtige Antwort;

Z3: UW - die Vp hat das Konzept nicht gelernt und gibt eine falsche ($\underline{W}$-wrong) Response.

Dies führt zu folgendem Modell:

		In den Zustand		
		LR	UR	UW
Aus dem Zustand	LR	1	0	0
	UR	0	p	1-p
	UW	c	(1-c)p	(1-c)(1-p)

mit Initialvektor $P_0 = (0, p, 1-p)$.

<u>Interpretation des Modells</u>. Hat die Vp gelernt und ist im Zustand LR, so bleibt sie in diesem Zustand. Von UR kann sie nicht direkt nach LR kommen, sondern nur nach UR bzw. nach UW, sie macht diesen Übergang mit Wahrscheinlichkeit p und 1-p. Hat die Vp also nur zufällig eine richtige Response abgegeben, ohne aber das Konzept tatsächlich gelernt zu haben, so gelangt sie von dort nicht in den Zustand des Wissens: nur aus Fehlern kann man lernen, wie die Analyse von UW zeigt. Von UW aus geht sie mit Wahrscheinlichkeit c in den Zustand LR über, mit (1-c)p geht sie nach UR und mit (1-c)(1-p) nach UW.

Das Modell hat zwei freie Parameter, c und p. Von beiden wird Stationarität angenommen, d.h. ihr Wert verändert sich im Laufe des Experimentes nicht. Die Annahme der Konstanz von p wird gelegentlich als "one trial learning hypothesis" bezeichnet, dadurch wird der AON-Charakter des Modells festgelegt.

Ein weiteres Merkmal des Modells besteht darin, daß die Ergebnisse der einzelnen Durchgänge voneinander unabhängig sind, d.h. die Wahrscheinlichkeit einer richtigen Response ist unabhängig davon, was vorher passiert ist. Dies gilt natürlich nur solange, wie das Konzept nicht gelernt ist. Dieser Aspekt der Unabhängigkeit begründet den Markoff-Charakter des Modells (zusammen mit den anderen Annahmen). Sowohl Stationarität, als auch Unabhängigkeit sind testbare Annahmen.

Zusammenfassung der wichtigsten Annahmen des Modells: Bei jedem Versuch testet die Vp genau eine Hypothese; bei positivem Feedback wird diese beibehalten, bei negativem Feedback wird eine neue Hypothese zum Testen gewählt. Es kann nur aus Fehlern gelernt werden. Die Wahrscheinlichkeit, daß nach einem Fehler die richtige Hypothese gewählt wird, ist über alle Versuche konstant. Bereits verworfene Hypothesen können erneut getestet werden (resampling on errors). Die AON-Annahme besagt, daß bis zum Aufstellen der richtigen Hypothese nichts gelernt wurde, dann aber vollständiges Lernen eintritt.

Modelltests. Aufgrund der Axiome (und bekannter Eigenschaften von Markoff-Ketten) können Aussagen über die Sequenzen von Zuständen abgeleitet werden. Aus diesen wiederum können Aussagen über die beobachteten Responses der Probanden hergeleitet werden. Die Sequenzen der Zustände des Modells bilden eine Markoff-Kette, nicht aber (in aller Regel) die beobachtbaren Responses der Pbn (Atkinson, Bower und Crothers, 1965, S. 39). Generell geht man so vor, daß aus dem Modell mathematisch-deduktiv Konsequenzen abgeleitet werden, z.B. über die mittlere Fehlerzahl, über die Anzahl der Fehler vor dem ersten Erfolg, über die Wahrscheinlichkeit, daß auf einen Fehler ein weiterer folgt etc. Diese aufgrund des Modells vorhergesagten Werte werden mit den beobachteten verglichen und so die Güte der Übereinstimmung festgestellt. Wie die Ableitungen erfolgen, wird in Bower und Trabasso (1964) oder Atkinson et al. (1965) im Detail beschrieben. Ohne hier auf Einzelheiten eingehen zu können kann man doch sagen, daß das Modell meist sehr gute Vorhersagen macht, d.h. beobachtete und vorhergesagte Werte liegen recht nahe beieinander. Natürlich findet man in Detailanalysen gelegentlich Verletzungen der Annahmen, z.B. der Stationarität; Suppes und Ginsberg (1963).

Modifikationen der H-Theorie. Zur Beschreibung des Verhaltens in komplexeren als den beschriebenen Situationen ist eine Verallgemeinerung des Modellansatzes erforderlich. Eine verallgemeinerte Version einer

H-Theorie wurde von Levine (1969, 1970) entwickelt. Die Theorie gliedert sich in einen speziellen und einen allgemeinen Teil.

In dem allgemeinen Teil wird angenommen, daß eine Person mehr als eine Hypothese bei einem Durchgang testen kann. Ferner ist es möglich, dem Feedback Informationen dergestalt zu entnehmen, daß die Menge der in Frage kommenden Hypothesen reduziert werden kann. Wird mehr als nur eine einzige Hypothese aus der Menge der in Frage kommenden Hypothesen geprüft, so wird zur Beantwortung der Frage Konzept JA/NEIN eine Hypothese ausgewählt. Diese "Arbeitshypothese" wird beibehalten, wenn sie zu einer richtigen Antwort führt, sonst aufgegeben. Wichtig ist aber nun, daß aufgrund des Feedbacks nicht nur Informationen bezüglich dieser "Arbeitshypothese" vorhanden sind, sondern auch bezüglich anderer Hypothesen, die noch in Frage kommen. Daher ist es möglich, die Zahl der zu betrachtenden Hypothesen zu verkleinern.

Der allgemeine Teil betraf das Lernen von einfachen Hypothesen unabhängig vom jeweiligen Stimulusmaterial. In Abhängigkeit von diesem werden Annahmen über die erforderlichen verbalen Kodierungsprozesse gemacht, die erforderlich sind, um sich den Stimulus merken zu können. Bei falschen Antworten wird eine Neukodierung erforderlich, wozu eine bestimmte Zeit benötigt wird; diese Annahme konnte empirisch gestützt werden. Nach den vorliegenden Ergebnissen (Brown, 1974) kann man sagen, daß die Theorie von Levine insgesamt gut gestützt wird, wenngleich auch hier bei einigen Feinanalysen Abweichungen festgestellt wurden.

Ein grundsätzlicher Einwand bezüglich der Angemessenheit von jedweden Hypothesen-Test-Theorien (beim Konzeptlernen) besteht darin, daß man immer wieder Antwortmuster von Probanden findet, die nicht erkennen lassen, daß überhaupt eine Hypothese getestet wird. Diese H-unverträglichen Antwortmuster sind auch nicht dadurch zu erklären, daß der Proband zwei oder mehr Hypothesen testet; Brown (1974). Vielleicht gibt es einen Personentypus, der kein "Hypothesentester" ist und sich eher passiv konditionieren läßt - aber das ist nur eine Spekulation.

Grundsätzlichere Kritik an mathematischen Modellen in unserem Kontext wurde von den Anhängern des Informationsverarbeitungs-Standpunktes vorgebracht; Simon und Newell (1974). Sie argumentieren u.a. wie folgt: Beim Erwerb einfacher Konzepte ist die Konstanz von p fast automatisch durch die Anlage der Experimente sichergestellt. Durch die Art der Konstruktion der Stimuli (orthogonalisiertes, abstraktes Material) und deren zufällige Vorgabe ist partielles Wissen praktisch ausgeschlossen. Damit wird ein AON-Prozeß quasi garantiert. Aber auch wenn das Modell die Daten recht gut beschreibt, was nicht bezweifelt wird, so ist nach Meinung dieser Autoren wenig über die psychischen Vorgänge beim Konzepterwerb ausgesagt. Der Übergang vom ungelernten in den gelernten Zustand ist einfach ein Zufallsmechanismus, über den nichts weiter ausgesagt wird, es wird nicht in den Prozeß hineingegangen. Gregg und Simon (1967) haben daher ein Prozeßmodell entwickelt, dieses als Simulationsmodell formalisiert. Der stochastische Charakter des Bower-Trabasso-Modells kann, muß aber nicht beibehalten werden. Es werden aber Annahmen darüber gemacht, wie Personen die Hypothesen generieren, die sie testen wollen.

11.5. Ein Informationsverarbeitungs-Analogon zum stochastischen Modell

Gregg und Simon (1967) haben das Bower-Trabasso-Modell in die Sprache der Informationsverarbeitung übertragen und das Modell damit für eine Computersimulation umformuliert. Ihrer Meinung nach ist diese Darstellung transparenter, zudem lassen sich auch kompliziertere Annahmen darstellen. So ist es z.B. möglich, das stochastische Element des Bower-Trabasso-Modells zu eliminieren. Meist werden bei Programmtheorien deterministische Modelle bevorzugt. Zunächst sind einige Begriffe zu definieren:

Beispiel. Sein Wert ist eine Beschreibungsliste, die die Dimensionen und deren Ausprägungen festlegt. Beispiele können durch den Vl generiert werden und der Vp als Stimuli vorgelegt werden, oder im Gedächtnis der Vp gespeichert sein.

Attribut-Struktur. Ihr Wert ist eine Liste von Paaren von Ausprägungen (z.B. rot-blau) für jede der n Dimensionen. Diese Struktur wird vom Vl benützt, um Beispiele zu generieren. Bei den meisten Experimenten wird diese Liste auch im Gedächtnis der Vpn gespeichert.

Gegenbeispiel. Wird aus einem Beispiel dadurch gebildet, daß der alternative Wert der Attribut-Struktur gewählt wird. Ein Gegenbeispiel kann durch die Vp generiert und im Gedächtnis gespeichert werden.

Richtige-Response. Es gibt zwei Werte, "Positiv" und "Negativ"; wird vom Vl generiert und in seinem Gedächtnis gespeichert.

Richtige-Hypothese. Ihr Wert ist eine der 2n Attributsausprägungen, wird von der Vp gespeichert.

Response. Zwei Werte, "Positiv" und "Negativ", wird von der Vp generiert und dem V1 mitgeteilt.

Reinforcement. Feedback, hat die Werte "Richtig" und "Falsch"; durch den V1 generiert und der Vp mitgeteilt.

Mögliche-Hypothese. Der ursprüngliche Wert ist die Liste der 2n Attributsausprägungen der Attribut-Struktur. Im Gedächtnis der Vp gespeichert.

Neue-Hypothese. Eine der 2n Attributsausprägungen der Attributsstruktur; durch die Vp generiert.

Zähler (tally). Sein Wert ist eine natürliche Zahl, vom V1 festgelegt und in seinem Gedächtnis gespeichert.

Konstanten. "Positiv", "Negativ", "Richtig", "Falsch", natürliche Zahlen 1,2,...,K, die Symbole der 2n Attributsausprägungen.

Prozesse. Setze-Gleich (←—), Teste-ób-Beispiel (∈), Teste-ob-Gleich (=), Do, Generiere, Bennenne (⇒), Tilge, Kehre-um, Goto, Verzweige.

X ←— Y setzt die Symbolstruktur X mit der von Y gleich. X ∈ Y testet, ob die Symbolstruktur X zu der Liste Y gehört. X = Y testet, ob die beiden Symbolstrukturen gleich sind. Generiere wählt ein Item der Liste aus und gibt es in den Prozeß ein. Do X führt den Prozeß aus, der X heißt. Tilge X aus Y tilgt die Symbolstruktur X aus der Liste Y. Kehre-um X dreht ein Beispiel in sein Gegen-Beispiel um. Goto x gibt die Kontrolle an die Instruktion x weiter. Verzweige heißt folgendes: Wenn T dann x, sonst y. Teste, ob x erfüllt ist, sonst wird y ausgeführt.

Die aus diesen Festsetzungen konstruierbare Prozeßtheorie beinhaltet eine Annahme darüber, wie der Proband zur Entdeckung des richtigen Begriffes gelangt. Als Programm geschrieben kann die Theorie folgendermaßen angegeben werden (nach Simon und Newell, 1974):

E1:   Do E3; dann Do E4.

S1:   Wenn Gegenwärtige-Hypothese ∈ Beispiel,
        dann Response ←— "Positiv",
        sonst Response ←— "Negativ".

E2:   Wenn Response = Richtige-Response,
        dann Reinforcement ←— "Richtig",
        sonst Reinforcement ←— "Falsch".

S2:   Wenn Reinforcement = "Falsch",
        dann Gegenwärtige-Hypothese ←— S5.

E3: Generiere Beispiel (zufällige Stichprobe aus jedem Paar
    der Attribut-Struktur) (⟹ Generiertes-Beispiel)
    Beispiel ← Generiertes-Beispiel.

E4: Wenn Richtige-Hypothese ∈ Beispiel,
    dann Richtige-Response ← "Positiv",
    sonst Richtige-Response ← "Negativ".

S5: Generiere Hypothese (zufällige Stichprobe aus Mögliche-
    Hypothesen) (⟹ Neue-Hypothese)
    Gegenwärtige-Hypothese ← Neue-Hypothese.

E0: Do E1, Do S1, Do E2,
    Falls Reinforcement = "Richtig",
    dann Zähler ← Zähler+1,
    sonst Zähler ← 0, Do E0.

    Falls Zähler = K,
    dann Halt,
    sonst Do S2, Goto E0.

Dabei bedeuten: E-Statements kennzeichnen Versuchsleiter-Prozesse,
S entsprechend Versuchspersonen-Prozesse.

Ein wichtiger Unterschied zu der Modellbildung in Form von Markoff-Modellen (oder anderen mathematischen und/oder stochastischen Modellen) besteht darin, daß Vl- und Vp-Prozesse getrennt werden können. E-Prozesse haben als Input entweder Inhalte aus E's Gedächtnis, oder von S's Response; sie geben Informationen entweder an E's Gedächtnis oder an Strukturen, die von S gelesen (d.h. verstanden) werden können. S-Prozesse haben als Input entweder Elemente aus S's Gedächtnis oder E's Kommunikationen; der Output geht entweder an S's Gedächtnis oder an Strukturen, die von E gelesen werden können.

Ebenso wie das Markoff-Modell enthält das Informationsverarbeitungs-Modell ein stochastisches Element. Dieses ist in Statement S5 verankert - die neue, zu testende Hypothese wird zufällig generiert. Simon und Newell beschreiben eine Reihe von psychologisch plausiblen Alternativen zu S5. So kann etwa das wahrscheinlichkeitsmäßige Element des Modells vollständig eliminiert werden - eine Möglichkeit, die dem Markoff-Modell natürlich nicht offen steht. Dies stellt eine größere Flexibilität des Informationsverarbeitungs-Ansatzes dar.

Das Informationsverarbeitungs-Modell von Gregg und Simon kann auch als Markoff-Modell angegeben werden, allerdings mit leicht modifizierten Übergangswahrscheinlichkeiten. Die Abbildung einer Informati-

onsverarbeitungs-Modells in ein Markoff- oder ähnliches Modell ist
aus dem genannten Grund nur in wenigen Fällen möglich.

In Abänderung einer Darstellung in Deppe (1977) hat Dani (1982) das
Modell von Gregg und Simon in ein Flußdiagramm übertragen; umseitig.
Für den ungeübten Leser ist die Struktur des Prozesses aus dem Fluß-
giagramm leichter zu ersehen, als aus einem Programm. Allerdings geht
einiges an Detailliertheit verloren.

11.6. Weitere Lektüre

Das Wechselspiel zwischen H-Theorien und Non-H-Theorien wird anschaulich in Levine (1975) beschrieben; darin werden auch einige bedeutsame
frühe Arbeiten wieder abgedruckt. Zum gleichen Thema auch Restle und
Greeno (1970, Kap. 2 und 3). Eine präzise Analyse eindimensionaler
Konzepte aus der Sicht der H-Theorie findet man in der mehrfach
zitierten Arbeit von Millward und Wickens (1974). Brown (1974) sieht
die experimentelle Literatur durch. Das Bower-Trabasso-Modell wird
natürlich in der Originalarbeit (1964) erörtert, ausführlich auch in
Atkinson, Bower und Crothers (1965) - ein insgesamt sehr lesenswertes
Buch (An introduction to mathematical learning theory). Eine Reihe
neuerer Arbeiten findet man immer wieder im Journal of Mathematical
Psychology, das seit 1964 erscheint. Bezüglich des Informationsverarbeitungs-Ansatzes beim Konzepterwerb ist natürlich die Originalarbeit von Gregg und Simon (1967) zu nennen, siehe auch Simon und
Newell (1974). Ähnliche Ansätze haben Hunt (1962), Hunt, Marin und
Stone (1966), oder Dörner (1979) berichtet. G.A. Miller schrieb ein
immer noch lesenswertes Buch über Mathematik und Psychologie; Miller
(1964). In dem folgenden Teil IV gehen wir auf einige Aspekte der
verschiedenen Theorien ausführlicher ein.

Flußdiagramm des Gregg-Simon-Modell (1967) zum Konzepterwerb, nach DANI

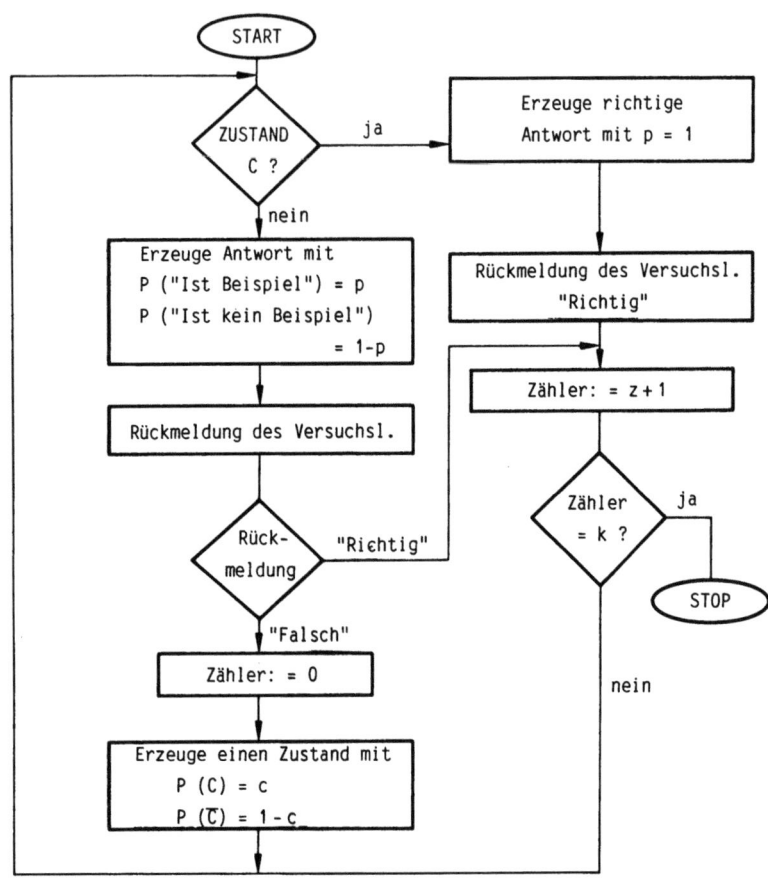

Legende: C bedeutet "Richtige-Hypothese" (beim i-ten Durchgang), $\bar{C}$ die Negation, p und c sind die Parameter des Bower-Trabasso-Modells; ":=" bedeutet "Setze", entspricht ⟵—— in der Simon-Newell Schreibweise.

Kapitel 12: Einige neuere Tendenzen beim Begriffslernen

12.1. Natürliche versus artifizielle Begriffe

In den meisten Begriffsbildungsexperimenten wird orthogonalisiertes Stimulusmaterial verwendet, d.h. alle theoretisch möglichen Kombinationen der Abstufungen der Dimensionen kommen auch tatsächlich als Stimuli vor; Abb. 9.1. macht dies deutlich. Dieses Stimulusmaterial wurde für eine Laborwelt geschaffen mit dem Gedanken, ein vollständig kontrollierbares und relativ kontextfreies Material zu haben, um den "reinen" Denkvorgang analysieren zu können. Diese Vorgehensweise ist sicher vernünftig und nicht anfechtbar. Allerdings muß man zeigen, daß die so isolierten Prozesse auch außerhalb des Labors relevant sind, sonst wären die Ergebnisse doch reichlich uninteressant. Ferner muß man bedenken, daß mit natürlichem Material eben die mehr oder weniger gut ausgeschalteten Prozesse, z.B. soziale Konotationen, wie bei Bruner's Thematisierungsexperiment, eine viel größere Rolle spielen werden. Darüberhinaus können noch weitere Aspekte hinzutreten, die im Labor keine Bedeutung haben.

Nicht zuletzt aus solchen Überlegungen heraus ist man in den letzten Jahren verstärkt dazu übergegangen, das Kategorisierungsverhalten von Menschen bei "natürlichen" Kategorien zu untersuchen. Unter einer natürlichen Kategorie ist einfach ein Begriff der Alltagssprache zu verstehen, wie Baum oder Möbel oder Gemüse etc.

An einem überzeugenden Beispiel machen Mervis und Rosch (1981) deutlich, daß natürliche Kategorien offenbar nicht auf einer Orthogonalisierung beruhen. Sie betrachten einige Aspekte, die gewöhnlich für die Klassifikation von Tieren herangezogen werden: Äußere Hülle (Haut, Federn), orale Öffnung (Mund, Schnabel) und primäre Art der Fortbewegung (Gehen, Fliegen). Orthogonalisiert man diese Dimensionen und ihre Ausprägungen, so entstehen die folgenden $2^3 = 8$ Tierklassen:

(1) Tiere mit Fell und Mund, die gehen
(2) Tiere mit Fell und Mund, die fliegen
(3) Tiere mit Fell und Schnabel, die gehen
(4) Tiere mit Fell und Schnabel, die fliegen
(5) Tiere mit Federn und Mund, die gehen
(6) Tiere mit Federn und Mund, die fliegen

(7) Tiere mit Federn und Schnabel, die gehen
(8) Tiere mit Federn und Schnabel, die fliegen.

In einem üblichen Begriffsbildungsexperiment wären Elemente dieser Kategorien gleich häufig. Man muß aber wohl kein Biologe sein um festzustellen, daß die meisten Tiere, die obige Merkmalskombinationen aufweisen, entweder vom Typ (1) sind, d.h. Säugetiere, oder vom Typ (8), d.h. Vögel. Die Natur realisiert offenbar keine orthogonalen Versuchspläne, die Mermale sind nicht unabhängig, sondern vielmehr in der Regel korreliert, abhängig. Diese offenbare Tatsache war die Grundlage für das Modell von Brunswick (1940, 1943).

Es stellt sich also die Frage, wie Personen natürliche Objekte oder Entitäten kategorisieren, d.h. Begriffen zuordnen. So kann man fragen, ob ein Apfel als Obst oder als Gemüse kategorisiert wird. Ist aber eine Tomate ein Gemüse oder ein Obst? Ist ein Teppich ein Möbelstück oder nicht? Wie gehen Personen bei solchen Problemen vor, von welchen Prinzipien lassen sie sich leiten? Gibt es grundsätzliche Unterschiede zu den Ergebnissen aus dem psychologischen Laboratorium?

12.2. Welcher Natur sind natürliche Begriffe oder Kategorien?

Bei den experimentellen Versuchsplänen, wie sie prototypisch von Bruner et al. verwendet werden, werden zwei Kategorien definiert, eine Teilmenge X von Stimuli, die den Begriff erfüllen, und die komplementäre Teilmenge $\overline{X}$ von Stimuli, die den Begriff nicht erfüllen. Nach dem Prinzip des tertium non datur kann für jeden einzelnen Stimulus eindeutig bestimmt werden, ob er zu X oder zu $\overline{X}$ gehört, den Begriff erfüllt oder nicht erfüllt. Da es sich bei X und $\overline{X}$ um Äquivalenzklassen handelt, erfüllen alle Elemente von X den Begriff, es gibt kein besser oder schlechter, nur Ja oder Nein.

Wie verhält es sich nun bei natürlichen Kategorien? Wie man sich leicht überlegt (und natürlich empirisch zeigen kann), gilt dies für natürliche Kategorien nicht, diese induzieren keine Äquivalenzklassen. Vielmehr sind die Elemente der Kategorien nicht gleich, sondern nach der "Güte" ordnenbar, sie sind mehr oder weniger repräsentativ für die Kategorie, der sie zugeordnet werden. Dieser Sachverhalt klang bereits im obigen Beispiel an: ein Apfel wird bei un als "typisches" Obst angesehen, bei einer Tomate ist es schon schwerer zu entscheiden, ob sie nun als Obst zu betrachten ist (dafür spricht, daß man sie roh und direkt vom Busch essen kann , wie dies für Obst typisch ist), aber auch als Gemüse (man kann sie kochen), oder als Salat (man

kann sie ebensogut mit Essig und Öl anmachen), und - ist Salat ein
Gemüse? Gut, verschiedene Elemente einer Kategorie sind unterschiedlich repräsentativ. Daraus folgt, daß Kategorien offenbar keine absoluten, fest umrissenen Grenzen haben, vielmehr sind die Ränder vague,
"fuzzy" im Sinne der "fuzzy set" Theorie (Zadeh, 1965).
Was aber macht ein Element mehr typisch als ein anderes? Es ist ein
besseres Beispiel für die Kategorie, ein besserer Prototyp, es repräsentiert die Kategorie besser - was aber genau bedeutet dies? Ein
Definitionsversuch basiert auf dem auf Wittgenstein zurückgehenden
Begriff der "Familienähnlichkeit" (family resemblance), die vorläufig
als die Schnittmenge der Elemente zweier Begriffe definiert werden
kann. Je höher die family resemblance, desto größer die Schnittmenge,
desto größer die Zahl gemeinsamer Elemente. Auch gilt, je höher die
Familienähnlichkeit, desto geringer ist die Schittmenge zu anderen
Kategorien. Diese zunächst theoretisch entwickelten Beziehungen konnten inzwischen auch empirisch belegt werden; Rosch und Mervis (1975),
Mervis und Rosch (1975). Somit liegt es nahe, einen direkten Zusammenhang zwischen Familienähnlichkeit und Typizität anzunehmen; eine Tomate ist folglich kein typisches Gemüse (Obst/Salat).

12.3. Sind einige Begriffe grundlegender als andere?

Über den Aspekt der family resemblance hinaus kann man fragen, ob bestimmte Begriffe in einem zu definierenden Sinn "grundlegender" sind
als andere. Begriffe bilden stets eine Hierarchie. So mag es einen
Oberbegriff geben, Möbel, einen Begriff auf mittlerer Ebene, Stuhl,
und schließlich einen Begriff auf unterer Ebene, z.B. Schaukelstuhl,
um willkürlich drei Ebenen zu definieren. Sind die Begriffe auf einer
dieser Ebenen elementarer als die der anderen Ebenen? Operational definiert könnte dies z.B. bedeuten, daß elementare Begriffe früher
oder schneller gelernt werden, oder daß sie (inter- und intraindividuell) schneller und eindeutiger klassifiziert werden können. Begriffe
einer solchen Ebene werden als "basic level" bezeichnet; man könnte
sie als Elementarbegriffe kennzeichnen.

Eine Fülle empirischer Untersuchungen, Rosch (1975) berichtet alleine
neun davon, zeigt ganz eindeutig, daß es einen basic level gibt, eine Ebene der Elementarbegriffe; in unserem Beispiel ist es die mittlere Ebene. Welche - allgemein zu definierenden - Merkmale machen aber
eine Begriffsebene zu einer Elementarebene? Es wurden verschiedene
konstituierende Merkmale genannt, die sich nicht ausschließen müssen:

- Elementarbegriffe könnten eine "gute Gestalt" aufweisen, d.h. ganzheitlich erfaßt werden;
- ein einziges mentales Bild mag eine ganze Klasse kennzeichnen;
- grundlegende Kategorien werden als erste gelernt;
- in AMESLAN (American Sign Language) werden basic level Kategorien durchwegs mit einfachen Zeichen, andere Kategorien aber mit Zeichenfolgen dargestellt (siehe Mervis und Rosch, 1981, S. 92f., für Literaturhinweise).

Zusammenfassend kann man sagen, daß basic level Kategorien durchwegs identifiziert werden können, und daß es Anhaltspunkte dafür gibt, welche Prinzipien heranzuziehen sind, z.B. daß der Informationswert eines Attributclusters maximiert wird, oder daß ein Maximum der Ähnlichkeiten innerhalb einer Kategorie zu den Ähnlichkeiten zwischen Kategorien gebildet wird. Von diesen Prinzipien wird angenommen, daß sie allgemeingültig sind, was aber nicht besagt, daß bei verschiedenen Gegenstandsbereichen z.B. immer die mittlere Kategorie die grundlegende ist. Auch kann es Unterschiede zwischen Personen geben, etwa aufgrund unterschiedlicher Erfahrung/Wissen über einen Gegenstandsbereich (Dougherty, 1978).

Bei der basic level Kategorisierung scheint es sich um einen sehr grundlegenden Prozeß zu handeln, um einen Primärprozeß im Sinne von Flavell (1977): Obwohl man bislang angenommen hat, daß Kinder erst im Alter von fünf bis sieben Jahren in der Lage sind, Klassifikationen vorzunehmen (wenn sie, nach Piaget, das Stadium der "konkreten Operationen" erreicht haben; siehe Anhang 1), gibt es Anhaltspunkte dafür, daß Elementarbegriffe bereits im zarten Alter von 12 Monaten gelernt werden können; Ross (1977), Strauss (1979). Ähnliche Ergebnisse werden auch in anderen Untersuchungen berichtet, dabei waren die Kinder z.T. noch jünger. Es liegt nahe, eine genetische Bedingtheit anzunehmen, bestimmte Funktionen sind stärker genetisch "vorbereitet" (im Sinne der hypothetischen Dimension des "preparedness" nach Seligman, 1970), als Anpassung des Organismus auf die Anforderungen der Umwelt.

12.4. <u>Sind Begriffe holistische Entitäten, oder können sie in Elemente dekomponiert werden?</u>

Bezüglich dieser Frage ist wohl eine atomisierende Richtung vorherrschend, die eine Dekomponierbarkeit annimmt. So hat sich bei Theorien über die sensorische Klassifikation (pattern recognition) empirisch gezeigt, daß Modelle, die auf Merkmalsanalysen beruhen, holistischen Modellen gegenüber besser abschnitten. Es ist aber nicht auszuschließen, daß bestimmte Stimuli auch, oder vorwiegend, ganzheitlich dargestellt werden, z.B. Gesichter, wobei auch interindividuelle Unterschiede nicht auszuschließen sind.

Eine weitere offene Frage betrifft die Art der mentalen Repräsentation. Eine Darstellungsart wurde früher ausführlich diskutiert, nämlich die Darstellung eines Elementes als Punkt in einem mehrdimensionalen Ähnlichkeitsraum; Rumelhart und Abrahamson (1973). Viele andere Darstellungen sind möglich, z.B. als hierarchisches Netzwerk (Winston, 1975), oder als lexikalische Dekomponierung, wie dies in der Linguistik beschrieben wird (Fodor, 1970; Fodor et al., 1980).

Diese Aspekte führen weiter zu Überlegungen, wie die Elemente untereinander in Beziehung stehen: wie werden die dekomponierten Elemente rekomponiert - die in ihnen enthaltene Information aggregiert, um zu einem Urteil bezüglich der Zugehörigkeit zu einer Kategorie zu kommen (bei neuen Beispielen etwa, "ist eine Avocado ein Obst oder ein Gemüse"?). Wie erfolgt diese mentale Integration von Elementen? Sind dies eher global beschreibbare Operationen wie Addieren oder Mitteln, wie dies in der Theorie des funktionalen Messens (Anderson, 1974) angenommen wird? Oder handelt es sich um Transformationen von Ähnlichkeiten, oder werden Wahrscheinlichkeiten auf einer für Wahrscheinlichkeiten angemessenen Art und Weise verarbeitet, wie es insbesondere das Bayes Modell der probabilistischen Informationsverarbeitung spezifiziert (Schaefer, 1985)? Man sieht, es sind noch sehr, sehr viele Fragen offen - die erst durch die neue Forschungsrichtung eröffnet wurden.

12.5. Über die Natur der Attribute

Attribute sind diejenigen Merkmale, aufgrund derer klassifiziert wird. Diese Merkmale können natürlich sehr verschiedenartig sein, z.B. Unterschiede in Größe, Gewicht, Farbe, Form etc. Offen ist aber, was genau genommen unter einem "Attribut" zu verstehen ist. Es gibt zwei rivalisierende Sichtweisen. Zum einen kann ein Attribut als "feature" verstanden werden, als eine eher qualitativ gegebene Einheit, die nicht für jedes Objekt relevant sein muß, zum anderen als Dimension, was eher als quantitative Abstufung zu verstehen ist. Dabei kann man, in Anlehnung an die Skalierungstheorie, von metrischen wie von nichtmetrischen (sprich ordinalen) Abstufungen ausgehen. Die Skalierung der der Ähnlichkeiten von Tieren, und deren Darstellung in einem mehrdimensionalen Raum, ist ein Beispiel für eine nicht-metrische Skalierung; Henley (1969). Ob diese Unterscheidungen für eine gute Theorie allerdings notwendig sind, kann noch nicht abgeschätzt werden. Einige theoretische Ansätze, wie etwa der Bayes-Ansatz, können beide Darstellungen unter einem theoretischen Dach vereinigen.

Ähnlich wie Kategorien (Begriffe) kann man auch Attribute weiter aufteilen. Dies nimmt nicht Wunder, da Attribute aus anderer Perspektive gesehen ebensogut als Kategorien angesehen werden können. "Farbe" kann ein Attribut sein, ein Merkmal des Objektes "Tomate", das es zu klassifizieren gilt. Andererseits kann Farbe auch der Begriff sein, in den zu klassifizieren ist: ist ein bestimmter Stimulus Rot oder Violett? Mit Garner (1974) kann man trennbare und integrale Attribute unterscheiden. Bei trennbaren Attributen, wie es z.B. Form und Größe sind, werden Attributkombinationen in Abhängigkeit von den Ausprägungen der einzelnen Attribute gesehen (großer Kreis, kleines Dreieck). Danach wird die Ähnlichkeit zwischen Entitäten in Bezug auf die Ausprägung der Attribute beurteilt, wie dies im Rumelhart-Abrahamson Modell der Fall ist. Bei integralen, ganzheitlichen Attributen hingegen bewirkt die Veränderung eines Attributes (z.B. der Farbe), daß der ganze Stimulus als qualitativ verschiedenartig empfungen wird. Ähnlichkeitsbeziehungen zwischen Stimuli müßten folglich holistisch beurteilt werden.

12.6. Schlußbemerkung

Überlegungen zur Kategorisierung natürlicher Objekte/Entitäten führen weg von einer Darstellung des Denkens im "engeren" Sinn, hin zu Fragen, die sich mit der Art und Weise der Repräsentation von Inhalten befassen. Da es sich bei den Inhalten um Elemente der Sprache handelt, treten Probleme des Sprachgebrauchs und Spracherwerbs stärker in den Vordergrund, ebenso Fragen nach der Struktur des (semantischen) Gedächtnisses. Für Hinweise in diese Richtung sei z.B. auf Wickelgren (1981) verwiesen.

12.7. Weitere Lektüre

In den letzten Jahren sind eine Reihe vorzüglicher zusammenfassender Darstellungen zum Thema "Kategorisierung natürlicher Objekte" erschienen, so Mervis und Rosch (1981), Smith und Medin (1981), sowie Medin und Smith (1984).

TEIL IV: THEORETISCHER TEIL

Kapitel 13: Prinzipien und Strategien beim Problemlösen und Begriffslernen

13.1. Methoden: Algorithmen und Heuristiken

Man unterscheidet zwei grundlegend verschiedene Arten von Regeln, Prinzipien, Strategien bei der Informationsverarbeitung - erfolgt diese nun in Form von "Denken" beim Menschen, oder in Form von "Programmen" beim Computer: Algorithmen und Heuristiken.

13.1.1. Algorithmen

Unter einem Algorithmus versteht man eine formalisierte Regel, die sich als geordnete Sequenz von Operationen darstellen läßt. Die Anwendung eines Algorithmus führt bei gleichen Eingangsinformationen stets zum gleichen Ergebnis. Man kann sich einen Algorithmus als ein vollständig mechanisiertes Lösungsverfahren vorstellen, das eine Lösung in einer endlichen Anzahl von Schritten findet.

Der Begriff "Algorithmus" leitet sich von dem arabischen Mathematiker Al Chwarismi her, dessen um 820 erschienenes Rechenbuch in der lateinischen Übertragung mit "Dixit Algorizmi..." begann. Algorithmen spielen verständlicherweise vor allem in der Mathematik eine große Rolle. Beispiele, die jedem geläufig sind, ist der Algorithmus "Division" oder "Multiplikation". In der Schule hat man ferner wohl den Algorithmus für "Quadratwurzelziehen" oder den Euklid'schen Algorithmus zur Bestimmung des kleinsten gemeinsamen Teilers zweier ganzer, rationaler Zahlen, oder den Gauß'schen Algorithmus zur Auflösung linearer Gleichungssysteme gelernt.

Von besonderem Interesse sind "effiziente" Algorithmen, die, lose formuliert, möglichst einfach sind und stets die Lösung einer Problemklasse garantieren. Es gibt Probleme,
- für die ein (effizienter) Algorithmus bekannt ist, s.o.
- für die ein Algorithmus bekannt ist, der aber nicht durchgeführt

werden kann; als Beispiel Schach: der Algorithmus erfordert einen
nicht leistbaren Rechen- und Gedächtnisaufwand; Miller et al. (1960,
S. 160);
- für die gezeigt werden kann, daß kein Algorithmus existiert - Gegenstand der mathematischen Disziplin "Berechenbarkeitstheorie" (z.B. Davis, 1965).

Welche Bedeutung haben Algorithmen für Denkprozesse? Wenn eine Person z.B. lineare Gleichungssysteme löst und den Gauß'schen Algorithmus kennt und beherrscht, so wendet sie eine fest vorgegebene Sequenz von Operationen an. Unter den gegebenen Bedingungen erfolgt die Durchführung einigermaßen schematisch und ohne besonderes Nachdenken, so daß man nicht eigentlich von "Denken" in dem hier verwendeten Sinn sprechen kann. Ganz anders stellt sich natürlich die Lage dar, wenn der Algorithmus nicht bekannt ist, erst entwickelt werden muß, oder wenn das Problem nicht algorithmierbar ist (schlaue Informatiker können wohl zeigen, daß es mehr Probleme als Algorithmen gibt). Dann muß der Problemlöser auf andere Verfahren zurückgreifen, die man summarisch "Heuristiken" nennt.

13.1.2. Heuristiken

Unter Heuristik oder heuristischem Lösungsverfahren versteht man solche Vorgehensweisen, die "unsystematisch, aber clever" sind (Miller et al., 1960). Heuristiken oder Heurismen, wie auch einige sagen, sind sozusagen "Daumenregeln" (rules of thumb), die in vielen oder gar den meisten Fällen zum gewünschten Ergebnis führen, gelegentlich aber auch zu keiner Lösung, oder zu einer falschen. Heuristische Vorgehensweisen spielen eine bedeutende Rolle bei der Beschreibung von menschlichem Denk- und Urteilsverhalten, sie spielen aber auch, vielleicht überrascht dies, eine wichtige Rolle in der "künstlichen Intelligenz" (siehe Anhang 3).

Algorithmen und Heuristiken sind aber nicht (immer) als absolute Gegensätze anzusehen, vielmehr stehen sie oft in einem Austauschverhältnis nis zueinander: Es handelt sich dabei um einen Genauigkeits-Aufwand trade-off - man kann entweder eine festgelegte Reihenfolge von Regeln anwenden, was aber oft langwierig und teuer ist, oder aber heuristische Prinzipien anwenden, was schnell und billig sein kann; s.u. unter den Beispielen zur Induktion.

Historisch läßt sich die Beschäftigung auf Heuristiken vor allem auf die Arbeiten des Psychologen Duncker (1935, 1945) und des Mathematikers Polyá (1945) zurückverfolgen. Polyá interessierte sich dafür, wie Mathematiker bei der Beweisführung tatsächlich vorgehen, um die daraus gewonnenen Erkenntnisse didaktisch nutzbar zu machen. Als jemand, der selbst mathematisch arbeitete, erkannte er, daß die veröffentlichten Beweise keineswegs dem entsprachen, wie Mathematiker bei der Konstruktion des Beweises tatsächlich vorgehen. Wie beim Problemlösen ganz generell, so ist auch beim Lösen mathematischer Probleme der Weg von der Aufgabenstellung bis zum abgeschlossenen Beweis nicht gradlinig. Mathematiker haben keineswegs stets die geeignete Strategie zur Hand, vielmehr verwenden sie allerlei Hilfsvorstellungen. So kann man versuchen, das Problem ,eventuell aufgrund einer "geratenen" Lösung, von hinten aufzurollen etc. - eben heuristische Verfahren anzuwenden. Ist die Lösung dann nach einigem Versuch-und-Irrtum gefunden, wird alles "elegant" aufgeschrieben, möglichst in wenigen Zeilen, bei größtmöglicher Allgemeinheit. Aus den wenigen eleganten Zeilen läßt sich der mühsame Prozeß des Problemlösens dann wahrlich nicht mehr rekonstruieren - eine Erfahrung, die jeder macht, der versucht hat, Beweise selbst durchzuführen.

Die von Polyá, später auch von Moles (1957) u.a. entwickelten heuristischen Verfahren wurden in der Informationsverarbeitung, sei dies innerhalb der Psychologie oder der künstlichen Intelligenz, zu wesentlichen Stützpfeilern von Theorie und Anwendung. Betrachtet man Heuristiken als psychologische Beschreibungskategorien, so kann man auf zweierlei Art vorgehen. Zum einen kann man, ähnlich wie dies Bruner et al. machen, am "grünen Tisch" Heuristiken entwickeln und dann nachsehen, ob Personen diese tatsächlich verwenden, unter welchen Bedingungen sie dies tun etc. Zum anderen kann man versuchen, aus den Verhaltensdaten heuristische Prinzipien herauszudestillieren, Prinzipien, von denen sich die Personen offenbar haben leiten lassen (auch wenn sie dies nicht verbalisieren konnten).

Heuristische Prinzipien beim Schach. Das Schachspiel ist ein besonders ergiebiger Untersuchungsgegenstand beim Problemlösen, da es von einigen Menschen ganz offensichtlich sehr gut beherrscht wird, es aber nicht algorithmierbar ist. Wie gehen Personen vor, wenn sie Schach spielen, von welchen Prinzipien lassen sie sich leiten? Eine umfangreiche und tiefgehende Analyse wurde von A. de Groot (1965) vorgenommen. Diese Arbeit entstand schon zur Zeit des Zweiten Weltkrieges, wurde aber erst später einer größeren Fachöffentlichkeit bekannt. Seine Überlegungen wurden später von mehreren Forschern wieder aufgenommen, besonders wieder von Newell und Simon (1972, Kap. 11).

Einige heuristische Prinzipien beim Schach sind die folgenden:
- höchste Priorität sollen Züge haben, bei denen der König mit zwei oder mehr Figuren gleichzeitig angegriffen wird;
- dazu verwende man die höchstwertige Figur;
- Priorität sollen solche Züge haben, die dem Gegner die geringste Zahl von Erwiderungen offen lassen;
- man gebe solchen Zügen Vorrang, die einen neuen Angreifer ins Spiel bringen;
- man gebe solchen Zügen Vorrang, die den gegnerischen König möglichst weit von seiner Ausgangsposition vertreiben u.v.a.

Aber auch derjenige Spieler, der mit diesen und weiteren klugen Prinzipien heuristischen Vorgehens gut gerüstet ist, braucht noch sehr viel Übung und Training, bis er ein guter oder gar hervorragender Schachspieler ist. Lindsay und Norman (1977) schätzen nach der Durchsicht verschiedener Berichte, daß zwischen 1.000 und 5.000 Stunden Training erforderlich sind, um irgendetwas meisterlich zu können, sei es nun Schach, Tennis oder Psychologie.

Schwieriger zu beantworten ist die Frage, warum es so lange dauert, was muß man eigentlich lernen? Von herausragender Bedeutung scheint zu sein, daß man in der Lage sein muß, Informationen in sinnvolle Einheiten zu kodieren. Auch der Schachgroßmeister verfügt über keine einzigartigen mentalen Fähigkeiten, nur kann er bedeutsame Konfigurationen erkennen und speichern. Experimente haben gezeigt, daß auch hervorragende Schachspieler Zufallskonstellationen auf dem Brett nicht besser memorieren als "normale" Menschen.

Es ist unmittelbar einsichtig, daß miteinander nicht verbundene Einheiten viel schwerer zu erinnern sind, als sinnvolles Material - die Kunst besteht darin, Kategorien für "Sinn" zu definieren, was ja auch eine Art der Begriffsbildung darstellt. Die meisten Menschen können nicht mehr als maximal zehn Buchstaben einer willkürlichen Liste nach einmaligem Vorsagen erinnern, z.B.

  PGCSSEONIR ,

während das Wort

  PROCESSING

kaum Schwierigkeiten machen dürfte.

Eine andere Schwierigkeit, wie sie bei vielen Problemen auftritt, z.B. bei der Geheimalgebra, ist die begrenzte Speicherkapazität des Kurz-

zeitgedächtnis. Zwei Möglichkeiten zur Überwindung dieser Limitation
unserer "hardware" fallen einem ein,

(1) Schaffen von externen Hilfen, angefangen von Papier und Bleistift bis hin zur Verwendung elektronischer Rechenanlagen;
(2) Bereitstellen von Strukturen im Langzeitgedächtnis, die es gestatten, vorgegebene Informationen sinnvoll zu bündeln, von unwesentlichem zu abstrahieren, um wesentliches behalten zu können.

Um Informationen effektiv aufnehmen und verwerten zu können, ist ein Gerüst an geordnetem Wissen erforderlich, oder doch zumindest sehr hilfreich: so besteht ein großer Teil der Schwierigkeiten, die in einer Vorlesung verabreichten Informationen aufzunehmen gerade darin, daß keine kognitive Struktur vorhanden ist, die es gestatten würde, die Informationen entsprechend zu kodieren und zu bündeln ("chunking). Die kognitive Struktur selbst kann nur ungenügend vermittelt werden, sie muß erst geschaffen werden, was meist ein langwieriger Prozeß ist.

13.2. Heuristische Strategien bei Denkprozessen

Beim Denken, z.B. dem Lösen von Problemen, dem Finden von Begriffen, wenden Menschen sicher verschiedene heuristische Methoden an. Einige dieser Heuristiken sollen nunmehr anhand von Beispielen dargestellt werden. Von heuristischer Strategie soll gesprochen werden, wenn ein heuristisches Prinzip wiederholt und konsequent angewendet wird, wobei natürlich auch Mischungen verschiedener Heuristiken zulässig sind. Der letzte Teil dieses Kapitels ist sicher ebenso eine Einführung in Denkmethoden, wie Einführung in die Denkpsychologie, sozusagen präskriptiv wie deskriptiv.

13.2.1. Backward Search

Wie zuvor schon erwähnt und später ausführlicher darzustellen, kann Problemlösen als Prozeß der Suche im Problemraum gekennzeichnet werden. Dabei wird man meist direkt von der Aufgabenstellung ausgehend das Problem "von vorne" bearbeiten, indem man Operatoren auf Wissenszustände anwendet und diese in Richtung auf das Ziel transformiert. Bei einigen Problemen ist es willkürlich, was man als "hinten" oder "vorne" ansieht. So wurden bei DONALD + GERALD die Spalten von rechts nach links nummeriert. Aufgabeninduziert fangen die meisten Probanden beim letzten D an. Es gibt aber Typen von Aufgaben, die man besser von hinten her aufrollt, bzw. die sich nur auf diese Art und Weise lösen lassen. Dazu zwei Beispiele.

Beispiel 1: Das Rätsel-Rätsel (Restle, 1969)

Beantworten Sie bitte die folgende Frage:

"If the puzzle you solved before you solved this one was harder than the puzzle you solved after you solved the puzzle you solved before you solved this one, was the puzzle you solved before you solved this one harder than this one?"

Die Zielsetzung ist ganz klar, Beantwortung der im letzten Teilsatz zum Ausdruck kommenden Frage. Nicht klar ist hingegen, wie man diese Frage beantworten kann. Dazu ist es erforderlich, den Satz zu "verstehen". Was heißt hier aber verstehen? Die Wörter sind einfach und in ihrer Bedeutung nicht ambivalent, was offenbar zunächst nicht klar zutage tritt, ist die grammatikalische Struktur des Lindwurmsatzes. Irgendwie muß der Satz in Komponenten aufgegliedert werden - ebenfalls ein heuristisches Prinzip - um dann von hinten nach vorne erkundet zu werden.

Der Einfachheit halber die Frage in deutscher Übersetzung:

"Wenn das Rätsel, das Du vor diesem Rätsel gelöst hast, schwerer war als das Rätsel, das Du gelöst hast, nachdem Du das Rätsel gelöst hast, das Du gelöst hast, bevor Du dieses gelöst hast: war das Rätsel, das Du gelöst hast, bevor Du dieses Rätsel gelöst hast, schwerer als dieses Rätsel?"

Als erstes Teilziel soll versucht werden, den letzten Teil des Satzes zu verstehen. Dazu wenden wir wieder einen heuristischen "Trick" an, wir nehmen eine Transformation dergestalt vor, daß wir den Ausdruck "dieses Rätsel" durch "Rätsel A" ersetzen; also Transformation T1:

T1: dieses Rätsel = Rätsel A

Diese Transformation wird in den Satz eingesetzt:

Wenn das Rätsel, das Du gelöst hast, bevor Du Rätsel A gelöst hast, schwerer war als das Rätsel, das Du gelöst hast, nachdem Du das Rätsel gelöst hast, das Du gelöst hast, bevor Du Rätsel A gelöst hast: war das Rätsel, das Du vor Rätsel A gelöst hast, schwerer als Rätsel A?

Dann eine weitere Transformation

T2: Rätsel, das Du gelöst hast, bevor Du Rätsel A gelöst hast = Rätsel B:

Wenn Rätsel B schwerer war als das Rätsel, das Du gelöst hast, nachdem Du Rätsel B gelöst hast: war Rätsel B schwerer als Rätsel A?

Es bleibt ein nicht interpretierter Satzteil übrig: das Rätsel, das Du gelöst hast, nachdem Du Rätsel B gelöst hast. Aufgrund der vorgenommenen Transformation ist das Rätsel, das vor Rätsel A gelöst wurde, genau Rätsel B. Kehrt man diese Transformation um, so muß das Rätsel, das Rätsel B nachfolgt, Rätsel A sein; daher:

T3: das Rätsel, das Du gelöst hast, nachdem Du Rätsel B gelöst hast
= Rätsel A:

Wenn Rätsel B schwerer war als Rätsel A, war Rätsel B schwerer als Rätsel A?

Damit ist die Antwort trivial.

Wie dies auch bei vielen mathematischen Problemen der Fall ist, so gilt es auch bei unserem Beispiel, aus der großen Menge möglicher Transformationen die geeigneten, d.h. zielführenden auszuwählen,und diese auf die Ausgangssituation anzuwenden: nach Auswahl und Anwendung der Regeln ist die Lösung, ist der Beweis oft trivial.

Beispiel 2: Spielgewinn und Ausgangskapital (Wickelgren, 1974)

Drei Personen spielen ein Spiel, bei dem in jeder Runde eine Person verliert, die beiden anderen gewinnen. Der Verlierer muß jedem Gewinner dessen derzeitiges Spielkapital verdoppeln. Es werden drei Spiele gespielt, jeder Spieler hat einmal verloren. Am Ende der dritten Runde hat jeder Spieler ein Guthaben von DM 8.- . Mit welchem Einsatz haben die Spieler begonnen?

Dieses Problem kann nur von hinten gelöst werden. Es sei der Spieler, der zuerst verlor, mit S1 bezeichnet, der dann verlor mit S2, und derjenige schließlich, der zuletzt verlor, mit S3.

Überlegung: Am Ende von Spiel 2 mußten S1 und S2 je DM 4.- gehabt haben, da ihr Kapital verdoppelt wurde und sie mit DM 8.- aufhörten. S3 hat also DM 8.- bezahlt; da er mit DM 8.- aufhörte, muß er am Ende von Spiel 2 DM 16.- gehabt haben.

Am Ende von Spiel 2 hatte S2 DM 4.-, er mußte S1, der zu diesem Zeitpunkt ebenfalls DM 4.- hatte, DM 2.- gezahlt haben, und S3, der DM 16.- hatte, DM 8.- . Also hatte S2 am Ende von Spiel 1 DM 8.- plus DM 2.- plus DM 4.- (eigenes Kapital) = DM 14.- .S1 hatte zu diesem Zeitpunkt DM 2.-, S3 DM 8.- .

S1 verlor als erster. Er mußte folglich S2 DM 7.- und S3 DM 4.- zahlen, zusammen DM 11.- . Da er am Ende von Spiel 1 noch DM 2.- hatte, muß er zu Beginn über DM 13.- verfügt haben, S2 über DM 7.-

und S3 über DM 4.-.

In der folgenden Tabelle sind die Züge zusammengefaßt:

Kapitalstand	S1	S2	S3
Ende von Spiel 3	8.-	8.-	8.-
Ende von Spiel 2	4.-	4.-	16.-
Ende von Spiel 1	2.-	14.-	8.-
Zu Beginn	13.-	7.-	4.-

Das Problem ist nur lösbar, wenn alle Spieler mit dem gleichen Betrag aufhören, da sonst die Reihenfolge, mit der die Spieler gewinnen und verlieren, eine Rolle spielt. Die Rückwärtsstrategie greift hier besonders gut, weil der Zielzustand vollständig spezifiziert ist, der Anfangszustand hingegen völlig offen ist. Um den Anfangszustand zu rekonstruieren, muß man vom Endzustand ausgehend die zulässigen Operationen anwenden, wobei diese entsprechend transformiert werden mußten, aus Verdoppeln wurde Halbieren. Weitere Aufgaben, die mit backward search gelöst werden können, findet man in Wickelgren (1974, Kap. 8).

13.2.2. Dekomponieren in Teilziele

Bei Problemen, die einen großen Suchraum aufspannen, ist es oft ratsam, die Aufgabe aufzugliedern, indem man sich Teilziele setzt. Daß dies eine sehr wirksame Methode zur Reduktion des Suchraumes ist, demonstriert uns Wickelgren anhand eines Beispiels:

Angenommen, an jedem Knoten des Zustand-Handlungsbaumes (vergl. Abb. 3.1.) gäbe es m Verzweigungen, insgesamt habe der Baum n Ebenen. Wenn es gelingt, ein Teilziel derart zu bestimmen, daß dieses auf halbem Weg auf dem Lösungsweg liegt, so ist die Aufgabe in zwei Hälften zerlegt: Es gibt $m^{n/2}$ Wege von der Startposition zum Teilziel, und die gleiche Anzahl von Wegen vom Teilziel zum Ziel, der Lösung. Somit ist bei einem Teilziel die Gesamtzahl der zu untersuchenden Lösungssequenzen gleich $2m^{n/2}$, wobei jede Sequenz die Länge n/2 hat, während das Ursprungsproblem ohne Teilziel m^n Handlungssequenzen der Länge n aufweist.

Eine Vorstellung über die Größenordnung der so erreichbaren Reduktion des Suchraumes gewinnt man, indem man ein Zahlenbeispiel durchgeht.

Es sei m=n=10; dann ist $m^n = 10^{10}$, aber $2m^{n/2} = 2 \times 10^5$ - der Suchraum wurde um 50.000 Sequenzen reduziert! Folglich ist die Suche nach einem Teilziel auch dann noch ratsam, wenn es nicht mit Sicherheit erreicht werden kann, sondern nur mit einer bestimmten Wahrscheinlichkeit, etwa P=0.1 oder 0.01 - auch dann wird im Erwartungswert eine erhebliche Reduktion der Größe des Suchraumes erreicht.

Natürlich sind nicht alle Probleme so geschaffen, daß ein oder mehrere Teilziele sinnvoll zu definieren sind. Nach Wickelgren ist dies insbesonders bei solchen Problemen möglich, deren Lösung aufgrund von "Einsicht" zustande kommt. Er nennt u.a. die folgenden Fälle:

- Probleme, bei denen die Komponenten des Problems auf eine ganz bestimmte Art und Weise repräsentiert werden müssen; oder
- Probleme, bei denen die Givens, die Eingangsinformationen unklar oder mehrdeutig sind und die richtige Interpretation erst gefunden werden muß.

Nun einige Beispiele zur Illustration der Teilziel-Methode.

Beispiel 1: Flußüberquerung (Wickelgren, 1974)

Neun Männer und zwei Jungen wollen einen Fluß überqueren. Dazu steht ihnen ein Boot zur Verfügung, das entweder einen Mann oder zwei Jungen tragen kann. Wie oft muß das Boot den Fluß überqueren, um alle Personen überzusetzen?

Der Leser sei aufgefordert, die Lösung zu versuchen.

Nun, bei diesem Problem liegt die Setzung eines Teilziels nahe: wieviele Überquerungen benötigt man, um einen Mann überzusetzen? Es gibt nur eine Möglichkeit: erst setzen beide Jungen über (1), dann fährt ein Junge zurück (2), dann setzt ein Mann über (3), und schließlich fährt der Junge, der noch am anderen Ufer ist, wieder mit dem Boot zurück (4). Jetzt ist ein Mann am gegenüberliegenden Ufer, acht Männer und die beiden Jungen befinden sich am Ausgangsufer.

Mit der Erreichung des Teilziels ist das Problem im Prinzip gelöst, da die weitere Vorgehensweise nur eine Wiederholung der ersten Übersetzung ist, d.h. um die acht Männer überzusetzen sind noch weitere 4x4=32 Überfahrten nötig, plus der bereits erfolgten vier, dann müssen noch die beiden Jungen ans andere Ufer, macht zusammen 37 Flußüberquerungen.

Beispiel 2: Teilung der goldenen Kette (Wickelgren, 1974)

Wanda, die Hexe, und Gaspar, der Geist, einigen sich auf einen Deal: Gaspar bekommt von Wanda einen ihrer verhexten Besenstiele, Gaspar gibt Wanda eine seiner goldenen Ketten. Da Gaspar aber so seine Bedenken bezüglich der Zauberkraft des Besenstiels hat, will er Wanda jeden Tag nur ein Glied der Kette geben. Die Kette hat 60 zusammenhängende Glieder, und zusätzlich gibt es noch drei einzelne Glieder; insgesamt also 63. Wanda willigt ein, bedingt sich aber ihrerseits aus, daß die Kette nur an drei Stellen zertrennt werden darf. Ist dies Problem ohne Hexerei lösbar?

Auf den ersten Blick erscheint das Problem wohl nicht lösbar - wie sollte es möglich sein, die Kette mit nur drei Trennungen in 63 Teile zu zerlegen? Dies ist sicher nicht möglich. Zieht man aber als Teilziel die Möglichkeit in Betracht, daß Wanda ja einen Teil n der erhaltenen Glieder gegen n+1 neue zurückgeben kann, so ist doch eine Lösung in Sicht. Wie? Nun, die ersten drei Tage erhält Wanda je eines der einzelnen Glieder. Am vierten Tag erhält sie ein Stück der Länge vier - folglich ist die Restkette nur noch 56 Glieder lang - und gibt die drei einzelnen zurück. Dies geht bis zum siebten Tag, jeden Tag erhält sie eines der einzelnen Glieder. Am achten Tag erhält sie ein Stück der Länge acht und gibt den Rest zurück. Dies war die zweite Teilung, die Restkette hat jetzt noch 48 Glieder. Dies Spielchen wiederholt sich bis zum 16. Tag, an dem Wanda ein Stück der Länge 16 erhält und wieder die zuvor erhaltenen Glieder zurückgibt. Nach der dritten Teilung ist die Restkette noch 32 Glieder lang - und das Problem ist gelöst.

Beispiel 3: Mathematische Induktion (Pavelle et al., 1981)

Ein "mathematische Induktion" genanntes Beweisverfahren kann oft dann eingesetzt werden, wenn zum Beweis eines Satzes die natürlichen Zahlen 1,2,... ins Spiel gebracht werden können. Angenommen der Zielausdruck sei $E(n)$, wobei n eine beliebige natürliche Zahl sein kann. Nunmehr kann man den Beweis, daß $E(n)$ für beliebige n gilt, in zwei Schritte oder Teilziele dekomponieren, 1. man beweist die Aussage für n=1 und 2. man zeigt, daß wenn die Aussage für n-1 gültig ist, sie dann auch für n gelten muß. Da n ja beliebig ist, ist der Beweis allgemein gültig.

Beispiel: Man beweise, daß die Summe der ersten n natürlichen Zahlen gleich $n(n+1)/2$ ist.

Erstes Teilziel: Beweis der Richtigkeit für n=1

(1) Zeige daß $\sum_{i=1}^{n} i = 1 = 1 \cdot \frac{2}{2}$; also wahr für n=1

Zweites Teilziel: Man nehme an, daß die Aussage für n-1 gilt und zeigt dann, daß sie auch für n gilt

(2) $\sum_{i=1}^{n-1} i = \frac{(n-1)n}{2}$.

(3) Um die Summe über n laufen zu lassen, wird zu beiden Seiten n hinzuaddiert, dann läuft die Summe über i=1,2,3,...,n; auf gemeinsamen Nenner gebracht:

$$\sum_{i=1}^{n} i = \frac{(n-1)n + 2n}{2} \quad ;$$

(4) Faktorisiert und ausgerechnet

$$\sum_{i=1}^{n} = \frac{n(n+1)}{2} \qquad Q.E.D.$$

Die Bestimmung der Summe der ersten n natürlichen Zahlen ist ein schönes Beispiel dafür, wie man ein Problem auf sehr verschiedene Art und Weise lösen kann. Eine Möglichkeit haben wir soeben kennengelernt, die Führung eines mathematischen Induktionsbeweises. Angenommen, n=100 , dann ist 100(101)/2 = 5.050.

Zweite Möglichkeit: Zahlen prügeln

```
   1 +    2 =    3
   3 +    3 =    6
   6 +    4 =   10
  10 +    5 =   15
    .    .    .
    .    .    .
4851 +   99 = 4950
4950 +  100 = 5050 .
```

Dies war wohl die Lösung, die dem Lehrer des großen Mathematikers Carl Friedrich Gauß vorschwebte, als er seine Schüler eben diese Summe bilden ließ. Allein Carl Friedrich, der Jung-Siegfried der deutschen Mathematik, durchschaute die beschäftigungstherapeutische Absicht und machte dem ruhesuchenden Lehrer einen Strich durch die Rechnung, indem er das Problem vermittels "Einsicht" löste - im zarten Alter von sieben Jahren. Abbildung 13.1. stellt die Einsicht graphisch dar:

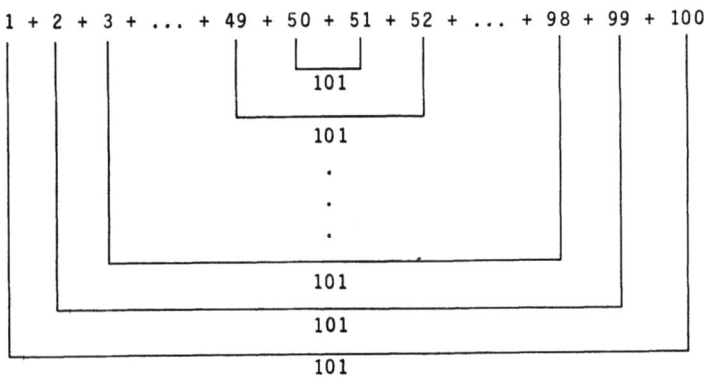

Abbildung 13.1.

"Einsicht" bei der Bildung der Summe der ersten n natürlichen Zahlen

Kurz: 50 x 101 = 5050. Aha! Das war die dritte Möglichkeit, das Problem zu lösen. Wir kommen gleich zur nächsten:

Vierte Möglichkeit: Algebraischer Algorithmus

Es ist ein "bekanntes" Ergebnis, daß die Summe der ersten n natürlichen Zahlen als Polynom zweiten Grades dargestellt werden kann, die Summe der Quadrate der ersten n natürlichen Zahlen als Polynom dritten Grades etc. Wir bleiben bei der Ausgangsfrage, Summe der ersten n natürlichen Zahlen.

Ein Polynom zweiten Grades ist allgemein gegeben mit

$$An^2 + Bn + C .$$

Mittels geeigneter Verfahren (siehe Pavelle et al., 1981) findet man recht leicht die Werte für die Konstanten A, B, C; es ist: A = 1/2,

B = 1/2, C = 0, also

$$1/2 \cdot n^2 + 1/2 \cdot n + 0 = \frac{n(n+1)}{2}.$$

Der algebraische Algorithmus ist sicher das universellste Verfahren, da mit ihm auch die Summen von Quadraten etc. gebildet werden können. Bei der Bildung der Summe der ersten n natürlichen Zahlen führt aber nicht der Algorithmus, sondern die kreative Einsicht am schnellsten zum Ziel. Allerdings ist das Verfahren nicht auf die Bildung von Summen von Quadraten etc. übertragbar. Ausrechnen ohne zu denken ist Kärrnerarbeit. Hat man weder Einsicht noch Algorithmus, so bleibt nichts anderes übrig...

13.3. Einige allgemeine Heuristiken

In ihren Theorien=Programmen zum Simulieren menschlichen Denkens, aber auch in solchen, die eher der künstlichen Intelligenz zuzuordnen sind, haben Ernst, Shaw, Newell, Simon und andere eine Reihe allgemeiner, d.h. für viele Problemstellungen anwendbare Heuristiken definiert und diesen eine operationale Bedeutung gegeben. Dazu einige Beispiele.

13.3.1. Generiere-und-Teste

Die "Generiere-und-Teste" Heuristik ist im Prinzip ganz einfach: Generiere, erzeuge alle Elemente x aus X mit dem Generator G. Dann verwende das Testverfahren T um festzustellen, ob x die Eigenschaft P besitzt. Newell (1973) hat die verschiedenen Aspekte von Generiere-und-Teste in einer Tabelle zusammengefaßt (Anhang 13.1.).

Man sieht, daß sehr exakt definiert werden muß, um das Prinzip operabel zu machen - nur dann kann es auch programmiert und damit ausgeführt werden. Generiere-und-Teste kann auf eigentlich alle induktiven Probleme angewendet werden, wenn also von vorgegebenen Beispielen auf eine Regel oder Gesetzmäßigkeit geschlossen werden muß. Die Identifikation einfacher Konzepte oder die Extrapolation von Buchstaben- oder Zahlenreihen sind Beispiele. Bei einfachen Konzepten, die durch die Relevanz eines Merkmals bestimmt sind, lassen sich leicht alle möglichen Hypothesen aufstellen und überprüfen. Im Prinzip geht das Gregg-Simon-Modell genauso vor: Finde dasjenige x aus X, das das Konzept darstellt. Die einzige Voraussetzung für das System besteht darin, sich die Ergebnisse der einzelnen Tests zu merken. Um der begrenzten Speicherkapazität des menschlichen Gedächtnisses Rechnung zu tragen,

ist in Simulationsprogrammen eine Begrenzung der Speicherkapazität
durch eine angemessene "Vergessensfunktion" erforderlich. Bei großen
Suchräumen ist Generiere-und-Teste allerdings keine besonders erfolgversprechende heuristische Strategie, da es viel zu lange dauern wird,
bis eine Lösung gefunden ist.

13.3.2. Hypothesize-and-Match

Die Hypothesize-and-Match Heuristik ist das Kernstück vieler Problemlösungsprogramme, z.B. des Simon-Kotovsky-Programms (1963) zur Reihenvervollständigung. Das Verfahren ist sehr ähnlich wie Generiere-und-Teste, mit einem, allerdings wesentlichen, zusätzlichen Merkmal, das
die Power des Verfahrens ausmacht. Bei großen Suchräumen ist es unbedingt erforderlich, diesen vermittels geeigneter Maßnahmen zu reduzieren. Dies genau bietet Hypothesize-and-Match: es werden nicht mehr
einzelne Hypothesen - eine nach der anderen - generiert, sondern Repräsentanten (Beispiele, Muster, Exemplars) von Klassen von Hypothesen. Wird das Beispiel widerlegt, so ist die ganze Klasse widerlegt,
setzt man Äquivalenzklassen voraus.

In vielen Problemlösesituationen besteht die Lösung des Problems,
allgemein gesprochen, darin, eine Abbildung h von einem Ausgangsbereich D in einen Wertebereich R zu finden, so daß eine Menge von Beispielen (d,r), mit d ∈ D und r ∈ R, der Abbildung h(d)=r genügen.
Wählen wir als Problembereich etwa die Reihenvervollständigung, z.B.

MABMBCMCDM_ _ _ (finde die Folgeglieder).

Ganz entscheidend ist nunmehr, D und R clever zu definieren. Sei D
die Menge der Teilsequenzen, R die Menge der Elemente; dann hat man
die folgende Abbildung:

⟶ M
M ⟶ A
MA ⟶ B
MAB ⟶ M
.
.
. etc.

Wichtig ist jetzt die Wahl der Klasse der Abbildungen: Diese muß groß
genug sein, daß man hoffen kann, daß die Lösung darin enthalten ist,
andererseits aber auch nicht so groß, daß das ganze Verfahren nicht
mehr handhabbar wird. Dazu Newell (1973, S. 19): "The critical inductive leap is made at that point. Like a magician's trick, once this

is done at the very start, the game is really over. All the rest is show..." In vielen Fällen, wie eben auch bei der Reihenvervollständigung, kann die Klasse der Abbildungen durch eine Regel definiert werden - es ist dies wieder die BNF-Grammatik, deren entscheidendes Vorteil es ja gerade ist, Klassen von symbolischen Ausdrücken zum Gegenstand zu haben.

13.4. Weitere Lektüre

Heuristische Methoden werden ausführlich von Newell (1973) diskutiert, allerdings stärker aus der Perspektive der künstlichen Intelligenz. Ob seiner vielen Beispiele lesenswert ist Wickelgren (1974) "How to solve Problems"; der Autor ist zwar Psychologe, das Buch führt aber weniger in die Denpsychologie als in die Denktheorie ein. Nett ist auch Martin Garner's "aha! Insight" (1978), eine Fundgrube für Denkaufgaben, die sich psychologisch untersuchen ließen. Der Klassiker auf dem Gebiet der Heuristiken ist sicher Polyá (1945). Tversky und Kahneman (1974) beschreiben Heuristiken und Biases, die bei der Beurteilung unsicherer Ereignisse, oder bei Entscheidungen unter Unsicherheit eintreten können.

Anhang 13.1. Die Generiere-und-Teste Heuristik

Gegebene Informationen:
- X ist eine Menge
- G ist Generator für die Menge X
- P ist ein auf X definiertes Prädikat
- T ist ein Test für P
- T ist ein Testverfahren, wenn
  Output (+) impliziert, daß der Output Input ist, und P(Input)
  Output (-) impliziert, daß nicht P(Input)
- G ist Generator, wenn
  Output (+) impliziert, daß der Output in X liegt
  Output (-) impliziert, daß alle Elemente generiert wurden, d.h.
  irgendwann als Output(+) auftraten.
  Input(Start) initiiert die Aktion zur Produktion des nächsten Outputs.

Problem Formulierung:

Finde x so daß x in X liegt und P(x).

Verfahren:

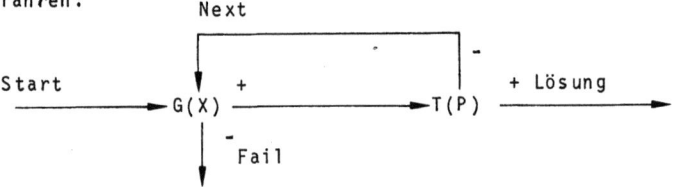

Rechtfertigung:

Zu zeigen: (1) Exit bei Lösung impliziert, daß Problem Statement erfüllt ist.
(2) Exit bei Fail impliziert, daß es kein x in X gibt, so daß P(x).

1. Exit bei Lösung mit x impliziert x = T-Output(+),
   impliziert P(x) und x = T-Input,
   impliziert x = G-Output(+),
   impliziert x in X,
   impliziert (1).
2. Exit bei Fail impliziert niemals T(x) für x = T-Input;
   Exit bei Fail impliziert alle x in X generiert durch G als G-Input(+),
   impliziert alle x in X Input für G,

implizier für kein x in X P(x),
impliziert (2).

Kapitel 14: Elemente einer Informationsverarbeitungs-Theorie des Denkens

Ziel dieses Kapitels ist es, die bereits an verschiedenen Stellen angesprochenen Aspekte von Denken aus der Sicht der Informationsverarbeitung systematisch darzustellen. Die Darlegungen folgen im wesentlichen der Auffassung Herbert A. Simon's, wie sie z.B. in Newell und Simon (1972) oder Simon (1978) zum Ausdruck kommt. Der besseren Lesbarkeit wegen wird es unterlassen, stets von neuem auf diese Arbeiten hinzuweisen.

Zum Geltungsbereich der Theorie. Es wird der Versuch unternommen zu beschreiben, wie intelligente Erwachsene in unserer Kultur wohl-definierte, mittelschwere Probleme symbolischer Natur lösen. Wahrnehmung, motorische Aktivitäten und Persönlichkeitsvariable werden nicht betrachtet. Im Blickpunkt steht performance, also die Leistung, die zu einem bestimmten Zeitpunkt erbracht wird, nicht Lernen oder Entwicklung kognitiver Funktionen.

Zum Wesen der Theorie. Die Theorie beschreibt Verhalten als Interaktion zwischen einem Informationsverarbeitungs-System (dem Problemlöser) und einer Aufgabenwelt, dem Problem, wie es vom Vl gestellt wird. Um das Problem angehen zu können, repräsentiert der Problemlöser die Givens, die Aufgabe wie gestellt, in Form eines Problemraumes. Diese drei Begriffe - Informationsverarbeitungs-System, Aufgabenwelt und Problemraum liefern den theoretischen Bezugsrahmen der Theorie in statu nascendi.

Dabei können vier Aspekte hervorgehoben werden:

(1) Nur wenige Merkmale des Informationsverarbeitungs-Systems sind invariant über Personen und Aufgaben. Das IPS ist ein adaptives System und als solches in der Lage, sich einem breiten Spektrum von Gegebenheiten auf unterschiedliche Art und Weise anzupassen. Die Eigenschaften des IPS setzen weitgefaßte Grenzen in Bezug auf mögliches Verhalten.

(2) Die invarianten Merkmale des IPS legen aber fest, daß die Aufgabenwelt in Form eines Problemraums dargestellt wird, und daß Problemlösen in diesem Problemraum erfolgt.

(3) Die Struktur der Aufgabenwelt bestimmt die möglichen Strukturen des Problemraumes.

(4) Die Struktur des Problemraumes bestimmt die möglichen Programme oder Strategien des Problemlösers.

Diese vier Merkmale nennt Simon (1978, S. 273) die Gesetze der qualitativen Struktur menschlichen Denkens. Wenn man an wissenschaftliche Theorien denkt, so geht man oft von der Vorstellung aus, es handele sich um quantitative Theorien, wie dies z.B. bei der Newton'schen Mechanik oder der Quantentheorie der Fall ist. Man übersieht dabei aber, daß viele (die meisten?) wissenschaftlichen Theorien qualitativer Natur sind. Beispiele sind die Evolutionstheorie Darwin's oder die Theorie vom atomaren Aufbau der Welt oder die Wegener'sche bzw. tektonische Plattentheorie der Kontinentaldrifts. Ziel ist es natürlich, aus qualitativen quantitative Strukturgesetze abzuleiten, was aber nicht immer möglich ist. So sind die Ableitungen aus qualitativen Theorien in der Regel schwächer als solche aus quantitativen Theorien.

Ob quantitative Theorien allerdings ein besseres Verstehen der Dinge gewährleisten, ist nicht von vorneherein klar. Dazu Werner Heisenberg: "Die Quantentheorie ist ein wunderbares Beispiel dafür, daß man einen Sachverhalt in völliger Klarheit verstanden haben kann und gleichzeitig doch weiß, daß man nur in Bildern und Gleichnissen von ihm reden kann." (Aus dem "Philosophie-Manuskript", verfaßt 1939/40; erscheint im Rahmen der Gesamtausgabe.)

14.1. Das Informationsverarbeitungs-System (IPS)

Nur wenige grundlegende Merkmale kennzeichnen das IPS. Es wird angenommen, daß das System (sieht man von einigen Wahrnehmungsbereichen ab) vollständig seriell arbeitet, d.h. einen Prozeß nach dem anderen ausführt. Diese Serialität wird im wesentlichen durch die Begrenzung des Kurzzeit-Gedächtnisses (STM; short term memory) bewirkt. Die elementaren Informationsverarbeitungs-Prozesse (eip's) werden im Bereich von zehn bis hundert Millisekunden ausgeführt. Ihre Ergebnisse werden als Inputs und Outputs im STM gespeichert. Die Kapazität des STM ist außerordentlich begrenzt, es faßt zwischen vier und sieben Symbole oder Symbolbündel (Chunks). Das System hat Zugang zu einem praktisch unbegrenzten Langzeit-Gedächtnis (LTM; long term memory), aber es dauert in der Größenordnung von Sekunden (oder mehr), um in das LTM zu schreiben, d.h. Elemente abzuspeichern. Die Grenzen der menschlichen Informationsverarbeitung liegen weniger darin, was gemacht werden kann, als vielmehr in der Limitierung der Verarbeitungsgeschwindigkeit. Das Problemlösen selbst kann als sequentielle Suche im Problemraum verstanden werden. Nun zu einigen Aspekten des IPS etwas ausführlicher.

14.1.1. Das Langzeit-Gedächtnis

Kapazität. Nach bisherigen Erfahrungen und Daten ist die Kapazität des LTM unbegrenzt, d.h. unabhängig davon, wieviel bereits gespeichert ist, können weitere Elemente gespeichert werden.

Was wird gespeichert? Die kleinste Einheit, die gespeichert wird, wird Symbol genannt. Durch Lernen, Erfahrung etc. können diese Informationseinheiten zu "Chunks" zusammengefaßt werden. Beispiel: verschiedene Begriffe werden zu einem Oberbegriff zusammengefaßt. Spricht man in der Folge diesen Oberbegriff an, so hat man auch Zugriff zu den Elementen, die diesen Oberbegriff ausmachen. Durch die Bündelung aufgrund von Relationen zwischen den Elementen entsteht 1. eine Gedächtnisstruktur, und 2. wird die Speicherfähigkeit erhöht.

Struktur des LTM. In den letzten Jahren haben sich viele Forscher bemüht, Modellvorstellungen über das LTM zu entwickeln. Die häufigste Annahme besteht wohl darin, sich die Struktur des LTM als assoziatives Netzwerk vorzustellen (siehe Kap. 2); Anderson und Bower (1974). Einige Autoren (z.B. Wickelgren, 1981) halten andere Theorien für nicht haltbar. Die Überlegungen Simon's gehen allerdings in eine andere Richtung. Es geht von einer Listen-Darstellung aus, wie sie schematisch in Abbildung 14.1. dargestellt wird; vergleiche auch wieder Kapitel 2. Solche Strukturen werden auch node-link structure genannt, Mathematiker sprechen von colored directed graphs. (Abb. 14.1. umseitig)

Der Unterschied zwischen dem klassischen assoziativen Gedächtnis einerseits und einem Listen-Struktur-Gedächtnis andererseits, besteht wesentlich darin, daß beim assoziativen Gedächtnis einfache, undifferenzierte Verbindungen zwischen je zwei Knoten angenommen werden, während beim Listen-Struktur-Gedächtnis unterscheidbare Relationen zwischen Paaren von Knoten angenommen werden. Der insbesonders von Selz verwendete Begriff der "gerichteten Assoziation" hat diese Vorstellung vorweggenommen, ohne sie aber explizieren zu können.

Wenn man Denken als Manipulation von Symbolen und Symbolstrukturen versteht, so ist der Zusammenhang mit dem Aufbau des LTM sofort evident. Aufgrund der angenommenen Listen-Struktur des Gedächtnisses

Abbildung 14.1.

Listen und Listenstrukturen

(a) Eine Liste. Jedes Element ist mit seinem Vorgänger durch die Relation "Nachfolger" (⟶) verbunden.

A ⟶ B ⟶ M ⟶ C ⟶ D ⟶ M

(b) Hierarchie oder Baumstruktur, dargestellt als Liste von Listen

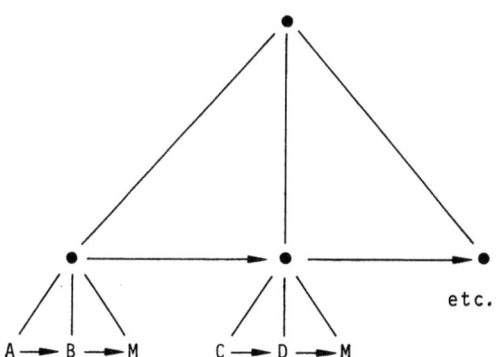

Quelle: Simon (1977, S. 273).

liegt es auf der Hand, die Beschreibung in Programmen in strukturell ähnlicher Form vorzunehmen, was durch Programmierung in Form von Listenverarbeitungs-Sprachen geschieht.

Lesen im LTM. Lesen, d.h. Wiederfinden von Inhalten im LTM erfolgt zeitmäßig im Bereich von wenigen hundert Millisekunden. Es gibt zwar gewisse Abhängigkeiten von der Komplexität des zu erinnernden Materials, auch von dessen Umfang, aber größenordnungsmäßige Verschiebungen, also Zeiten in der Ordnung von Sekunden, werden nicht berichtet.

Schreiben im LTM. Schreiben, d.h. Einprägen zum späteren Erinnern, geschieht sehr viel langsamer, in der Ordnung von Sekunden. Daten aus Experimenten zum Auswendiglernen (rote learning) zeigen, daß der Aufbau einer stabilen internen Repräsentation eines Stimulus, der K bekannte Teilmuster aufweist, ungefähr 5K bis 10K Sekunden beansprucht. Dies sind natürlich nur grobe Richtwerte, es liegen durchaus unterschiedliche Daten in der experimentellen Gedächtnisforschung vor - sicher derzeit eines der aktivsten Teilgebiete der psychologischen Forschung.

14.1.2. Das Kurzzeit-Gedächtnis

Kapazität. Die Kapazität des STM ist allem Anschein nach sehr gering. Man geht von vier bis sieben, gelegentlich auch wenig mehr (7 ± 2 bei Miller ,1956) Informationseinheiten aus. Jedes dieser Elemente kann aber eine Liste beliebiger Länge im LTM bezeichnen. Der Inhalt des STM steht der Informationsverarbeitung sofort und vollständig zur Verfügung. Wie die Prozesse aber im einzelnen ablaufen, ist derzeit noch nicht recht klar. Folglich ist auch über die Struktur des STM noch wenig bekannt.

Informationsverlust. Man geht davon aus, daß die im STM vorhandenen Informationen zerfallen. Nicht klar ist hingegen, wie dies geschieht, ob allein als Funktion der Zeit, oder aber aufgrund von Interferenz.

Lesen und Schreiben. Die Informationsprozesse im STM erfolgen außerordentlich rasch, sie sind im Millisekundenbereich angesiedelt. Ergebnisse von Sternberg (1966) z.B. zeigen, daß elementare Prozesse im STM etwa 40 Millisekunden in Anspruch nehmen, was in etwa der Zugriffszeit im STM entsprechen könnte.

14.1.3. Elementare Prozesse

Auf die Merkmale elementarer Informationsverarbeitungs-Prozesse (eip's) wurde bereits verschiedentlich eingegangen, insb. Kap. 2.6.2. Daher hier nur kurz:

Serielles System. Allem Anschein nach erfolgt die Informationsverarbeitung seriell, nicht parallel. D.h. eine Information nach der anderen wird verarbeitet, nicht mehrere gleichzeitig, eventuell mit der Ausnahme einiger hoch automatisierter Prozesse.

Newell und Simon (1972, S. 796) bezeichnen die folgende Überlegung als "paradigmatisches Experiment" zur Feststellung der Serialität eines Systems: Angenommen, der Problemlöser verfügt über eine gut gelernte Operation Q, mittels derer er feststellen kann, ob eine Bedingung erfüllt ist oder nicht. Der Output ist Ja oder Nein. Diese Operation soll auf Symbole einer bestimmten Symbolklasse angewendet werden. Dann gebe man dem IPS simultan K Symbole $S_1, S_2, ..., S_K$ vor, mit der Maßgabe, die K Ja/Nein Antworten so schnell wie möglich zu geben. Ist das IPS ein serielles System (im Hinblick auf Q), so ist die für K Antworten benötigte Zeit proportional zu K, ist es aber ein paralleles System, so ist die Zeit unabhängig von K. Derartige Experimente, so die Autoren, sind in der Tat durchgeführt worden; ihre Ergebnisse unterstützen die These der Serialität.

Natur der eip's. Es liegt nahe, einige sehr elementare Prozesse wie Vergleichen von Symbolen, oder Ersetzen eines Symbols durch ein anderes für alle IPS anzusetzen. Es gibt aber derzeit keine eindeutige Menge von eip's, von denen man sagen könnte, sie lägen menschlicher Informationsverarbeitung zugrunde. Auf theoretischer Ebene ist es stets möglich, verschiedene Mengen elementarer Informationsprozesse anzusetzen, so daß das resultierende IPS aber über die gleiche Potenz verfügt. M.a.W., Informationssysteme sind bezüglich ihrer Komponenten nicht eindeutig.

14.1.4. Externe Gedächtnisse

Für die Newell-Simon-Theorie ist es unabdingbar, Art und Umfang externer Speichermöglichkeiten zu spezifizieren. Eine externer Speicher kann bedeuten Papier und Bleistift, oder ein Schachbrett, oder ein Computer. Mit externen Speichermöglichkeiten kann die Kapazität des STM gewaltig erhöht werden. Man denke an DONALD + GERALD: die Aufgabe wird schon einfacher, wenn man die bereits gefundenen Zahlen auf ein Blatt Papier notieren kann und nicht auch noch behalten muß. Zwar weiß man bislang noch wenig darüber, wie das STM durch externe Speicher bereichert wird, sicher sind aber beide als funktionale Einheit zu sehen.

14.1.5. Art und Aufbau der Programme

Geht man davon aus, daß man bereits eine Menge über die Struktur des Problemraumes weiß, und eine Liste von eip's definiert hat, so müssen diese Ingredienzien immer noch in eine formale Sprache übersetzt werden, hier in eine Programmiersprache. Bei der Wahl der Darstellungsform ist es naheliegend, eine solche Struktur zu wählen, die der "tatsächlichen" Struktur menschlicher "Programme" möglichst nahe kommt. Nach Newell und Simon ist dies durch die Darstellung in Form von Produktionssystemen besonders gut gewährleistet. Produktionssysteme sind geeignet, beliebig komplexe Systeme darzustellen, ähnlich wie dies für Turing Maschinen gilt, sind also für unseren Zweck, Denken zu beschreiben, geeignet. Newell und Simon (1972, S. 804) nennen folgende Gründe, die für die Wahl von Produktionssystemen sprechen:

Generalität. Es können beliebige Funktionen dargestellt werden.

Homogenität. Produktionssysteme stellen die derzeit homogenste Form der Organisation von Programmen dar.

Unabhängigkeit. In einem Produktionssystem ist jede Produktion unabhängig von den vorangegangenen; dadurch kann der inkrementelle Charakter von Erfahrung vorzüglich zum Ausdruck gebracht werden.

S-R-ähnliches Verhalten. Produktionssysteme haben einen starken Stimulus-Response-Charakter. Dadurch wird der "Kern an Wahrheit" der S-R-Theorien eingefangen (für eine weitere Begründung der S-R-Position: Suppes, 1969).

Bedeutsamkeit. Die Produktionen des Produktionssystems stellen sinnvolle, nicht arbiträre Komponenten des Denkprozesses dar.

Beziehung zum STM. Das dynamische Arbeitsgedächtnis für ein Produktionssystem ist das STM.

Beziehung zum LTM. Es besteht die Möglichkeit, daß es eine enge Beziehung zwischen Produktionssystemen und dem LTM gibt, ja, daß das LTM als riesiges Produktionssystem gedacht werden kann.

Natürlich teilen nicht alle Autoren diese Haltung, es werden auch Nachteile von Produktionssystemen gesehen. Eine sorgfältige Diskussion findet man bei J.R. Anderson (1976, Kap. 3). Anderson wählt eine etwas andere Darstellungsform, die aber auch einen Produktionssystem-Teil umfaßt.

14.1.6. Ziel-ähnlicher Charakter des Programms

Von außen betrachtet ist menschliches Verhalten - sicher beim Lösen von Problemen - zielgerichtet. Die Frage ist allerdings, wie diese Zielgerichtetheit zustande kommt. Für das IPS wird angenommen, daß es über Ziele verfügt, wobei "Ziel" als eine Symbolstruktur mit den folgenden Eigenschaften verstanden wird:

(1) Ein Ziel ist für Tests verantwortlich, die festzustellen suchen, ob ein bestimmter Zustand erreicht ist; falls ja, so ist das Ziel erreicht.

(2) Ein Ziel ist in der Lage, Verhalten (unter entsprechenden Umständen) zu kontrollieren. Kontrolle bezieht sich auf das Hervorbringen von Verhaltensmustern, die in einer rationalen Beziehung zum Ziel stehen - es sind Strategien zur Erreichung des Ziels.

Verhaltenssequenzen erscheinen oft kohärent, und es sind genau Ziele im definierten Sinn, die diesen inneren Zusammenhalt, diese Korrelation von Verhaltensweisen gewährleisten. Zielgerichtetes Verhalten kann im übrigen auf sehr verschiedene Art und Weise erreicht werden. Dabei ist es keineswegs erforderlich, etwas von außen einzugeben: Zielgerichtetheit ist rein intern im System selbst realisierbar. Eine Möglichkeit hierzu ist "negatives Feedback", wie Rosenblueth, Wiener und Bigelow (1943) gezeigt haben. Teleologie (d.h. Zielgerichtetheit) anzunehmen, ist also nicht "unwissenschaftlich" oder "spekulativ". Es ist sehr wohl möglich, Entelechie ("das, was sein Ziel in sich selbst hat") in Systemen, in Maschinen zu realisieren. Diese wiederum können durch entsprechende Programme repräsentiert werden.

14.2. Aufgabenwelt und Problemraum

Die Givens, die "Aufgabe wie gestellt", wie sie sich für den "allwissenden" Forscher und Versuchsleiter darstellt, bezeichnen Newell und Simon als Aufgaben(um)welt (task environment). Diese "quasi-objektive" Struktur ist für den Problemlöser natürlich nicht direkt zugänglich. Vielmehr muß er die Instruktionen verstehen und sich aufgrund dieses Verständnisses eine eigene Interpretation der äußeren Situation schaffen, d.h. er repräsentiert das Problem intern. Diese interne Repräsentation wird Problemraum genannt. Die interne Repräsentation des Problemlösers kann natürlich in vielfältiger Weise von derjenigen des Forschers, der Denken untersuchen will, abweichen. M. a.W., Aufgabenwelt und Problemwelt können diskrepant sein.

Der einfachste Problemraum (elementarer Problemraum) besteht aus der Menge aller Knoten, die durch die Anwendung der zulässigen Operationen generiert werden. Ein Knoten kann, wie zuvor beschrieben (4.1.3.), als Wissenszustand interpretiert werden. Die ganze Baumstruktur von Zuständen und Operationen bezeichnet man als Zustand-Handlungsbaum (Kap. 3.2.), bzw. als Suchgraphen (3.3.), die Terminologie ist in der Literatur sehr uneinheitlich. Das Problemlösen selbst kann dann als heuristische Suche im Problemraum (oder Suchgraphen) verstanden werden: Die Suche nach einer Lösung ist eine Odyssee durch den Problemraum (Simon). Die Schwierigkeit dieser Irrfahrt hängt nicht zuletzt davon ab, ob es dem Problemlöser gelingt eine Repräsentation zu finden, die die entscheidenden Merkmale der Aufgabe erfaßt und diese so darstellt, daß man "mit ihnen etwas anfangen kann", d.h. Operationen, Transformationen durchführen kann.

Zur Größe von Problemräumen. Die Schwierigkeit von Aufgaben wird wesentlich durch die Größe des Suchraumes mitbestimmt. Eine erschöpfende Suche ist bei großen Suchräumen nicht möglich, es müssen Reduktionen vorgenommen werden. Beim DONALD + GERALD Problem gibt es 9! mögliche Zuordnungen von Zahlen zu Buchstaben, der Problemraum umfaßt eine Drittelmillion Knoten. Bei dem Spiel "Checkers", einem Dame-ähnlichen Spiel (auf einem 8x8 statt 10x10 Brett) gibt es bereits 10^{40} mögliche Züge, beim Schachspiel gar 10^{120}. Könnte man alle Partikel unserer Michstraße zu einem gigantischen Computer zusammenschließen, der mit der Schnelligkeit kosmischer Strahlung arbeitete, so würde es noch immer unabsehbar lange dauern, bis alle Kombinationsmöglichkeiten berechnet wären (Minsky). (In einer Verbesserung der Computer-Hardware liegt also nicht der Schlüssel zu allen Problemen.) Auf die gigantischen Dimensionen, die bei dem Turm-von-Hanoi entstehen können, sind wir ja schon früher (5.2.) eingegangen. Der Turm von Hanoi ist ein schönes Beispiel dafür, daß auch wesentlich kleinere Suchräume nicht notwendigerweise eine einfache Lösung implizieren. Im Vier-Scheibenproblem gibt es 3^4 = 81 Knoten, aber dieses Problem ist für viele Personen an der Grenze (oder darüber) des Machbaren. Das Fünf-Scheibenproblem mit 343 Knoten ist für die meisten nicht mehr lösbar. Möglich wird dies erst mit einer geeigneten Aufgabenrepräsentation, die in diesem speziellen Fall praktisch auf die Formulierung eines Algorithmus hinausläuft. Die Grundidee ist dabei einfach: Reduziere das n-Scheibenproblem auf ein (n-1)-Scheibenproblem, ist dies auch noch zu schwer, auf ein ((n-1)-1)-Scheibenproblem etc. bis zum 3-Scheibenproblem, das mühelos lösbar ist. Es bedarf dann nur einer

guten "Buchhaltung", um immer zu wissen, welche Scheibe zu welchem
der rekursiv zu lösenden Probleme gehört.

Problemräume differieren natürlich nicht nur nach der Größe, sondern
auch nach ihrer Struktur, aus der Informationen darüber abgeleitet
werden können, welche heuristischen Suchprinzipien erfolgversprechend
sind.

Invarianz von Problemräumen. Damit "Problemraum" ein sinnvolles psychologisches Konstrukt wird, müssen bestimmte Eigenschaften bestimmbar sein, die über Personen und Aufgaben relativ stabil und konstant
sind. Newell und Simon nennen folgende Invarianzaspekte:

1. Die Menge der Wissenszustände wird aufgrund einer endlichen Menge
von Objekten, Eigenschaften, Relationen generiert.

2. Die Menge der Operatoren ist endlich und in der Regel sehr klein.

3. Die verfügbare Menge alternativer Knoten, zu denen der Problemlöser zurückgehen kann, ist sehr klein (meist ein oder zwei).

4. Die Verweildauer in jedem Wissenszustand liegt in der Größenordnung von Sekunden.

5. Problemlösen erfolgt durch Suche im Problemraum.

6. Im Verlaufe des Suchens wird oft auf frühere Wissenszustände zurückgegangen.

7. Ein Wissenszustand beinhaltet nur wenige Wissenskomponenten.

Diese und einige andere Merkmale fanden die Autoren regelmäßig bei
der Analyse von Problemlöseprozessen, was die Brauchbarkeit des theoretischen Konstruktes "Problemraum" unterstreicht.

14.3. Entstehung des Problemraumes

In den meisten Denkexperimenten wird dem Probanden die Instruktion
gegeben, sie können Verständnisfragen stellen und dann oft noch das
Problem an einer einfacheren Variante ausprobieren, z.B. dem DreiScheibenproblem beim Turm von Hanoi, bevor sie das den Forscher eigentlich interessierende Vier-Scheibenproblem angehen. Es ist klar,
daß am Ende einer solchen Prozedur der Problemraum als Repräsentation
der Aufgabe vorhanden ist - der Proband beginnt die eigentliche Denkaufgabe bereits als Suchprozeß in seinem Problemraum.

Für eine Theorie über Denken wäre zu fordern, daß sie auch beschreiben kann, wie der Problemraum zustande kommt, welche Art der Repräsentation durch welche Variable bestimmt wird etc. - sofern man den Problemraum im Rahmen seiner Theorie als essentielles Konzept ansieht. Überlegungen und experimentelle Untersuchungen von Hayes und Simon (1974, 1976) und Simon und Hayes (1976) gehen in diese Richtung. In den Untersuchungen bestand das Ausgangsmaterial aus komplexen, schriftlich vorgegebenen Aufgabeninstruktionen (siehe unten für ein Beispiel) für je zwei strukturidentische, d.h. isomorphe Probleme.

Isomorphe Probleme. Zwei Aufgaben heißen isomorph, wenn es eine einszu-eins Abbildung der legalen Züge des ersten Problems auf legale Züge des zweiten Problems gibt, und auch die Start- und Zielzustände eindeutig zuordnenbar sind. Isomorphe Probleme sind formal identisch, da sie aber sehr unterschiedlich formuliert sein können, können sie dem Problemlöser sehr unterschiedlich erscheinen. Es fragt sich, ob die Konstruktion des Problemraumes eher von der formalen Struktur oder dem Erscheinungsbild der Aufgabe gesteuert wird, also eher von der Syntax oder eher von der Semantik.

Ein Beispiel mag dies verdeutlichen. In dem üblicherweise verwendeten Turm von Hanoi Problem sind die Scheiben mit den Pflöcken verbunden, in die sie gesteckt werden. Ein legaler Zug besteht darin, eine Scheibe von einem Pfolck auf einen anderen zu stecken. Ein isomorphes Problem erhält man, wenn man sozusagén den Spieß umdreht, Pflöcke mit Scheiben verbindet und einen legalen Zug darin bestehen läßt, den Pflock zu verändern, der mit einer bestimmten Scheibe verbunden ist.

Vergleicht man das Vorgehen von Probanden bei diesen beiden isomorphen Problemen, so stellt man u.a. folgendes fest:
(1) Die Problemrepräsentation ist vorwiegend semantisch gesteuert, sie erfolgt in enger Anlehnung an die Aufgabenstellung;
(2) Die Lösung des "inversen" Problems ist viel schwieriger.

Die Probanden sind offenbar nicht in der Lage, das zweite, schwierigere Problem in das isomorphe, einfachere umzuwandeln. Dieses Ergebnis fand man bei ganz verschiedenen Problemen.

Die beiden bisher vorgestellten Varianten des Turm von Hanoi Problems sind sich immer noch recht ähnlich: die verbale Instruktion ist kurz und einfach und wird auch sofort verstanden. Anders bei der nachfolgenden Variante:

Die Himalaya Tee-Zeremonie

In den Gasthöfen einiger Himalyaorte wird die elaborierteste und kultivierteste aller bekannten Tee-Zeremonien zelebriert. Teilnehmer sind der Zeremonienmeister und zwei Gäste. Wenn sich die Gäste niedergelassen haben, führt der Gastgeber fünf Dienste aus, die in einer klaren Reihenfolge der Bedeutung und Ehrwürdigkeit stehen:

>Feuer anzünden
>Feuer anblasen
>Weiterreichen von Reisküchlein
>Tee Eingießen
>Rezitieren von Gedichten

Während der Zeremonie kann jeder der Anwesenden einen der anderen fragen: "Ehrwürdiger Herr, darf ich diese ehrwürdige Aufgabe für Sie ausführen?" Dabei darf aber immer nur nach Ausführung der am wenigsten ehrenwerten Aufgabe gefragt werden, die der Betreffende ausführt. Weiter, wenn eine Person irgendeine Aufgabe ausführt, so darf sie nicht nach einer Aufgabe fragen, die weniger ehrenwert ist, als die am wenigsten ehrenwerte Aufgabe, die sie bereits durchführte. Sitte und Brauch wollen es, daß am Ende der Tee-Zeremonie alle Aufgaben vom Gastgeber und Zeremonienmeister auf den ältesten und ehrwürdigsten Gast übertragen worden sind. Wie kann dem Genüge geschehen?

Dieses Problem ist nicht einfach zu lösen, wie ein Versuch sofort zeigt. Es fällt offenbar schwer, eine Repräsentation der Aufgabe zu entwickeln. Eine wesentliche Vereinfachung setzt ein, wnn man die Isomorphie zum Original Turm von Hanoi erkennt und folgende Gegenüberstellungen vornimmt:

Tee-Zeremonie	Turm von Hanoi
Drei Teilnehmer	Drei Pflöcke
Fünf Aufgaben	Fünf Scheiben
Ehrwürdigkeit der Aufgaben	Größe der Scheiben

Ein verbales Protokoll zur Tee-Zeremonie findet man in Hayes und Simon (1974, S. 171), die dieses geniale Beispiel ersonnen haben.

Aufgrund der Auswertung der verbalen Protokolle bei verschiedenen Sets von isomorphen Problemen wurde der Prozeß des Generieren des Problemraumes in zwei Stufen unterteilt,

1. Interpretation der Sprache der Instruktion
2. Konstruktion des Problemraumes .

In der Interpretationsphase wird bestimmt, ob der Text im Aktiv oder

Passiv geschrieben ist, es werden gemäß einer Anzahl von Regeln Informationen aus dem Text extrahiert, z.B. indem Gruppen von Hauptwörtern gefunden werden, die sich auf Objekte und Aktivitäten beziehen. Diesen werden dann relationale Eigenschaften zugeordnet, wie "Agent", "Instrument", "Eigenschaft von", "Lokation" u.a.m., in der Art wie Fillmore (1968) das beschrieben hat.

Der Konstruktionsprozeß, so theoretisieren die Autoren, nimmt Satz-für-Satz Informationen aus der Interpretation und bastelt daraus eine Repräsentation des Problems. Dabei gilt es wieder zwei Teilprozesse zu unterscheiden, Erstellen einer Situationsbeschreibung und Finden einer Menge von Operationen; beides zusammengenommen kann wieder als Produktionssystem verstanden werden.

Nach Beendigung dieses Verstehens-Prozesses setzt erst der eigentliche Problemlöseprozeß ein, wobei diese Trennung eher idealtypischen Charakter hat, da es dem Probanden während des Problemlösens deutlich werden kann, daß er die Aufgabe noch nicht recht verstanden hatte und folglich eine neue und verbesserte Interpretation vornehmen muß.

Diesen soeben beschriebenen Prozeß der Generierung des Problemraumes konnten Hayes und Simon in Form eines Simulationsprogrammes beschreiben, das UNDERSTAND heißt. UNDERSTAND genügt dem Suffizienzkriterium: es ist in der Lage, die ihm gestellte Aufgabe der Erzeugung einer Problemrepräsentation zu lösen. Man weiß allerdings noch nicht, ob die Vorgehensweise des Programms auch wirklich derjenigen von Menschen entspricht.

Hayes und Simon's UNDERSTAND ist nicht der einzige Versuch in dieser Richtung. Andere Programme, die Verstehen von Texten zum Gegenstand haben, sind SIR von Raphael (1964, 1968), MERLIN von Moore und Newell (1974), SHRDLU von Winograd (1972), aber auch schon der General Problem Solver GPS von Ernst und Newell (1969). In all diesen Bemühungen kommt der Sprache und Sprachverständnis in Bezug auf Problemlösen eine zentrale Rolle zu.

14.4. Programme und Simulation

14.4.1. Warum Simulation?

Formal gesehen ist ein Programm eine Menge von Differenzgleichungen. Für jeden Zustand im Computer legt das Programm fest, welcher Prozeß als nächster ausgeführt wird. Sei S_t der Zustand S zum Zeitpunkt t und I_t der Input I zum Zeitpunkt t, P das Programm, so ist das "Verhalten" des Computers durch die Beziehung $S_{t+1} = P(S_t, I_t)$ festgelegt. Differenzgleichungen weisen die gleiche logische Struktur wie Differentialgleichungen auf, nur daß sie für diskrete Zustände definiert sind. Viele der bekannten Theorien der Physik, z.B. Wellenmechanik, Newton'sche Mechanik, die Maxwell'schen Gleichungen sind in der "Sprache" von Differentialgleichungen abgefaßt. Dies legt es nahe, auch sehr komplexe Phänomene auf diese Art zu beschreiben.

Damit ist die Frage, die in der Überschrift dieses Abschnittes zum Ausdruck kommt, aber noch nicht beantwortet - warum Simulation? Nun, wenn das System von Gleichungen einfach genug ist, ferner bestimmte Strukturbedingungen erfüllt sind, so lassen sich die Gleichungen lösen; invariante Eigenschaften des Systems können dann direkt ermittelt werden. Bei komplexeren Systemen ist dies nicht mehr möglich. Dann besteht oft die einzige Möglichkeit darin, das System unter bestimmten Randbedingungen zu simulieren; Simon (1978).

Diese Vorgehensweise ist auch in anderen Wissenschaften durchaus üblich,z.B. in der Statistik. Dann denkt man meist an Formeln, die man ausrechnen kann, wenn man die entsprechenden Werte einsetzt, etwa beobachtete und erwartete Häufigkeiten beim Chi-Quadrat Test. Aber auch in der Statistik sind vielfach Simulationen erforderlich, z.B. wenn man die power, die Teststärke ermitteln will. Aber auch ganz andere Systeme werden simuliert. Bevor heute ein Flugzeug das erste Mal in die Luft geht, ist es per Simulation schon hunderte Male geflogen. Andere bekannte Simulationen betreffen die "Weltmodelle" des Club of Rome, globale oder regionale Energiemodelle etc.

14.4.2. Informationsquellen zum Erstellen eines Programms

Nach Newell und Simon tragen folgende Informationsquellen zu dem Zeitpunkt der Aufgabenstellung zur Festlegung des Problemraumes und des Lösungsprogrammes bei:

1. Aufgabeninstruktion. Wie schon diskutiert, bewirken die Aufgabeninstruktionen mehr als nur die Definition der Aufgabe, sie liefern wesentliche Hinweise für die Konstruktion des Problemraumes und für erste Lösungsversuche in diesem. Ferner legen sie Art und Umfang des zur Verfügung stehenden externen Speichers fest. Man muß sich immer wieder vor Augen führen, daß es die Aufgabe "an sich", "objektiv" etc. nicht gibt. Es gibt nur die Aufgabe "wie interpretiert", sei es durch den Problemlöser=Probanden, sei es durch den Forscher=Vl (dessen Repräsentation aber als Referenzmaßstab verwendet wird).

2. **Frühere Erfahrung.** Frühere Erfahrung, Übung mit der gleichen
oder einer ähnlichen Aufgabe bewirkt natürlich, daß der Problemraum
und (Teile des) Programm(es) bereits zur Verfügung stehen. Aus den
Protokolldaten ist aber nicht zu entnehmen, wie die Aufgabe gelernt
wurde.

3. **Transfer.** Frühere Erfahrungen mit Aufgaben, die irgendwie vergleichbar sind, bzw. Analogien zu der gestellten Aufgabe ermöglichen, bewirken Transfer. Der Transfer kann nützlich sein, indem vorbereitete Strukturen zur Verfügung gestellt werden, aber auch hinderlich, weil funktionale Fixiertheit oder ähnliches mitübertragen werden kann. Beispiel: In Logikausdrücken wird die Negation von A oft als ∼ A geschrieben. Wer die Tilde ∼ als Minuszeichen interpretiert, stößt auf Widersprüche.

4. **Generelle Programme.** Viele Aufgaben kann man mit dem gleichen
Mehrzweckprogramm lösen, wenn man nur in der Lage ist, die Inputs in
geeigneter Art und Weise zu formulieren. Ein simples Beispiel ist die
Übersetzung von Textaufgaben in symbolische Ausdrücke, man erinnere
sich nur an die (bei Lehrern) so beliebten Dreisatzaufgaben mit
neckischer Texteinkleidung.

Das wohl bekannteste Mehrzweckprogramm ist der General Problem Solver
GPS von Ernst und Newell (1969), deren Monographie den beziehungsreichen Titel "GPS: A case study in generality and problem solving" trägt.
Der GPS ist in der Lage, so verschiedene Aufgaben wie formale Integration, Reihenextrapolation, Sätze verstehen etc. zu lösen. Um in einer
speziellen Aufgabenwelt operieren zu können, sind koordinierende Definitionen erforderlich, die Ausdrücke wie "Objekt", "Feature", "Unterschied" etc. bezüglich bestimmter Klassen von Elementen der Aufgabenwelt festlegen, und ferner Elemente dieser Klassen identifizieren können. Eine derartige formale Interpretation spezifischer Inhalte hat
große Vorteile. So können die beiden folgenden Aufgaben als identisch
erkannt und gleicherweise gelöst werden:

Variante NON-SENS:

A slithy tove and two mimsy borogroves have to out-whiffle a frumious
bandersnatch in a tulgey wood.They find a mome rath, which can be
dyred awhiffle, but which outgrabes if frabjous. Each mimsy borogrove
is 100 jubjubs. A vorpal borogrove is just as slithy as the tove and
more than that is uffish for the rath. How do the tove and the borogroves out-whiffle the bandersnatch?

Es ist in der Tat sehr instruktiv, diese Aufgabe zu lösen, oder doch zumindest den Versuch zu unternehmen. Die Aufgabe ist lösbar, es handelt sich keineswegs um einen faulen Gag.

Eine große Schwierigkeit besteht darin, daß die Sätze zwar offensichtlich grammatikalisch richtig sind, aber keinen Sinn machen. Es ist eine syntaktische Struktur vorgegeben, aber keine ersichtliche semantische. Macht man als menschlicher Problemlöser aber genau das, was der GPS macht, dann wird die Aufgabe lösbar:

DECLARE:

  RATH = ATTRIBUT
  TOVES = ATTRIBUT
  OUT-WHIFFLE = MOVE OPERATOR
  BOROGROVES = ATTRIBUT
  SIDES = SET
etc.

Man nehme entsprechende Identifikationen vor und versuche die Lösung erneut!

Wesentlich einfacher erscheint das isomorphe Problem,

Variante SENS

A heavy father and two young sons have to cross a swift river in a deep wood. They find an abandoned boat, which can be rowed across, but which sinks if overloaded. Each young son is 100 pounds. A double-weight son is just as heavy as the father and more than that is too much for the boat. How do the father and the sons cross the river?

Eine Übersetzung beider Varianten in eine GPS-verständliche Deklaration findet man in Newell und Simon (1972, S. 854-857).

5. Konstruktion von Programmen. Eine zu Punkt 4 alternative Möglichkeit besteht darin, nicht vollständige Programme im LTM zu speichern, sondern Meta-Programme, Programme zur Konstruktion von Problemräumen und von Lösungsprogrammen. Dabei werden in der Aufgabenstellung enthaltene Informationen mit Informationen, die im LTM gespeichert sind, kombiniert. Ein Programm, das auf diese Art und Weise vorgeht, wurde von Williams (1969) entwickelt.

6. Veränderungen während des Problemlösens. Während des Problemlösens sind natürlich Veränderungen des Problemraumes, oft durch dessen Erweiterung, bzw. des Lösungsprogrammes erforderlich. Beispiel: Bei

DONALD + GERALD erkennt der Problemlöser die Möglichkeit des Übertrags. Anzustreben ist, Programme so abzufassen, daß auch derartige Veränderungen beschrieben werden können: erst durch diese Art der selbst-Modifikation kommt Lernen zustande. Ansätze dazu gibt es, z.B. Waterman (1970) oder Klahr und Wallace (1976). Waterman kennzeichnet Heuristiken als individuelle Produktionen, das Programm ist einfach eine Sammlung solcher Produktionen. Eine Modifikation kann dadurch erfolgen, daß 1. neue Produktionen in das Programm aufgenommen werden, oder 2. die Reihenfolge verändert wird, mit der die Produktionen ausgeführt werden. Die alles entscheidende Frage ist, wie dies geschehen kann, ohne von außen eingreifen zu müssen. Diese Frage stellt sich verschärft bei der Beschreibung der Denkentwicklung (vergl. Anhang 1). Legt man Piaget'sche Überlegungen zugrunde, so scheint es festzustehen, daß sich Kinder verschiedenen Alters in qualitativ verschiedenen (und exakt beschreibbaren) Phasen der Denkentwicklung befinden. Klahr und Wallace (1976) u.a. unternehmen erste Versuche, lernende, sich selbst modifizierende Programme zu schreiben, die eine derartige Entwicklung simulieren können.

14.4.3. Anmerkungen zur Interpretation von Protokolldaten

Drei Aspekte sollen kurz betrachtet werden:

1. Ändert lautes Denken, wie es zur Erstellung eines verbalen Protokolls erforderlich ist, den Denkverlauf? Nach den Ergebnissen von Ericsson (1975), Ericsson und Simon (1980, 1984) ist dies nicht der Fall, oder zumindest nicht in einem Ausmaß, daß der ganze Ansatz in Frage gestellt würde. Verbale Protokolle sind aber sicher auch kein Allheilmittel, und Bedenken bleiben sicher bestehen (Nisbett und Wilson, 1977; Smith und Miller, 1978; Huber und Mandl, 1982). In einigen Fällen sind sicher Augenbewegungsprotokolle eine Ausweichmöglichkeit; Russo (1978).

2. Wie verhält es sich mit der Beziehung der in verbalen Protokollen enthaltenen Informationen zum Denkprozeß? Betrachtet man das verbale Protokoll als valide, wenngleich unvollständige Wiedergabe des Denkverlaufes, so ist es immer noch erforderlich, die Statements des verbalen Protokolls Teilsatz-für-Teilsatz zu kodieren, um so ein formalisiertes Protokoll zu bekommen, das mit der Computersimulation verglichen werden kann. Beispiel: Der Proband sagt "werd' jetzt mal die beiden Missies rüberbringen"; wird kodiert als "Move(2M, across)".

Diese Übertragungen sind nicht sonderlich schwierig, daher auch sehr
reliabel durchzuführen. Dies gilt aber nicht für alle Arten von Problemen; Kapitel 7. Mühsam sind diese Transscriptionen aber allemal,
daher versucht man, sie zu automatisieren; Waterman und Newell (1973),
Bhaskar und Simon (1977).

3. Vergleich des kodierten Protokolls mit der Spur der Simulation.
Dieser Validierungsaspekt wurde bereits im 4. Kapitel eingehend erörtert und soll hier nicht wiederholt werden, siehe aber auch Kapitel
15.

14.5. Mögliche Erweiterungen der Newell-Simon-Theorie

Newll und Simons's Überlegungen kann man so sehen, daß sie davon ausgehen, daß Computer und Mensch als Species des gleichen Genus IPS zu
verstehen sind. Sie unterscheiden sich natürlich auf der Species Ebene: in der Organisation des Gedächtnisses, in der Art der elementaren
Prozesse etc. Das IPS ist dabei eigentlich in seiner Grundkonstruktion recht einfach, bedenkt man die Fülle der Aufgaben, die es bewältigen kann. Das scheinbar komplexe Verhalten des IPS entsteht aufgrund
seiner Interaktion mit der Umwelt. Von der Aufgabe ausgehend wird der
Problemraum konzipiert, in dem Problemlösen als Suche erfolgt; dann
gibt es Methoden, mit denen die Suche erfolgt; schließlich gibt es
das Produktionssystem, dies ist die Programmorganisation, mittels derer Methoden in Form von elementaren Prozessen und grundlegenden Eigenschaften des IPS dargestellt werden (Newell und Simon, 1972, S.870).

Viele der Teilprozesse, die angenommen werden, müßten genauer spezifiziert werden, z.B. wie genau ist die Organisation des STM, wie erfolgt dessen Interaktion mit externen Speichern, welche Rolle spielen
die visuellen und auditiven Systeme etc. Ferner müßten eine Reihe
isolierter Phänomene, wie Einstellung, funktionale Fixiertheit, Einsicht, Inkubation etc. auf systematische Art und Weise in eine Informationsverarbeitungstheorie des Denkens einbezogen werden, was derzeit noch nicht der Fall ist. Ferner müßte der Geltungsbereich der
Theorie erweitert werden, was aber teilweise schon geschieht, indem
Probleme wie Konzeptlernen, Reihenextrapolation etc. betrachtet werden. Wünschenswert wäre aber auch eine Einbeziehung alltäglicher Probleme, schlecht-definierter Probleme (Kapitel 7), Probleme mit großer
zeitlicher Erstreckung und, vielleicht das wichtigste von allen, Ausweitung der Theorie auf die Entwicklung des Denkens, in Form sich
selbst verändernder Programme.

14.6. Weitere Lektüre

Was in diesem Kapitel nur umrissen werden konnte, stellen Newell und Simon (1972) in großer Ausführlichkeit dar; dieses Werk ist sicher die Primärquelle, zusammen mit den sehr zahlreichen Einzelveröffentlichungen dieser Forschergruppe. Ferner ist auf das soeben erschienene Buch von Ericsson und Simon (1984) "Verbal reports as data" hinzuweisen. Der Newell-Simon-Ansatz ist natürlich nicht die einzige Informationsverarbeitungs-Theorie im Rahmen der kognitiven Psychologie. Es ist aber derjenige Ansatz, der "Denken" zum zentralen Untersuchungsgegenstand hat, während sich die meisten anderen Theorien primär mit Sprache, Sprachverständnis und Repräsentierung dieser im LTM befassen. Zu nennen sind u.a. Norman und Rumelhart "Explorations in cognition", 1975; Kintsch "The representation of meaning in memory", 1974; und J.R. Anderson "Language, memory, and thought", 1976. Anderson bringt auch eine kritische Würdigung einiger alternativer Ansätze. In seiner Komponenten-Theorie (analogen Denkens) versucht R.J. Sternberg: "Intelligence, information processing, and analogical reasoning", 1977, eine Synthese zwischen Informationsverarbeitungs- und mathematischer Theoriebildung herzustellen, sowie Bezug auf die Intelligenzforschung zu nehmen. Diese Bücher gehören sicher zur Pflichtlektüre eines jeden, der/die sich ernsthaft mit "Kognition" befassen will. Einige sind auch in deutscher Übersetzung erschienen.

Mit dem Thema "Simulation" befaßt sich Ueckert (1983) eingehend. Über die Rolle der Inkubation findet man in Dörner (1984) einige Hinweise. Denken und Emotion ist das Thema einiger Beiträge in Mandl und Huber (1973), die Rolle der Sprache wird in verschiedenen Arbeiten von Piaget behandelt (siehe das Literaturverzeichnis nach Anhang 1).

Kapitel 15: Vergleich einiger Ansätze zu einer Theorie des Denkens

15.1. Formale Theorien über Denkprozesse

In den letzten Jahren haben sich vor allem zwei Richtungen, zwei Arten theoretischer Ansätze herausgebildet, die Denken beschreiben und Vorhersagen wollen: Simulation von Denkprozessen im Rahmen des Informationsverarbeitungs-Ansatzes und mathematische Modellbildung im Rahmen einer allgemeiner verstandenen kognitiven Psychologie.

Beim Informationsverarbeitungs-Ansatz im engeren Sinn besteht das Ziel darin, Computerprogramme zu schreiben, die in der Lage sind, die dem menschlichen Denken zugrunde liegenden informatorischen Prozesse zu simulieren. Dabei soll der Computer eine Aufgabe in der gleichen Weise wie der Mensch lösen. Das Programm kann als Modell oder Theorie des Forschers verstanden werden, das sein Wissen über Denkabläufe in einer formalisierten Sprache zum Ausdruck bringt. Der Test des Modells (Programms) besteht in der Gegenüberstellung der Spur der Computersimulation mit menschlichem Verhalten, wie es z.B. in einem verbalen Protokoll zum Ausdruck kommt.

Bei Mathematischen Modellen werden Aspekte der beim Denken ablaufenden psychischen Prozesse in die Sprache der Mathematik übersetzt. Es werden formale Annahmen getroffen, aus denen sich dann unter Verwendung anerkannter mathematischer Ableitungsregeln deduktiv Konsequenzen ableiten lassen. Die abgeleiteten Eigenschaften dieser theoretisch formulierten Prozesse werden dann mit dem tatsächlich beobachteten Verhalten verglichen. Sagt z.B. das Modell einen ganz bestimmten Verlauf der Fehlerkurve vorher, so kann man in den empirischen Daten nachsehen, ob dort dieser Verlauf tatsächlich vorliegt.

Die verwendeten Sprachen, Programmiersprache oder Mathematik, sind selbst theorieneutral. Mathematische Modelle in der Psychologie wurden im Rahmen der Lerntheorie zunächst aus behavioristischer Orientierung heraus formuliert. Erst später wurden auch kognitive Modelle mathematisch formuliert, z.B. H-Modelle des Konzeptlernens. Simulationen wurden bislang im Rahmen der kognitiv orientierten Informationsverarbeitungs-Theorie eingesetzt, sie könnten aber durchaus auch aus behavioristischer Theorieperspektive eingesetzt werden, dann nämlich, wenn formale Strukturen von erheblicher Komplexität formuliert würden.

Welche Modelle für welche Prozesse? In vielen Fällen können Überlegungen über einen Sachverhalt auf verschiedene Art und Weise ausgedrückt werden, z.B. In der Sprache der Simulation oder derjenigen stochastischer Prozesse. Beispiel hierfür war das Lernen einfacher Konzepte, was in dem Bower-Trabasso-Modell stochastisch, in dem Gregg-Simon-Modell als Programm ausgedrückt wurde. Sternberg (1977) meint, daß "langsame Prozesse" Daten in Form von verbalen Protokollen und Darstellungen in Form von Programmen/Simulationen nahelegen, "schnelle Prozesse" aber eher Reaktionszeiten und mathematische Modellbildung. Die Unterschiede zwischen mathematischen Modellen und Programmen/Simulation sind aber relativ. Wir hatten gesehen, daß ein Programm als eine Sequenz von Differenzgleichungen aufgefaßt werden kann, was ja nun auch eine mathematische Struktur darstellt. Hierzu abschließend noch eine spekulative Überlegung: schnelle Prozesse sprechen für einen hohen Automatisierungsgrad, der möglicherweise durch analoges, nicht sequentielles Vorgehen des IPS gekennzeichnet sein könnte. Informationsverarbeitungs-Modelle, die explizit von einem seriellen Verarbeiten ausgehen, wären dann weniger angemessen. Mathematische Modelle eher konventioneller Art könnten diese Zusammenhänge eventuell besser zum Ausdruck bringen. Andererseits lassen sich analoge Prozesse hohen Komplexitätsgrades auf einer zu erwartenden, völlig neu konzipierten Generation von Computern, sogenannten Feldrechnern, vermutlich ebenfalls realisieren.

15.2. Vergleich der theoretischen Ansätze

Vor- und Nachteile der beiden Arten von Theoriebildungen sollen nunmehr anhand einiger Kriterien der "Wissenschaftlichkeit" untersucht werden, sowie hinsichtlich der philosophischen Grundpositionen, aus denen heraus die Theorien entwickelt wurden.

15.2.1. Einfachheit und Sparsamkeit versus Komplexität und Vollständigkeit

Von einer "guten" Theorie fordert man oft eine Tugend, die "parsimony" genannt wird: grundlegende Zusammenhänge sollen kurz und präzise ausgedrückt werden, z.B. in Form einer oder weniger Gleichungen, knapp und unmißverständlich. Dabei wird man von bestimmten Aspekten eines Gegenstandbereiches absehen müssen, aufgrund von Abstraktion kommt nur das als wesentlich erachtete zum Ausdruck, bei Vernachlässigung weniger essentieller Aspekte. Andererseits soll eine Theorie einen

Ausschnitt der Welt auch einigermaßen umfassend beschreiben; ist der Ausschnitt groß genug, so wird er auch eine komplexe Struktur aufweisen, die zu erfassen eine komplexe Theorie erforderlich macht. Somit entsteht ein nicht auflösbares Spannungsverhältnis.

15.2.2. Falsifizierbarkeit

Eine "gute" Theorie soll ferner in dem Sinn falsifizierbar sein, daß es prinzipiell möglich ist, Daten zu gewinnen, die die Theorie widerlegen können. Diese Forderung ist wohl nicht für jede Theorie erfüllt. So sind einige Psychologen der Meinung, daß die Freud'sche "Theorie" gestattet, praktisch jedes beliebige empirische Ergebnis zu "erklären" - ex post, versteht sich (siehe Eysenck und Wilson, 1979). Eine Theorie, die alles erklärt, erklärt nichts. Was heißt erklären? Dazu Simon (1977, S. 31): "To 'explain' an empirical regularity is to discover a set of simple mechanisms that would produce the former in any system governed by the latter."

Ist Einfachheit und Falsifizierbarkeit das gleiche? Folgt man Popper (1961[3], S. 140), so ist dies wohl der Fall: Eine Hypothese ist in dem Ausmaß falsifizierbar, mit dem sie aus der Menge der möglichen Welten eine sehr kleine Welt auswählt und behauptet, daß die wirkliche Welt zu dieser Teilmenge gehört. Ein simples Beispiel: Wenn ich behaupte, morgen um 12 Uhr liegt die Temperatur zwischen 9.5 und 11.5 Grad (in meinem Hof), so bin ich leichter falsifizierbar, als wenn ich behaupte, sie liege zwischen 5 und 15 Grad. Je weniger Freiheitsgrade oder freie Parameter eine Theorie hat, desto einfacher und eher falsifizierbar ist sie.

Eine Gegenposition lautet ungefähr so: Eine einfache Hypothese (oder Theorie), die die Daten in einem vernünftigen Ausmaß beschreibt, sollte beibehalten werden, da sie vermutlich das wirklich zugrunde liegende Naturgesetz aufhellt. Diese beiden Positionen führen, wie Simon (1977, S. 33) ausführlich diskutiert, zu verschiedenen Bewertungen von Theorien.

15.2.3. Bewertung von Denkmodellen auf diesen Kriterien

Die beiden vorherrschenden rezenten theoretischen Ansätze über Denken sollen nunmehr bezüglich dieser Kriterien bewertet werden. Als konkretes Beispiel wählen wir für den stochastischen Ansatz das Konzept-Modell von Bower und Trabasso (1964), für den prozeßorientierten Ansatz der Informationsverarbeitung und Simulation die alternative For-

mulierung dieses Modells durch Gregg und Simon (1967).
Welches dieser beiden Modelle ist einfacher und eher falsifizierbar?
Bei erstem Hinsehen würde man sicher sagen, das Bower-Trabasso-Modell
sei an Einfachheit kaum zu überbieten: einfache Grundannahmen führen
zu zwei (bzw. drei) Zuständen und legen die Übergangs- und Startwahrscheinlichkeiten fest. Daraus leitet man deduktiv verschiedene Vorhersagen ab, z.B. den Prozentsatz von Erfolgen vor dem letzten Fehler;
Abbildung 15.1.

Abbildung 15.1.

Modellvorhersage und beobachteter Prozentsatz von Erfolgen
vor dem letzten Fehler, nach Bower und Trabasso (1964)

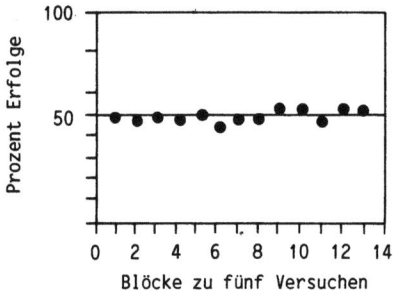

Blöcke zu fünf Versuchen

Die Modellvorhersage (waagerechte Linie) wird dann mit den Daten
(Punkte um die Waagerechte) verglichen. Würde das Verhalten vollständig gemäß der Modellvorhersage erfolgen, so müßten alle Punkte
auf der Waagerechten liegen. Dies ist zwar nicht der Fall, aber die
Punkte liegen doch sehr nahe an der Ideallinie, sie scheinen zufällig
um diese zu variieren. Man wird wohl von einer guten Anpassung der
Daten an das Modell sprechen können. Das Modell enthält zwei freie
Parameter, die beiden Übergangswahrscheinlichkeiten p und c.

Übersetzt man das Bower-Trabasso-Modell direkt in ein Computerprogramm, so sind 15 Statements erforderlich; das Informationsverarbeitungs-Programm von Gregg und Simon hat 27 Statements, aber keine
freien Parameter. Im Gegensatz zu Bower unf Trabasso machen Gregg und
Simon aber Aussagen über die innere Struktur des Prozesses. Welches
Modell ist einfacher? Folgt man Popper's Einfachheitskriterium der
Falsifizierbarkeit, so ist das Gregg-Simon-Modell einfacher (siehe
Gregg und Simon, 1967, für eine Begründung), legt man aber parsimony

als Kriterium an, so ist sicher das Bower-Trabasso-Modell einfacher.
Was man also als "einfacher" bezeichnen will, ist sicher eine Frage
des persönlichen Dafürhaltens. Das Urteil wird auch davon abhängen,
welche Sprache man besser versteht, in welcher Sprache eine bessere
Kommunikation mit der scientific community möglich ist. Hier sind
wohl viele der Meinung, daß mathematische Modelle leichter kommuniziert werden können als Programme. Programme sind weniger anschaulich,
schwer zu lesen und zu verstehen, so richtig kennt sich nur derjenige
aus, der sie geschrieben hat. Die Prinzipien, von denen man sich bei
der Formulierung der Theorie leiten ließ, z.B. Annahmen über das LTM
etc. kann man natürlich zusätzlich verbal mitteilen. Eine größere Zahl
von Differentialgleichungen dürfte für den nicht sehr geübten Leser
ebenfalls schwer verständlich sein. Einer physikalischen Theorie gegenüber würde man diesen Vorwurf wohl kaum erheben. Dennoch ist die
Unüberschaubarkeit von Programmen einer der Haupteinwände gegen den
Simulationsansatz.

15.2.4. Weitere Kriterien

In Zusammenhang zu parsimony ist auch die Dimension "Spezifität vs.
Generalität" zu sehen: Wie umfassend soll der Ausschnitt der Realität
sein, den man betrachten will? Wählt man ein breites Spektrum an Phänomenen, so resultieren fast zwangsläufig auch komplexe Theorien. Dies
führt zu einem weiteren Einwand gegen Informationsverarbeitungs-Theorien: Es wird ein Grad an Komplexität erreicht, der einfach nicht
mehr überschaubar ist (Sternberg, 1977). Ferner ist in Anlehnung an
die Diskussion um das "Bandbreite-Fidelitätsdilemma" von Cronbach und
Gleser (1965) daran zu denken, daß schon aus theoretischen Überlegungen heraus bei sehr weit angelegten Theorien (oder Tests) ein Verlust
an Schärfe, an Präzision zu erwarten ist.

Anderson (1976) nennt als weiteres Desideratum für kognitive Theorien
deren Fähigkeit, zeitliche Relationen wiederzugeben. Ein wesentliches
Ziel kognitiver Theorien besteht sicher darin, die elementaren Komponenten des Informationsverarbeitungssystems zu identifizieren, folglich auch anzugeben, wie lange die einzelnen Prozesse dauern, bzw.
aus der Dauer von Prozessen Rückschlüsse über die Struktur der Prozesse zu ziehen; Posner und McLeod (1982). Mit dieser Zielsetzung
arbeiten seit einiger Zeit auch Neurophysiologen und kognitive Psychologen zusammen; Hillyard und Kutas (1983). Dieser Aspekt der Abbildung von zeitlichen Relationen kommt bei Newell und Simon nicht, oder

nur ganz am Rande vor.

Ein weiterer, schwer zu fassender Aspekt besteht darin anzugeben, wie weit die Theorie "in die Prozesse hineingeht", diese nicht nur auf der "Oberfläche" beschreibt. Die Simulationstheorien scheinen in stärkerer Weise als mathematische Modelle gerade dies zu bewirken, in die Prozesse hineinzuleuchten, den Prozeßcharacter zu verdeutlichen.

15.2.5. Philosophische Grundhaltung

Folgt man Flamagne (1974), so liegt der primäre Unterschied zwischen beiden Ansätzen in einer unterschiedlichen philosophischen Grundposition. Beide gleichen sich zunächst darin, daß sie vom philosophischen Rationalismus ausgehen, im Gegensatz zum Empirismus der Behavioristen. Informationsverarbeitungs-Theorien weisen aber starke Elemente eines Realismus auf, dessen Ziel es ist, ein möglichst genaues Abbild der Realität zu schaffen, die psychischen Phänomene möglichst exakt zu reproduzieren. Flamagne vergleicht diese Zielvorgabe mit dem physiologischen Reduktionismus, nur daß hier der Computer diese Rolle übernimmt. Ferner fällt auf, daß Simulationsprogramme fast immer deterministisch angelegt sind, treten ausnahmsweise einmal stochastische Elemente auf, so werden diese nachgerade entschuldigt und es wird versprochen, sie baldmöglichst zu eliminieren. Die meisten mathematischen Modelle sind stochastischer Natur, Wahrscheinlichkeiten sind ihr Lebenselexier. Mathematische Modelle spiegeln nach Flamagne Konventionalismus wider in dem Sinn, daß eine möglichst präzise Approximation an die Daten gesucht wird, unter den Gesichtspunkten der Einfachheit und Sparsamkeit der Modelle.

15.3. Anmerkungen zu formalen Modellen im allgemeinen

Es ist wohl unbestritten, daß formale Modelle oder Theorien einige Vorteile gegenüber solchen Theorien haben, die in der Alltagsprache formuliert sind. Ein Vorteil liegt in dem Zwang, sich exakt ausdrükken zu müssen. Ein Beispiel soll dies verdeutlichen:

Eine Heuristik beim Schach lautet:

Vor jedem Zug sollte der Spieler prüfen, ob König oder Dame gefährdet sind ...

Diese Maxime leuchtet sofort ein, sie läßt sich umgangssprachlich auch mühelos mitteilen. Schwierigkeiten entstehen aber, wenn man den verwendeten Begriffen, die oft als evident erscheinen, eine operationale

Bedeutung geben will: Was genau heißt denn "prüfen" oder "gefährdet"? Jede formale Theorie, in welcher Sprache auch immer sie abgefaßt sein mag, muß solche Begriffe exakt, d.h. operational erfassen.

Deppe (1977) führt eine ganze Liste von Vorzügen formaler Modelle auf, u.a.

- sie erleichtern das Auffinden von Konsequenzen, die zwar in den Annahmen enthalten sind, aber nicht immer sofort ersichtlich sind;
- Ableitungen aus den Annahmen lassen sich präzise formulieren;
- überflüssige Annahmen werden leichter aufgedeckt;
- ebenso unvollständige Annahmen;
- formale Modelle oder Theorien gestatten präzisere Vorhersagen;
- sie gestatten rigorosere Überprüfungen;
- sie sind ökonomischer etc.

Es können mit der Verwendung formaler Theorien aber auch Gefahren einhergehen, die allerdings mehr in den Entwicklern derartiger Theorien begründet liegen, als in den Theorien selbst. So besteht die Gefahr, das Formale um seiner selbst willen zu stark zu betonen, oder in einer Überbetonung der "Schärfe", d.h. es wird nur ein sehr kleiner Ausschnitt aus der Realität betrachtet - nicht immer, weil dieser so besonders wichtig wäre, sondern weil er sich gerade so "schön" darstellen läßt und man die Gelegenheit hat, sein formales Instrumentarium zum Einsatz zu bringen.

Man muß sich stets vor Augen halten, daß ein Modell oder eine Theorie - sei sie nun formal formuliert oder nicht - immer nur so gut ist wie sein (ihr) psychologischer Gehalt, die Fähigkeit, Aussagen über psychische Prozesse zu machen. Aufgrund des heutigen Wissensstandes ist es sicher nicht möglich, sich für den einen oder den anderen Forschungsansatz entscheiden zu wollen. Ansätze sind so gut, wie sie es gestatten, fruchtbare Hypothesen hervorzubringen. Wichtig wäre es in möglichst vielen Fällen alternative Modelle aufzustellen und diese gegeneinander zu testen, ihre Vor- und Nachteile gegenüberzustellen.

Abschließend ein Apercu von Allan Chalder, aus einem Leserbrief an die Redaktion des Scientific American (1980, <u>242</u>, (2), S. 8):

"... I do feel strongly that formalism must be kept in proper perspective and not used as a substitute for understanding. In my opinion formalism is the opium of the thinking classes."

15.4. Kritik an der akademischen Denkforschung

Sehr grundsätzliche Kritik an der akademischen Intelligenz- und Denkforschung übt Neisser (1976). Seine Argumentation läuft ungefähr wie folgt:

Intelligenztests bestehen aus willkürlichen Problemen ohne inhärentes Interesse. Sie werden in eigens dafür eingerichteten Veranstaltungen vorgegeben. Absichtlich werden die Aufgaben aus der normalen Umwelt des zu Testenden herausgelöst. Kurz, es wird "akademische Intelligenz" erfaßt. Denken und Problemlösen, wie derzeit experimentell untersucht, beziehen sich genau auf diese Fähigkeiten. Außen vor bleibt die alltägliche, die praktische, die nicht explizit akademische Intelligenz. Dies ist umso bedauerlicher, als Intelligenz außer mit Schulnoten mit nicht-schulischen Erfolgsdaten kaum korreliert (Jencks, 1972). M.a.W., es wird nur ein sehr kleiner, womöglich einigermaßen irrelevanter Ausschnitt der Realität betrachtet.

Programm-Theorien, so Neisser weiter, weisen darüberhinaus folgende Mängel auf: (1) Sie können Denkentwicklung nicht wiedergeben, (2) sie sind monoman, indem sie immer nur ein Ziel verfolgen, im Gegensatz zum Menschen, der verschiedene Ziele gleichzeitig verfolgen kann, und (3) die emotionale Komponente fehlt, die für psychisches Geschehen unentbehrlich ist. Für Neisser wäre es viel wichtiger zu untersuchen, wie Menschen in problematischen Situationen die beste Handlungsalternative wählen, was er als Grundproblem der Intelligenz ansieht.

Zuerst zu den allgemeinen Bemerkungen. In der kognitiven Psychologie, wie eben auch der Denkpsychologie werden sehr grundlegende Informationsverarbeitungsmechanismen untersucht, zugegebenermaßen oft an "akademischen" Material. Man darf aber hoffen, die erkannten Gesetzmäßigkeiten in der Folgezeit auch auf komplexere, wirklichkeitsnähere Probleme übertragen zu können. So ist Simon der Ansicht, daß die bei wohl-definierten Problemen gefundenen Prozesse ohne große Modifikationen auch bei schlecht-strukturierten Problemen ablaufen, wenngleich, wie Dörner et al. (1983) zeigten, andere, persönlichkeitsbezogene Aspekte hinzutreten können.

Ein ganz wesentlicher Unterschied zwischen der üblichen Intelligenzforschung und der kognitiven Denkforschung besteht darin, daß bei Intelligenztests das "wieviel" sehr im Vordergrund steht, während man bei Untersuchungen zum Denken das "wie" betrachtet.

Nun zu den Anmerkungen über Programm-Theorien. Neisser hat sicher recht, wenn er bemängelt, daß Denkentwicklung derzeit noch nicht angemessen abgebildet werden kann: Programme kann man eben dann und nur dann erstellen, wenn man einen Sachverhalt wirklich verstanden hat, d.h. ihn präzise beschreiben kann (Church's These). Verbale Theorien haben es da sehr viel leichter. Durch die Arbeiten von Klahr und anderen ist aber ein erster Schritt zu selbst-modifizierenden Programmen getan; siehe auch Anhang 1. Die Eingrenzung auf ein einziges Ziel ist nicht essentiell. Beim Problemlösen ist halt das Ziel das Lösen von Problemen. Anders sieht es z.B. in der angewandten Entscheidungsforsung aus, wo explizite Wahltheorien für multiattributive Entscheidungen formuliert wurden; Keeney und Raiffa (1976). Ein grunsätzliches Problem ist dies ganz offensichtlich nicht. Natürlich muß man auch die Ziele verstehen, um sie operational definieren zu können. Bleibt noch die Emotion. Auch hier greift die grundlegende Überlegung, die in der These von Church, ähnlich auch von Turing zum Ausdruck kommt: Wenn man etwas ausreichend gut versteht, dann kann man es auch simulieren, was immer der Gegenstandsbereich sein mag, das Entstehen neuer Sterne oder menschliche Emotionen. Das macht keinen grundsätzlichen Unterschied.

15.5. Weitere Lektüre

Lesenswert ist das Kapitel von Flamagne (1974), die verschiedene Ansätze auf dem Gebiet der Denkforschung miteinander vergleicht. Herbert A. Simon macht seinen Standpunkt in vielen Arbeiten deutlich, die bedeutendsten sind in zwei Sammelbänden zusammengefaßt, "Models of discovery" (1977) und "Models of thought" (1979). Bezüglich der Kritik der "akademischen" Denkforschung sei auf Neisser (1976) verwiesen. Auf dem neuesten Stand der Dinge kommt man am einfachsten, wenn man die einschlägigen Reviewartikel in Annual Review of Psychology liest. Literaturangaben zu den Themen "Denkentwicklung", "Kreativität" und "künstliche Intelligenz" findet man in den folgenden Anhängen.

Anhang 1: Anmerkungen zur Denkentwicklung

Die Beschreibung und Analyse der Entwicklung des Dekens steht naturgemäß im Schnittpunkt des Interesses verschiedener psychologischer Teildisziplinen, so sicher der allgemeinen Psychologie und der Entwicklungspsychologie, aber auch der differentiellen Psychologie und der Persönlichkeitspsychologie.Hier sollen einige Anmerkungen zur Entwicklung des Denkens bei "normalen" Kindern in westlichen Kulturen aus der Sicht der kognitiv orientierten Denkpsychologie Piaget's gemacht werden. Piaget ist wohl der prominenteste Vertreter einer kognitiven Entwicklungspsychologie, seit Jahrzehnten arbeitet er (zusammen mit Bärbel Inhelder) unbeirrt von Zeitströmungen an seinem Programm. Er ist dabei aber sicher nicht der einzige, der auch im Zeitalter des Behaviorismus nie die ältere, stärker kognitiv orientierte Denkrichtung aufgegeben hat, wie überhaupt der Behaviorismus (oder andere Zeitströmungen) nie so beherrschend waren, wie man prima facie annehmen möchte; Westmeyer (1980).

Entwicklungstheorien gehen gewöhnlich von den folgenden drei Aspekten aus, dem Piaget aber einen vierten anfügt, der für ihn von zentraler Bedeutung ist:

1. Entwicklung als biologische Reifung
2. Entwicklung aufgrund von Erfahrung mit der physikalischen Umwelt
3. Entwicklung aufgrund von Erfahrung mit der sozialen Umwelt
4. Entwicklung als "Equilibaration".

Nun zu diesen Begriffen der Reihe nach.

Reifung. Daß das Neugeborene in dem Prozeß des Älterwerdens eine biologische Reifung erfährt, ist eine unbestreitbare Tatsache. Fraglich ist hingegen, welchen Einfluß eine rein biologische Entwicklung als "Reifung" auf die kognitive Entwicklung ausübt. Frühe Theorien betonen oft den Reifungsaspekt, so etwa Theorien, die "Instinkten" eine hervorragende Rolle einräumen, oder auch Trieben. So nehmen z.B. Gesell (1929) u.a. an, daß es einer bestimmten biologischen Reifung bedarf, bis der Organismus in der Lage ist ("readiness"), bestimmte Leistungen zu erbringen. Piaget wendet sich gegen (reine) Reifungstheorien, hat dabei aber, folgt man Hilgard und Bower (1975), wohl die älteren Instinkttheorien im Auge, die aber gerade durch den Begriff der biologischen Reifung und der "preparedness" (Seligman) ersetzt wurden.

Physikalische Umwelt. Bezüglich der Erfahrungen mit der Objektumwelt sind nach Piaget drei Gesichtspunkte zu unterscheiden, 1. sensomotorische Übung, 2. physikalische Erfahrung und 3. logico-mathematische Erfahrung. Während die beiden erstgenannten Aspekte wenig kontrovers sind, ist die starke Betonung der logischen und mathematischen Erfahrung typisch für Piaget, der selbst Psychologe und Logiker ist. Wichtig ist für Piaget dabei das Suffizienzkriterium: welche kognitiven Fähigkeiten müssen verfügbar sein, um bestimmte Anforderungen gerecht zu werden, um bestimmte Aufgabentypen lösen zu können.

Soziale Umwelt. In der Auseinandersetzung mit der sozialen Umwelt lernt der Organismus verschiedenartigste Aktivitäten, Beziehungen, Begriffe kennen wie Freundschaft und Kooperation, Egoismus und Altroismus, aber auch das "kulturelle Erbe" der Gesellschaft, in der er lebt. Piaget interessiert sich sehr für die sozialen Aspekte beim Spracherwerb und für den Zusammenhang zwischen Sprache und Denken, ein Thema, das auch für den Behaviorismus wichtig war. Seiner, Piaget's Auffassung nach bewirkt die Sprache aber nicht die Stadien der Denkentwicklung, sondern sie steht im Dienste dieser.

Equilibration. Equilibration ist ein stufenweiser, sich selbst regulierender Prozeß, der von den einfacheren Stufen der Denkentwicklung zu den komplexeren führt. Zu jedem Zeitpunt verfügt der Organismus über eine bestimmte Wissensstruktur; diesen altersentsprechend organisierten Erfahrungshintergrund nennt Piaget "Schema" (wie auch Bartlett, 1932) oder "Struktur". Im Laufe der Entwicklung treffen Sachverhalte auf diese jeweils gehaltene Struktur, die mit dieser unvereinbar sind. Diese neuen Erfahrungen müssen in die Struktur eingepaßt werden, sie müssen ein Teil von ihr werden. Dieser Prozeß heißt bei Piaget Assimilation. Dies ist die eine Seite der Medallie - ergänzt werden muß der dynamische Prozeß der Adjustierung der kognitiven Struktur durch deren Veränderung, die aufgrund der neuen Erfahrung erforderlich wurde; dieser Prozeß wird Akkomodation genannt. Beide, Assimilation und Akkomodation, Einpassung und Veränderung, stehen in einer unauflöslichen, ja dialektischen Wechselbeziehung, die "Synthese" ist die weiterentwickelte Struktur, die dann eine Weile bestehen bleibt, bis neue Erfahrungen auch diese wieder in Frage stellen.

Aspekte des kindlichen Denkens. Kindliches Denken sei von Egozentrismus gekennzeichnet. Damit ist aber nicht der Begriff mit seinen negativen Konnotationen gemeint, wie wir ihn normalerweise verwenden, sondern kindlicher Egozentrismus meint, daß das Kind (noch) nicht in der

Lage ist, sich seiner "Ichbezogenheit" zu entziehen, unfähig ist, aus dem eigenen subjektiven Dafürhalten auszubrechen um zu sehen, daß die eigene Interpretation der Welt nur eine von vielen möglichen ist (die meisten Erwachsenen scheinen das wohl auch nicht zu können). Egozentrismus ist jedenfalls - beim Kind - nicht moralisch oder sozial zu verstehen, sondern meint die Eigenart des kindlichen Denkens, nicht in der Lage zu sein, eine klare Grenze zwischen sich und der Umwelt zu ziehen.

Weiter sei kindliches Denken durch Animismus, Artifizialismus und Partizipation gekennzeichnet. Animismus meint die Eigenart, allen Dingen der Umwelt ein eigenes Leben zuzusprechen; diese Eigenart findet man auch verbreitet unter Naturvölkern. Die Erklärung ist analog der des Egozentrismus, die Unfähigkeit der Abgrenzung des Ich. Artifizialismus meint, daß das Konzept des Machens oder Bewirkens auf die Objekte der Erfahrungswelt übertragen werden, so sind die Berge, die Sonne etc. gemacht worden. Auch diese Einstellung spiegelt sich in den diversen Schöpfungslegenden wider , nicht nur bei Naturvölkern. Partizipation schließlich meint, daß alle Dinge und alles Naturgeschehen in unmittelbarem Zusammenhang mit menschlichem Handeln und menschlichem Wollen stehen ("Steine gibt es, damit Menschen Häuser davon bauen können").

Diese und viele weitere Aspekte werden von Piaget und Inhelder ausführlich erörtert. Die Vorgehensweise ist dabei kasuistisch, es werden weder vorbereitete Tests noch experimentelle Verfahren verwendet. Aber auch reine passive Beobachtung wird als ineffektiv verwiesen. Ihre eigene Vorgehensweise nennen die Autoren die "klinische Methode". Das Verfahren ist nicht sehr präzisiert worden. Erreicht werden soll eine kindgerechte Kommunikation in einer freien Atmosphäre. Dabei soll die Rolle der Sprache nicht überstrapaziert werden, es sollen auch konkrete Manipulationen von Objekten vorgenommen werden, entweder vom Kind selbst, oder aber vom Vl, der daran anschließend möglichst wenig suggestive Fragen stellen soll.

<u>Ein Beispiel für Denkentwicklung</u>. Das Beispiel beinhaltet die Entwicklung der zunächst nicht vorhandenen (s.u.) Objektkonstanz beim Kinde. Das Alter ist so zwischen drei und vier Jahre.

(1) Man rollt zwei genau gleich große Klumpen Knetmasse zu zwei Würsten, einer längeren und einer kürzeren (dafür dickeren). Fragt man ein Vierjähriges, welche der Würste mehr Knet enthält, so wird die längere der beiden genannt. Verformt man dann diese so, daß sie genau gleichlang mit der kürzeren ist und fragt erneut, so werden beide als

gleich eingestuft. Dieses Spielchen kann man mehrere Male wiederholen:
die durch die unterschiedlichen Längen induzierten Interpretationen
der Masse ist nicht reversibel, d.h. das Konzept der Invarianz von
Masse unter Verformungen ist noch nicht vorhanden (siehe auch hierzu
unter "Kritik").

(2) Macht man die dünnere der beiden Würste immer dünner, so kann die
Antwort umkippen, nun ist plötzlich die lange Dünne diejenige mit weniger Knet. So können die Antworten hin-und-herhüpfen, mal "je länger,
desto mehr Knet;, mal "je dünner, desto weniger Knet".

(3) Wirkt diese Oszillation mehrfach auf das Kind ein, so erhöht die
damit verbundene Inkonsistenz den Übergang von einem statischen Konzept
wie "lange Würste haben mehr Knetmasse" zu dem dynamischen Konzept der
Transformation: aus der dickeren Wurst wird eine dünnere. Dieser Übergang von der Konfiguration zur Transformation ist ein Beispiel für
Equilibration, ein notwendiger Schritt, um von einer Entwicklungsstufe zur nächsten zu gelangen.

(4) Hat das Kind den Begriff der Transformation entwickelt, so ist
es auf die nächste Stufe vorbereitet, die Wahrscheinlichkeit des Übergangs pro Zeiteinheit erhöht sich. Trotz der Transformation bleibt das
Objekt erhalten, das Kind lernt den Begriff der Konservation oder Objektkonstanz.

Zu den Stufen der Denkentwicklung

Nach Piaget verläuft die Denkentwicklung in diskreten, voneinander
klar unterscheidbaren Stufen. Dabei werden die Stufen in einer festen
und über die Kinder invarianten Reihenfolge durchlaufen: jede Stufe
ist eine notwendige Voraussetzung für das Erreichen der nächsten Stufe. Im Gegensatz zu den meisten "Stufenlehren" handelt es sich nicht
um Altersstufen, sondern um Stufen der logisch-mathematischen Entwicklung. Hatte sich das Konzept der altersgebundenen Stufen wegen
der großen interindividuellen Varianzen nicht gut bewährt, so kann
man einem operational definierten Stufenkonzept wesentlich bessere
Chance einräumen. Voraussetzung ist allerdings, daß diese Stufen wirklich klar unterschieden werden können, d.h. die stufenspezifischen
logico-mathematischen Regeln oder Konzepte, die das Kind anwendet,
müssen klar auseinandergehalten werden können. Dazu sind präzise Definitionen erforderlich, und die so definierten Regeln müssen im kindlichen Denken und Verhalten klar identifizierbar sein. Die Stufenlehre
Piaget's wird auch als genetische Epistemologie bezeichnet, eine Ent-

wicklungstheorie des Wissens. Nun kurz zu den Stufen.
1. Die Periode der senso-motorischen Intelligenz. Diese Periode reicht
von der Geburt bis etwa zum zweiten Lebensjahr. Das Kind lernt sich
zu drehen, ohne Hilfe zu sitzen, es werden Objekte erkannt und später
nach diesen gesucht etc. Insgesamt werden sechs Stufen unterschieden.
Die sechste Stufe bildet den Übergang von der sensomotorischen Intelligenz zum verinnerlichten Handeln, den ersten Ansätzen symbolischen
Denkens, bei dem eine konkrete Operation mit Objekten entbehrlich
wird.

2. Die präoperationale Periode: repräsentative Intelligenz und konkrete Operationen. In dieser Phase, die vom zweiten bis ca. zum siebten Jahr reicht, werden vor allem bestimmte Invarianzen gelernt, in
folgender festen Reihenfolge: Erhaltung der Masse (Knetbeispiel), Erhaltung von Gewicht, dann von Volumen. In der Phase der konkreten
Operationen werden drei Abschnitte durchlaufen, 1. Seriation, d.h. Anordnung von Objekten in einer bestimmten Reihenfolge, z.B. nach ihrer
Größe, 2. Klassifikation, d.h. nach bestimmten Merkmalen ordnen, Anfänge der Begriffsbildung, und 3. Korrespondenz, Herstellen von Beziehungen zwischen verschiedenen Objekten, z.B. eins-zu-eins Beziehung: gleiche Anzahl von Murmeln und Figuren.

3. Periode der formalen Operationen. Das Kind wendet sich vom Konkreten dem Abstrakten zu, es werden Operationen mit repräsentierten,
formalen Aspekten der Objekte ausgeführt. Beispiele sind das Erkennen
der "wenn - dann" Beziehung, kompliziertere Klassifikationen, binäre
logische Relationen wie konjunktive und disjunktive Begriffe, etc.
Es entsteht eine neue Struktur, die durch die Transformationen der
Identität, Negation, Reziprozität und Korrelation gekennzeichnet
sind. Mit dieser Vier-Gruppe, oder INRC-Struktur, die mathematisch
gesehen eine Klein'sche Gruppe ist, lassen sich auch sehr komplexe
Systeme kennzeichnen; siehe Parsons (1960).

Wie andere Informationsverarbeitungstheorien ist die Auffassung von
Piaget dynamisch, prozeßorientiert, der Organismus spielt eine aktive Rolle, er setzt sich mit der gegenständlichen Umwelt und Repräsentationen dieser auseinander,er entwickelt dabei kognitive Strukturen,
Schemata, die neue Informationen in sich aufnehmen und sich dadurch
gleichzeitig verändern. Dies alles erfolgt in einer festen Reihenfolge, sozusagen aus innerer Notwendigkeit. Die Entwicklung geht vom
einfachen, ganzheitlichen konkreten, manipulativen hin zum abstrakten,
gedanklichen, nicht mehr Objekt-gebundenen.

Bewertung der Theorie Piaget's. In ihrer Geschlossenheit und Prägnanz ist die Theorie von Piaget ein wahrer Monolith, aber natürlich ist jede psychologische Theorie nur so gut, wie sie in der Lage ist, psychisches Geschehen adäquat zu beschreiben. Piaget's Theorie lädt zur experimentellen Überprüfung geradezu ein, da sehr starke Vorhersagen gemacht werden. So wäre eine (partielle) Widerlegung bereits dadurch erreicht, wenn man zeigen könnte, daß die verschiedenen Phasen in unterschiedlicher Reihenfolge durchlaufen werden, wenn z.B. kleinere Kinder bereits über Konstrukte verfügen, die sie erst später haben "dürften". Solche Untersuchungen sind natürlich gemacht worden, und man fand in der Tat Verletzungen der Vorhersagen der Theorie. Die Frage ist dann, welche Konsequenzen man daraus zu ziehen hat. Sicher sind bestimmte Erweiterungen und Verfeinerungen erforderlich, will man nicht grundlegend andere theoretische Konstruktionen als erforderlich ansehen; Murray (1974), Siegel und Brainerd (1978). Hier kann nur auf die Literatur verwiesen werden.

Anzumerken ist noch, daß die Lehren Piaget's von erheblicher Bedeutung für die pädagogische Psychologie und die Erziehungswissenschaft sind, welche Aufgaben soll man Kindern in Abhängigkeit von der erreichten Entwicklungsstufe stellen, wie sollte man diese stellen, um die Entwicklung zu fördern, welche inhaltlichen Stoffe sollte man verwenden, welche Unterrichtsform in der Schule etc. All diese Probleme wurden und werden lebhaft diskutiert.

Piaget, Informationsverarbeitung und der Computer

Für eine umfassende und präzise Theorie der kognitiven Entwicklung liegt es nahe, die Theorie der Informationsverarbeitung a la Newell und Simon (oder Anderson etc.) mit den Elementen der kognitiven Denk- und Intelligenzentwicklungstheorie Piaget's zu verknüpfen. Durch die eindeutige Abfolge klar definierter logo-mathematischer Operationen bietet sich die Theorie geradezu an, in eine Simulations-Theorie übertragen zu werden. Auch die Unterscheidung, die Piaget zwischen dem figurativen und dem operativen Aspekt der Kognition macht, weist in diese Richtung. Der Begriff "operativ" bezeichnet solche Aktivitäten, durch welche der Organismus die Realität umzuformen trachtet. Diese Aktivitäten entsprechen weitgehend dem Programm: Eine organisierte Abfolge von Operationen, die auf symbolische Inhalte ausgeübt werden. Der Begriff "figurativ" bezieht sich auf solche Aktivitäten, die eine Repräsentation der Wirklichkeit, nicht aber deren Umgestaltung zum Inhalt haben. Auf Computer-Ebene entspräche dieser Aspekt wohl der Programmorganisation und der Programmsprache.

Aus der Sicht der Informationsverarbeitung schildert Simon (1972, S. 154-155) das Grundproblem treffend so:

"If we can construct an information processing system with rules off behavior that lead it to behave like the dynamic system we try to describe, then this system is a theory of the child at one stage of development. Having described a particular stage by a program, we would then face the task of discovering what additional information processing mechanisms are needed to simulate developmental change - the transition from one stage to the next. That is, we would need to discover how the system could modify its own structure. Thus, the theory would have two parts - a program to describe performance at a particular stage and a learning program governing the transitions from stage to stage."

Diese Gedanken wurden ansatzweise bereits in die Tat umgesetzt; Klahr und Wallace (1976). Auf diesem Gebiet dürfen bahnbrechende Entwicklungen erwartet werden. Zudem Zukunft-weisende: Gelänge es Systeme zu konstruieren, die sich aus sich heraus, wenngleich in der Interaktion mit der Umwelt, weiter und höher entwickelt können, dann wäre kaum einzusehen, warum sie beim menschlichen Intelligenzniveau haltmachen sollten.

Weitere Lektüre

(A) Einige Originalarbeiten von Piaget und Inhelder

Piaget, J. Sprechen und Denken des Kindes. Düsseldorf: Schwann, 1972.
Piaget, J. Urteil und Denkprozeß des Kindes. Düsseldorf: Schwann, 1972.
Piaget, J. Nachahmung, Spiel und Traum. Die Entwicklung der Symbolfunktion beim Kinde. Stuttgart: Klett, 1975.
Piaget, J. Das Erwachen der Intelligenz beim Kinde. Stuttgart: Klett, 1975.
Piaget, J. Der Aufbau der Wirklichkeit beim Kinde. Stuttgart: Klett, 1975.
Piaget, J., & Inhelder, B. Die elementaren logischen Strukturen. Bd. 1 und 2. Düsseldorf: Schwann, 1973.
Piaget, J., & Inhelder, B. Die Entwicklung der physikalischen Mengenbegriffe beim Kinde. Stuttgart: Klett, 1975.
Inhelder, B., & Piaget, J. Von der Logik des Kindes zur Logik des Heranwachsenden. Olten: Walter, 1977.

(B) Einige Arbeiten, die sich mit Piaget befassen

Battro, A.M Piaget, Dictionary of terms. New York: Pergamon, 1973.
Flavell, J.H. The developmental psychology of Jean Piaget. Princeton: Van Nostrand, 1963.
Flavell, J.H. Kognitive Entwicklung. Stuttgart: Klett-Cotta, 1979.
Ginsburg, H., & Opper, S. Piagets Theorie der geistigen Entwicklung. Stuttgart: Klett, 1978.
Murray, F.B. Critical features of Piaget's theory of the development of thought. New York: MSS Information Corporation, 1974.
Phillips, J.L. The origins of intellect: Piaget's theory. San Francisco: Freeman, 1969.
Siegel, L.S., & Brainerd, C.J. Alternatives to Piaget, critical essays on the theory. New York: Academic Press, 1978.
Steiner, G.(Hg.), Psychologie des 20. Jahrhunderts. Piaget und seine Folgen. Zürich: Kindler, 1978.
Wetzel, F.G. Kognitive Psychologie. Eine Einführung in die Psychologie kognitiver Strukturen von Jean Piaget. Weinheim: Beltz, 1980

(C) Zur kognitiven Entwicklung allgemein

Anglin, J.M. World, object and conceptual development. New York: Norton, 1977.
Farah, M.J., & Kosslyn, S.M. Concept development. Child Dev. Beh., 1982, 16, 125-167.
Farnham-Diggory, S. (ed.), Information processing in children. New York: Academic Press, 1972.
Flamagne, R.J.(ed.), Reasoning: Representation and process in children and adults. Hillsdale, N.J.: Erlbaum, 1975.
Klahr, D., & Wallace, J.G. Cognitive development - an information processing view. Hillsdale, N.J.: Erlbaum, 1976.
Lompscher, H.J. (Hg.), Theoretische und experimentelle Untersuchungen zur Entwicklung geistiger Fähigkeiten. Berlin: Volk und Wissen, 1972.
Neimark, E.D. Intellectual development during adolescence. In: F.D. Horowitz (ed.), Review of child development research, Vol. IV, Ch. 10. Chicago: University of Chicago Press, 1974.
Oherson, D.N. Logical abilities in children. New York: Wiley, 1974
Siegler, R. (ed.), Children's thinking: what develops? Hillsdale, N.J.: Erlbaum, 1978.
Sigel, I.E., & Hooper, F.H. (eds.), Logical thinking in children. New York: Holt, Rinehart & Winston, 1968.

Spada, H., & Kluwe, R. (Hg.), Modelle der Denkentwicklung. Bern: Huber, 1976.

(D) Historisch

Bühler, K. Die geistige Entwicklung des Kindes. Jena: Fischer, 1922.

Anhang 2: Anmerkungen zur Kreativität

Die menschliche Ideen- und Kulturgeschichte wird in besonders augenfälliger Weise gekennzeichnet durch die Werke herausragender Persönlichkeiten. Es liegt nahe zu fragen, was das Außerordentliche ihrer Leistungen ausmacht, unter welchen Bedingungen sie zustande kamen etc. Diese Fragen wurden in der frühen Genieforschung untersucht, z.B. Revetz (1952). In neueren Untersuchungen interessiert man sich meist dafür, was bei "normalen" Menschen kreatives Denken ausmacht.

Was bedeutet Kreativität?

Obwohl man eine recht gute intuitive Vorstellung davon hat, was Kreativität bedeutet, fällt eine einigermaßen exakte Definition doch sehr schwer. Kreatives Denken wird gekennzeichnet durch Aspekte wie überraschend, neu, flexibel, originell. Eine wichtige und häufig zitierte Unterscheidung wurde von Guilford eingeführt, der konvergentes und divergentes Denken unterscheidet. Konvergentes Denken ist auf die direkte Lösung eines Problems gerichtet, auf ein Ziel hin orientiert. Die meisten Aufgaben aus Intelligenztests sind von diesem Typus: eine als richtig erachtete Antwort muß schnell gefunden werden. Beim divergenten Denken hingegen ist diese enge Fixierung auf ein unmittelbares Ziel nicht gegeben, das Denken kann auseinanderlaufen, verschiedenen Ideen in verschiedene Richtungen folgen. Solche Denkabläufe sind gekennzeichnet durch Vielseitigkeit, Flexibilität, Komplexität etc., alles vermutete Aspekte von "Kreativität".

Kreatives Denken wurden bereits von den frühen deutschen Psychologen untersucht, z.B. Selz (1922) oder Wertheimer (1945), wobei aber der Unterschied zum ganz gewöhnlichen Problemlösen nicht immer offenkundig ist. Aus behavioristischer Sicht wird mit ähnlicher Zielrichtung "originelles" Denken untersucht, was im wesentlichen als Synonym zu Kreativität zu verstehen ist, aber objektiver klingt. So definieren Maltzman et al. (1960, S. 1) wie folgt: "By originality, or original thinking, we mean behavior that occurs relatively infrequently, is uncommon under given conditions, and is relevant to those conditions." Es gibt somit drei konstituierende Merkmale der Definition, 1. Seltenheit (was häufig und gewöhnlich ist, würde man nicht kreativ nennen), 2. bedingungsspezifische Seltenheit, und 3. Relevanz, womit ein sinnvoller Zusammenhang mit der jeweiligen Situation gemeint ist, "verrückte Ideen" fallen somit nicht darunter. Anwendungen auf die heutige Kunstszene drängen sich geradezu auf.

Kreativitätstests

Es gibt zwei grundlegende Arten, Kreativität zu "messen", entweder durch eigens dafür konstruierte Tests, oder aber durch kreative Leistungen, die jemand im Leben erbracht hat, als Künstler, Wissenschfler oder was auch immer. Zunächst zu Kreativitätstests.

Wilson, Guilford und Christensen (1953) faktorenanalysierten 46 Tests und ermittelten dabei 16 Faktoren, von denen einer als "Originalität" interpretiert wurde. Es lag nahe, diejenigen Tests, die auf diesem Faktor besonders hohe Ladungen aufwiesen, als "Kreativitätstests" zu bezeichnen.

Einige Beispiele:

Quick Responses: Wortassoziationstest für Ungewöhnlichkeit; die Assoziationen erhalten ein statistisch ermitteltes Gewicht, ungewöhnliche ein hohes, gewöhnliche Responses ein geringes Gewicht.

Unusual Uses: Es werden gewöhnliche Gegenstände vorgegeben, die Aufgabe besteht darin, einen ungewöhnlichen Gebrauch dieser Gegenstände vorzuschlagen. Scores wie oben.

Remote Assoziations: Zwei Worte sind durch einen Zwischenraum getrennt; Aufgabe ist es, ein Wort dazwischen zu setzen, so daß eine Verbindung hergestellt wird, die Sinn ergibt.

Remote Consequences: Es gilt, eine Liste von Konsequenzen eines ungewöhnlichen Ereignisses aufzulisten. Z.B. was würde passieren, wenn alle Gesetze abgeschafft würden? Scores nach Anzahl und Ungewöhnlichkeit der Antworten.

Eine andere Untersuchung ergab vier Aspekte ("Faktoren") des kreativen Denkens, die wie folgt benannt und interpretiert wurden; Merrifield et al. (1962):

Ideational Fluency: Produktion vieler semantischer Einheiten, oder Ideen, auf eine vorgegebene Idee hin;

Spontaneous Flexibility: Produktion vieler Klassen von Ideen;

Associational Fluency: Produktion vieler miteinander verbundener Ideen;

Originality: Produktion einer Vielzahl von veränderten Interpretationen, bei gegebener Seltenheit und Relevanz.

Bekannte und auch heute noch oft verwendete Kreativitätstests stammen

von Mednick (1962), Remote Associations Test, und von Torrance (1966),
Torrance Test of Creative Thinking. Torrance (1979) sieht Unmengen an
Arbeiten durch, die seinen Test verwendet haben. Vernon (1972) nimmt
den Remote Associations Test kritisch unter die Lupe.

Kreativität und Intelligenz

Wenn man davon ausgeht, daß Kreativität etwas anders ist als Intelligenz (so wie vom Intelligenztest gemessen, auf die Diskussion, was Intelligenz "eigentlich" sei, gehen wir nicht ein, siehe z.B. Resnick 1976), dann müßten 1. Kreativitätstests recht hoch untereinander korrelieren, schließlich sollen sie das gleiche messen, und 2. weniger hoch mit Intelligenztests, als diese untereinander. Johnson (1972, S. 289f) berichtet Korrelationen zwischen Intelligenz- und Kreativitätstests zwischen .30 und .70, mit Abweichungen nach unten und nach oben. Vergleichbare Werte berichten Barron und Harrington (1981) für verschiedene Tests, die divergentes Denken als Indikator erfassen sollten und herkömmlichen Intelligenztests; auch hier ist die Variabilität der Ergebnisse der einzelnen Arbeiten enorm. Interessant ist die Feststellung, daß offenbar "Leistungs-Kreativität", wie sie im Leben zum Ausdruck kommt, und Maßen der Intelligenz sehr viel geringer ist: wieder Barron und Harrington (1981), die enorme Mengen an Literatur durchgesehen haben, berichten Korrelationen aus verschiedenen Arbeiten, die von insignifikanten negativen bis zu mittleren (r= .31) und signifikanten positiven Korrelationen reichen.

Bedingungen für kreatives Denken und Kreativitätstraining

Schon lange interessiert man sich für die Bedingungen, unter denen Kreativität vorzugsweise auftritt. Wie die Hochbegabtenstudien von Terman, aber auch die Analyse individueller kreativer Personen zeigt, stammen diese überzufällig oft aus der aufstiegsorientierten und mobilen Mittelschicht; das Elternhaus ist gekennzeichnet durch überdurchschnittliches Interesse an allem Intellektuellen, an Sprache, kindliche Neigungen werden gefördert, die Kinder verbringen mehr Zeit mit ihren Hobbies als beim Sport etc. Ebenso kann man fragen, wie die Arbeitsumwelt aussehen müßte, um kreative Leistungen zu fördern. So fand man z.B., daß Studenten weniger leisteten, wenn sie unter Streß standen; man kann vermuten, daß Kreativität besonders Streß-anfällig ist. Verfahren, auf individueller oder Gruppen-Basis Kreativität zu erhöhen, werden in Stein (1974, 1975) zusammenfassen berichtet, siehe auch Locurto und Walsh (1976) oder Meichenbaum (1975).

In dem Sammelreferat von Barron und Harrington (1981) werden sehr viele
weitere Aspekte der Kreativität diskutiert und durch Arbeiten belegt,
z.B. über Zusammenhänge zwischen Kreativität einerseits und bildhaftem Denken, Persönlichkeitsvariablen, Geschlecht, Geisteskrankheiten,
interaktivem Verhalten etc. Diese Aspekte scheinen doch vom Thema dieser Schrift wegzuführen. Was hier von Interesse wäre, sind die informatorischen Vorgänge beim "kreativen" Denken: Wie arbeitet das IPS des
kreativen Denkers, welche heuristischen Strategien werden verwendet,
kurz, wie sieht die Innenstruktur kreativer Denkabläufe aus? Darüber
ist wohl noch recht wenig bekannt. Korrelative Studien helfen da kaum
weiter.

Weitere Lektüre

Einen Überblick über die Arbeiten bis etwa 1970 zum Thema Kreativität findet man in Johnson (1972), einen Überblick über den neueren
Forschungsstand geben Barron und Harrington (1981), hier findet man
Lieraturhinweise in jede gewünschte Richtung. Einige neuere Forschungstendenzen werden in Taylor und Getzels (1975) vorgestellt.

Literaturverzeichnis (hier nicht aufgeführte Titel sind im Gesamtverzeichnis enthalten)

Barron, F., & Harrington, D.M. Creativity, intelligence, and personality. Annual Review of Psychology, 1981, 32, 439-476.
Locurto, C.M., & Walsh, J.F. Reinforcement and self-reinforcement:
    Their effects on originality. American Journal of Psychology,
    1976, 89, 281-291.
Maltzman, I., Simon, S., Raskin, D., & Licht, L. Experimental studies in the training of originality. Psychological Monographs,
    1960, 74 (Whole No. 493).
Mednick, S.A. The associative basis of the creative process. Psychological Review, 1962, 69, 220-232.
Merrifield, P.R., Guilford, J.P., Christensen, P.R., & Frick, J.W.
    The role of intellectual factors in problem solving. Psychological Monographs, 1962, 76 (Whole No. 529).
Meichenbaum, D. Enhancing creativity by modifying what subjects say
    to theselves. American Educational Research Journal, 1975, 12,
    129-145.
Resnick, L.B. (ed.), The nature of intelligence. Hillsdale, N.J.:

Erlbaum, 1976.

Révétz, G. Talent und Genie. Grundzüge einer Begabungspsychologie. Bern: Francke, 1952.

Stein, M.I. Stimulating creativity. Vol.1: Individual procedures. New York: Academic Press, 1974.

Stein, M.I. Stimulating creativity. Vol.2: Group procedures. Bew York: Academic Press, 1975.

Taylor, I.A., & Getzels, J.W. (eds.), Perspectives in creativity. Chicago: Aldine, 1975

Torrance, E.P. Torrance tests of creative thinking. Lexington, Mass.: Personnel Press Res. ed., 1966.

Torrance, E.P. Cumulative bibliogrphy on the Torrance tests of creative thinking. Athens, Ga.: Department of Educational Psychology, 1979.

Vernon, P.F. Review of the Remote Associations Test. In: O.K. Buros (ed.), The seventh mental measurements yearbook. Highland Park, N.J.: Gryphon, 1972, pp. 829-830.

Wilson, R.C., Guilford, J.P., & Christensen, P.R. The measurement of individual differences in originality. Psychological Bulletin, 1953, $\underline{50}$, 362-370.

Anhang 3: Künstliche Intelligenz

Künstliche Intelligenz, meist kurz AI genannt (von artificial intelligence), ist eine recht junge akademische Disziplin. Ihre Anfänge fallen in die Zeit, als in der Psychologie die ominöse "kognitive Wende" eintrat, Mitte der 50er Jahre. Um diese Zeit begann eine Gruppe von Forschern der RAND Corporation, jener berühmten amerikanischen "Denkfabrik", sowie des Carnegie Institute of Technology, heute Carnegie-Mellon University, damit, Programme zu erstellen, die Probleme komplexer Art lösen können. Nach der Lektüre dieses Buches dürften die Namen wohl geläufig sein: Allen Newell, Herbert Simon und Cliff Shaw, um die wichtigsten zu nennen. Die Arbeiten dieser Forscher waren und sind stark psychologisch orientiert. Sie wollen nicht nur Probleme lösen, sondern die von ihnen erarbeiteten Programme sollen dies in ähnlicher Weise wie der Mensch tun. Kurzum, die Programme sind psychologische Theorien. So gesehen, sind AI und theoretische Psychologie, die sich der Computersimulation als Mittel der Formalisierung bedient, zwei Seiten einer Medaille. Kennzeichnend für die Arbeiten dieser Forschergruppe ist der heuristische Ansatz, im Gegensatz zum algorithmischen (s.u.).

Das erste bedeutsame Unterfangen war der Logic Theorist (LT), ein Programm, das dazu entwickelt wurde, die 52 Theoreme aus Whitehead und Russell's "Principia Mathematica" zu lösen; Newell und Simon (1956), Newell und Shaw (1957), Newell, Shaw und Simon (1957). Der LT schaffte auf Anhieb 38 Beweise, von den restlichen 14 konnten 12 aufgrund der begrenzten Kapazität der seinerzeitigen Computer nicht gelöst werden. Nach leichter Modifikation durch Stefferud (1963) wurden auf einer neuen Maschine alle Beweise geführt. Während der Entwicklung des LT stellte es sich heraus, daß die vorhandenen Programmiersprachen (wie FORTRAN oder ALGOL) für diese Vorhaben wenig geeignet waren. So schufen die Autoren (und einige andere) gleich noch eine neue Art von Programmiersprachen, die Listenverarbeitungssprachen (siehe Kap. 2).

Während der LT nur in einer sehr begrenzten Problemwelt operiert, ist das nächste Programm der Gruppe bei weitem allgemeiner angelegt, der General Problem Solver (GPS) ist, wie sein Name sagt, ein universelles Problemlöseprogramm, das so unterschiedliche Aufgaben wie symbolische Integration und das Hobbits-und-Orcs-Problem lösen kann; Ernst und Newell (1969). GPS-ähnliche Programme wurden dann insbesonders zur Simulation von Aufgaben wie Geheimalgebra oder Schach verwendet;

Newell und Simon (1972) - wie ausführlich berichtet.
In eine andere Richtung zielen die Arbeiten einer weiteren, bedeutsamen Gruppe von AI-Theoretikern, die mit dem Massachusetts Institute of Technology (MIT) und der Stanford University verbunden sind, u.a. Minsky, McCarthy, Feigenbaum, Slagle, Raphael, Papert. Diese Forscher sehen die AI mehr als Ausweitung der Mathematik und Logik. Folglich sind sie darauf bedacht, Berechnungsverfahren zu formalisieren und den Bezug zur Mathematik herzustellen, insbesonders der Theorie der rekursiven Funktionen. Ist der Ansatz von Newell, Shaw und Simon eher informell und heuristisch, so ist der von Minsky, McCarthy u.a. formal und algorithmisch, wenngleich sich beide des gleichen Mediums, Listenverarbeitungssprachen, Programme und Computer bedienen. Ziel dieser Bemühungen ist es nicht, Probleme wie der Mensch zu lösen, sondern sie möglichst elegant und effizient zu lösen. Letzten Endes besteht das Ziel darin, alle Probleme, die lösbar sind, auch tatsächlich zu lösen. Dazu sollen vollständig formalisierte Techniken Anwendung finden. Eine solche generelle Beweismethode ist das "resolution" genannte Verfahren, das der Mathematiker Robinson (1965) entwickelt hat. Für einfachere Probleme funktioniert diese Methode tatsächlich "automatisch", bei komplexen Problemen sind oft doch heuristische Verfahren hinzuzunehmen.

Nun einige Bemerkungen zu einigen Arbeitsgebieten der AI-Forschung.

Mustererkennung (pattern recognition). Das Erkennen von Mustern, seien diese sensorischer oder symbolischer Natur, ist eine wesentliche Voraussetzung für intelligentes Verhalten; Bruner et al. (1956). Ganz offensichtlich sind auch Tiere dazu befähigt: sie können Feinde und Beute auseinanderhalten. Dies legt es nahe, für Mustererkennung eine neurale Grundlage anzunehmen. Wie aber müssen neurale Netzwerke organisiert sein, damit sie Muster erkennen können? Man kann noch weiter gehen und fragen, Muster welcher Komplexität neurale Netze überhaupt noch erkennen können. Letztlich ist das auch eine Frage nach den möglichen Grenzen unserer Denkfähigkeit. Wie McCulloch und Pitts (1943) in ihrer bahnbrechenden Arbeit gezeigt haben, können Netze aus idealisierten Neuronen jede berechenbare Funktion realisieren. Wenn man dann noch wüßte, wie die anfänglich nur zufällig (?) miteinander verbundenen Neuronen sich aufgrund von "Erfahrung" zu biologischen Computern organisieren, die jedes beliebige Muster erkennen können, so hätte man eine Lerntheorie auf der Basis einzelner Neuronen. Schon Hebb (1949) hat einen ersten Entwurf in diese Richtung gemacht. Dieser hatte erheblichen Einfluß auf die AI-Forschung und führte schließlich zu den "perceptrons": Generalisierte Mustererkennungssysteme, die die "Urteile" individueller Zeichenerkennungsmechanismen (feature detectors) linear verbinden und nach dem Schwellenkonzept arbeiten, also Neuronen-ähnlich (zwei Zustände, bis zu einer bestimmten Intensitätsschwelle passiert nichts, Zustand 0, ab dieser Schwelle wird ein konstanter Impuls abgegeben, Zustand 1). Das zuerst von Rosenblatt (1958, 1962) als Modifikation der Hebb'schen Theorie ausgearbeitete Konzept wurde in eine formale mathematische Theorie ausgeweitet; Nielson (1965). Minsky und Papert (1969) schließlich untersuchten, welche Probleme man mit Perceptrons lösen kann.

Andere wichtige Arbeiten zu diesem Problemkreis sind Selfridge (1955) und Miesel (1972), die mit Gewichtungsverfahren ähnlich denen der multivariaten Statistik arbeiten. Andere suchen nicht nach optimalen Gewichtungs- und Kombinationsverfahren, sondern nach "guten Mustern"; Uhr (1965), vergleichbar mit der "guten Gestalt" deutscher Prägung.

Pattern recognition endet aber nicht bei sensorischen Mustern, man kann ebenso das Erkennen abstrakter Muster, wie dies z.b. bei der Fortsetzung von Zeichenreihen oder anderen induktiven Aufgaben erforderlich ist, als pattern recognition verstehen, insbesonders aber auch das Bilden und Lernen von Begriffen. Auf formaler Ebene bestehen hier keine Unterschiede, was aber nichts darüber aussagt, ob die psychischen Prozesse ebenfalls vergleichbar sind.

Spiele und Entscheidungen. Spiele, wie z.B. Schach, Checkers, Go, Gomoku etc. und Treffen von Entscheidungen stellen einen vom allgemeinen Problemlösen nur schwer abgrenzbaren Bereich dar. Kennzeichnend für Schach und die anderen Probleme ist der heuristische Ansatz und damit eine gewisse Nähe zur Psychologie. Dabei kann man wieder zum Ziel haben, die Programme-Theorien möglichst psychologisch-deskriptiv abzufassen, oder aber, im engeren AI-Sinn, möglichst "gut", so daß sie gegen den Menschen gewinnen.

Wichtiger als die Spiele selbst ist natürlich die Entwicklung von extrem komplexen Programmen, nach Möglichkeit von sich selbst modifizierenden, also lernenden. Dies eröffnet zahlreiche neue Fragen. Welche Mechanismen muß man in ein Programm eingeben, daß es zu "Lernen" befähigt ist, ohne weitere Hilfe von außen? Ferner kann man fragen, ob Systeme sich selbst neu konstruieren können, oder äquivalente Varianten ihrer selbst konstruieren können. Von Neumann (1956) skizzierte einen Beweis, der zeigt, daß es logisch möglich ist, daß eine Maschine sich selbst reproduziert, oder daß sie Varianten ihrer selbst herstellt. In ähnliche Richtung gehen Überlegungen in der Kybernetik: Wie muß ein System aufgebaut sein, so daß es sich auf sich ändernde Umweltbedingungen einstellen kann. Hier liegen Fragen nach dem inneren Mechanismus der Evolution nahe. Das magische Prinzip heißt Feedback: Das System erhält als einen ihrer Inputs eine Funktion ihrer Outputs. Solche Prinzipien untersuchte Norbert Wiener (1948) auf vielen Ebenen, von der neuralen Organisation bis zur Organisation der internationalen Politik.

Soll man aus all dem entnehmen, daß der Erkenntinis keine Grenzen gesetzt sind? In seiner immer noch heftig diskutierten Arbeit zeigte Gödel (1931), daß es für ein System einer gegebenen Komplexität nicht möglich ist, alle in diesem System wahren Sätze zu erkennen. Wenn wir uns auch als ein "System" betrachten, würde dieser Satz bedeuten, daß wir uns selbst niemals völlig erkennen könnten? Wäre es aber möglich, ein System zu konstruieren, das uns an Potenz übertrifft, daher sehr wohl in der Lage wäre, uns vollständig zu beschreiben. Würden wir diese Beschreibung verstehen können? Der an solchen Fragen interessierte Leser findet eine Einführung in Arbib (1964), ausführlicher ist Nagel und Newman (1958). Auf futurologisch-spekulativer Ebene ist Lem (1984) sehr empfehlenswert. Verbindungen zwischen Berechenbarkeit, Beweisbarkeit, Erkennbarkeit, Psychologie Kunst, Musik und Philosophie werden in dem einzigartigen Buch von Hofstadter (1979) "Gödel, Escher, Bach: an eternal golden braid" gezogen (das Werk liegt inzwischen auch in deutscher Übersetzung vor).

Empfohlene Lektüre

Eine kurze Einführung in einige Aspekte der AI-Forschung geben Miller, Galanter und Pribram (1960). Pattern recognition wird anschaulich und einführend in Lindsay und Norman (1977) beschrieben. Anspruchsvollere Darstellungen geben Hunt (1975), Raphael (1976), Winston (1977), oder Boden (1977). Sammlungen wichtiger Einzelarbeiten sind Feigenbaum und Feldman (1963), Schank und Colby (1973), Bobrow und Collins (1975) und Winston (1975). Auf die umstrittene Frage "Können Maschinen denken" bin ich nicht explizit eingegangen. Die zentrale Arbeit dazu ist immer noch Turing (1950); McCarthy geht weiter und fragt, ob Maschinen auch Emotionen, Motive etc haben können. Das Buch von Anderson (1964) enthält eine Sammlung von Statements Pro und Contra Maschinenintelligenz. Ausschließlich Con-Statements findet man in Taube (1961), Dreyfus (1972) oder Weizenbaum (1976), wobei letzteres Buch besonders lesenswert ist. Wer Interessen an Parallelen zwischen Psychologie, Physik, Quarks und Eips hat, findet Anregungen in Jauch (1973), "Are quanta real?"

Literaturverzeichnis zu AI (und weitere Lektüre)

Anderson, A.R. Minds and machines. Englewood Cliffs, N.J.: Prentice-Hall, 1964.
Arbib, M.A. Brains, machines and mathematics. New York: McGraw-Hill, 1964.
Bobrow, D.G., & Collins, A. (eds.), Representation and understanding: Studies in cognitive science. New York: Academic Press, 1975.
Boden, M. Artificial intelligence and natural man. New York: Basic Books, 1977.
Dreyfus, H. What computers can't do: A critique of artificial reason. New York: Harper and Row, 1972.
Feigenbaum, E., & Feldman, J. (eds.), Computers and thought. New York: McGraw-Hill, 1963.
Gödel, K. Über formal unentscheidbare Sätze der Principia Mathematica und verwandter Systeme, I. Monatshefte für Mathematik und Physik, 1931, 38, 173-198.
Hebb, D. The organization of behavior. New York: Wiley, 1948.
Hofstadter, D.R. Gödel, Escher, Bach: An eternal golden braid. New York: Basic Books, 1979.
Hunt, E.B. Artificial intelligence. New York: Academic Press, 1975.
Jauch, J.M. Are quanta real? Bloomington, Ind.: Indiana University Press, 1973.
McCarthy, J. Ascribing mental qualities to machines. In M. Ringle (ed.), Philosophical perspectives in artificial intelligence. New York: Humanities Press, 1979.
Miesel, W. Computer oriented approaches to pattern recognition. New York: Academic Press, 1972.
Minsky, M., & Papert, P. Perceptrons. Cambridge, Mass.: MIT Press, 1969.
Nagel, E., & Newman, J.R. Gödel's proof. New York: University Press, 1958.
Newell, A., Shaw, J.C., & Simon, H.A. Empirical explorations of the logic theory nachine: A case study in heuristics. Proceedings of the Joint Computer Conference, 1957, 218-230.
Nielson, N. Learing machines. New York: McGraw-Hill, 1965.

Robinson, J.A. A machine oriented logic based on the resolution principle. Journal of the Association for Computing Machinery, 1965, 12, 23-41.

Rosenblatt, F. The perceptron: A probabilistic model for information storage and organization of the brain. Psychological Review, 1958, 65, 386-408.

Selfridge, O.F. Pattern recognition and modern computers. Proceedings of the 1955 Joint Computer Conference, 1955, 7, 91-93.

Taube, M. Computers and common sense. New York: McGraw-Hill, 1961.

Turing, A.M. Computing machinery and intelligence. Mind, 1950, 59, 433-450. (Auch in Feigenbaum und Feldman, 1963)

Uhr, L. (ed.), Pattern recognition. New York: Wiley, 1965.

von Neumann, J. The general and logical theory of automata. In J.R. Newman (ed.), The world of mathematics, Vol. 4. New York: Simon and Schuster, 1956.

Weizenbaum, J. Computer power and human reason. San Francisco: Freeman, 1976.

Winston, P. (ed.), The psychology of computer vision. New York: McGraw-Hill, 1975.

Winston, P. Artificial intelligence. Reading, Mass.: Addison-Wesley, 1977.

Und aus der Welt des Science Fiction:

Stanislaw Lem: Also sprch Golem. Frankfurt: Insel Verlag, 1984.

Literaturverzeichnis

Aebli, H. Denken: das Ordnen des Tuns. Bd. 1 und 2. Stuttgart: Klett-Cotta, 1981.
Anderson, A.R. Minds and machines. Englewood Cliffs. N.J.: Prentice-Hall, 1964.
Anderson, J.R. Language, memory, and thought. Hillsdale, N.J.: Erlbaum, 1976.
Anderson, J.R. Cognitive psychology and its implications. San Francisco: Freeman, 1980.
Anderson, J.R., & Bower, G.H. Human associative memory. Hemisphere Publishing Corporation, Washington D.C., 1984 (second revised printing).
Anglin, J.M. World, object and conceptual development. New York: Norton, 1977.
Arbib, M.A. Brains, machines and mathematics. New York: McGraw-Hill, 1964.
Atkinson, R.C., Bower, G.H., & Crothers, E.J. An introduction to mathematical learning theory. New York: Wiley, 1965.
Atkinson, R.C., & Shiffrin, R.M. Human memory: A proposed system. In K.W. Spence & J.T. Spence (eds.), The psychology of learning and motivation. Vol. II. New York: Academic Press, 1968, pp. 90-195.
Atwood, M.E., & Polson, P.G. A process model for waterjug problems. Cognitive Psychology, 1976, 8, 191-216.
Bain, A. The senses and the intellect. London: Parker, 1855.
Barron, F., & Harrington, D.M. Creativity, intelligence, and personality. Annual Review of Psychology, 1981, 32, 439-476.
Bartlett, F.C. Remembering: A study in experimental and social psychology. London: Cambridge University Press, 1932.
Bartlett, F.C. Thinking. London: Allen & Unwin, 1958.
Battro, A.M. Piaget, dictionary of terms. New York: Pergamon Press, 1973.
Bergius, R. (Hg.), Handbuch der Psychologie, Allgemeine Psychologie. Band I. Der Aufbau des Erkennens, 2. Halbband: Lernen und Denken. Göttingen: Hogrefe, 1964.
Berlyne, D.E. Structure and direction in thinking. New York: Wiley, 1965.
Bhaskar, R., & Simon H.A. Problem solving in semantically rich domains: An example from engeneering thermodynamics. Cognitive

Science, 1977, 1, 193-215.
Binet, A. L'étude expérimentale de l'intelligence. Paris 1903.
Bobrow, D.G., & Collins, A. (eds.), Representation and understanding: Studies in cognitive science. New York: Academic Press, 1975.
Boden, M. Artificial intelligence and natural man. New York: Basic Books, 1977.
Boring, E.G. A history of experimental psychology. New York: Appleton Century Crofts, 1950.
Bourne, L.E. Knowing and using concepts. Psychological Review, 1970, 77, 546-556.
Bourne, L.E. An inference model for conceptual rule learning. In R.L. Solso (ed.), Theories in cognitive psychology: The Loyola Symposium. Potomac, Maryland: Erlbaum, 1974, pp. 231-256.
Bourne, L.E., & Guy, D.E. Learning conceptual rules: II. The role of positive and negative instances. Journal of Experimental Psychology, 1968, 77, 488-494.
Bourne, L.E., & Haygood, R.C. The role of stimulus redundancy in concept identification. Journal of Experimental Psychology, 1959, 58, 232-238.
Bourne, L.E., & Restle, F. A mathematical theory of concept identification. Psychological Review, 1959, 66, 278-296.
Bower, G.H. Application of a model to paired-associate learning. Psychometrika, 1961, 26, 255-280.
Bower, G.H., & Trabasso, T. Concept identification. In R.C. Atkinson (ed.), Studies in mathematical psychology. Stanford, Calif.: Stanford University Press, 1964, pp. 32-94.
Brennan, J.F. History and systems of psychology. Englewood Cliffs, N.J.: Prentice-Hall, 1982.
Brown, A.S. Examination of hypothesis sampling theory. Psychological Bulletin, 1974, 81, 773-296.
Bruner, J.S. (Hg.), Studien zur kognitiven Entwicklung. Stuttgart: Klett, 1971.
Bruner, J.S., Goodnow, J., & Austin, G.A. A study of thinking. New York: Wiley, 1956.
Bühler, K. Die geistige Entwicklung des Kindes. Jena: Fischer, 1922.
Brunswik, E. Thing consistency as measured by correlation coefficients. Psychological Review, 1940, 47, 69-78.
Brunswik, E. Organismic achievement and environmental probability. Psychological Review, 1943, 50, 255-272.
Chomsky, A.N. Three models for the description of language. IRE Transactions on Information Theory, 1956, IT-2(3), 113-124.

Claparède, E. La génese de l'hypothése. Arch. de Ps., 1934,1-154.
Colby, K.M. Simulations of belief systems. In R.C. Schank & K.M. Colby (eds.), Computer models of thought and language. San Francisco: Freeman, 1973, pp. 251-286.
Collins, A., Warnock, E.H., Aiello, N., & Miller, M.L. Reasoning from incomplete knowledge. In D.G. Bobrow & A. Collins (eds.), Representation and understanding: Studies in cognitive science. New York: Academic Press, 1975.
Cronbach, L.J., & Gleser, G.C. Psychological tests and personnel decisions. Urbana: University of Illinois Press, 1965^2.
Dani (1982, pers. Mitteilung)
Davis, M. (ed.), The undecidable. Hewlett, N.Y.: The Raven Press, 1965.
deGroot, A.D. Thought and choice in chess. The Hague: Mouton, 1965.
Deppe, W. Formale Modelle in der Psychologie. Stuttgart: Kohlhammer, 1977.
Donders, F.C. Over de snelheid van psychische processen. Onderzoekingen gedaan in het Physiologisch Laboratorium de Utrechtsche Hoogeschool: 1868-1869. Tweede Reeks, II, 92-120. Übersetzt von W.G. Koster in W.G. Koster (ed.), "On the speed of mental processes", Attention and Performance II. Acta Psychologica, 1969, 30, 412-431.
Dörner, D. Die kognitive Organisation beim Problemlösen. Bern: Huber, 1974.
Dörner, D. Problemlösen als Informationsverarbeitung. Stuttgart: Kohlhammer, 1976, 1979.
Dörner, D. Problemlösen und Intelligenz. Psychologische Rundschau, 1984, 35, 10-20.
Dörner, D. (Hg.), Band "Denken und Problemlösen", in Enzyklopädie der Psychologie, Themenbereich C: Theorie und Forschung, Serie II: Kognition, Band 4 (in Vorbereitung).
Dörner, D., Kreuzig, H.W., Reither, F., & Stäudel, T. (Hg.), Lohhausen. Vom Umgang mit Unbestimmtheit und Komplexität. Bern: Huber, 1983.
Dougherty, J.W.D. Salience and relativity in classification. Am. Ethnol., 1978, 5, 66-80.
Dreyfus, H.L. What computers can't do. A critique of artificial reason. New York: Harper and Row, 1972 (1979^2).
Duncker, K. Zur Psychologie des produktiven Denkens. Berlin: Springer, 1935 (neu 1974).
Duncker, K. On problem solving. Psychological Monographs, 1945, 58(5),

Whole No. 270.
Dworatschek, S. Einführung in die Datenverarbeitung. Berlin: de Gryter, 1973.
Egan, D.E. The structure of experience aquired while learning to solve a class of problems. Unp. Doct. Diss., University of Michigan, 1973.
Egan, D.E., & Greeno, J.G. Theory of rule induction: Knowledge aquired in concept learning, serial pattern learning, and problem solving. In L.W. Gregg (ed.), Knowledge and cognition. Potomac, Maryland: Erlbaum, 1974, pp. 43-103.
Ehrenfreud, D. An experimental test of the continuity theory of discrimination learning with pattern vision. Journal of Comparative and Pysiological Psychology, 1948, $\underline{41}$, 408-422.
Eiferman, R.R. Response patterns and strategies in the dynamics of concept attainment behavior. British Journal of Psychology, 1965, $\underline{56}$, 217-222. (a)
Eiferman, R.R. Selection strategies in concept attainment: A re-examination. In R.R. Eiferman (ed.), Scripta Hierosolymitana: Studies in Psychology. Jerusalem: Hebrew University, 1965. (b)
Ericsson, K.A. Instruction to verbalize as a means to study problem solving processes with the 8-puzzle: A preliminary study (No.548). Stockholm: University of Stockholm, 1975.
Ericsson, K.A., & Simon, H.A. Verbal reports as data. Psychological Review, 1980, $\underline{87}$, 215-251.
Ericsson, K.A., & Simon, H.A. Verbal reports as data. London: MIT Press, 1984.
Ernst, G.W., & Newell, A. GPS: A case study in generality and problem solving. New York: Academic Press, 1969.
Estes, W.K., & Burke, C.J. A theory of stimulus variability in learning. Psychological Review, 1953, $\underline{60}$, 276-286.
Evans, T.G. A program for the solution of geometric-analogy intelligence test questions. In M.L. Minsky (ed.), Semantic information processing. Cambridge, Mass.: MIT Press, 1969, pp. 271-353.
Eysenck, H.J., & Wilson, G.D. (eds.), Experimentelle Studien zur Psychoanalyse Sigmund Freuds. Wien: Europaverlag, 1979.
Farah, M.J., & Kosslyn, S.M. Concept development. Child Development Behavior, 1982, $\underline{16}$, 125-167.
Feigenbaum, E., & Feldman, J. (eds.), Computers and thought. New York: McGraw-Hill, 1963.
Fillmore, C.J. The case for case. In E. Bach & R.T. Harms (eds.), Universals in linguistic theory. New York: Holt, Rinehart & Win-

ston, 1968.
Flamagne, R.J. Mathematical psychology and cognitive phenomena: Comments on preceding chapters. In D.H. Krantz, R.C. Atkinson, R.D. Luce & P. Suppes (eds.), Contemporary developments in mathematical psychology. Vol. I. Learning, memory, and thinking. San Francisco: Freeman, 1974, pp. 145-161.
Flamagne, R.J. (ed.), Reasoning: Representation and process in children and adults. Hillsdale, N.J.: Erlbaum, 1975.
Flavell, J.H. The developmental psychology of Jean Piaget. Princeton: Van Nostrand, 1963.
Flavell, J.H. Kognitive Entwicklung. Stuttgart: Klett-Cotta, 1979.
Fodor, J. Three reasons for not deriving 'kill' from 'cause to die'. Ling. Inq., 1970, 1, 429-438.
Fodor, J., Garrett, M., Walker, E., & Parkes, R. Against definitions. Cognition,
Funke, J. Einige Bemerkungen zu Problemen der Problemlöseforschung, oder: Ist Testintelligenz doch ein Prädiktor? Diagnostica, 1983, 29, 283-302.
Funke, J., & Hussy, W. Komplexes Problemlösen.: Beiträge zu seiner Erfassung sowie zur Frage der Bereichs- und Erfahrungsabhängigkeit. Zeitschrift für Experimentelle und Angewandte Psychologie, 1984, 31, 19-38.
Garner, W.R. The processing of information and structure. New York: Wiley, 1974.
Garner, W.R. Aspects of a stimulus: Features, dimensions, and configurations. In E. Rosch & B.B. Lloyd (eds.), Cognition and categorization. Hillsdale, N.J.: Erlbaum, 1978, pp. 99-133.
Genter, D. Structure-mapping: A theoretical framework for analogy. Cognitive Science, 1983, 7, 155-170.
Gesell, A. Maturation and infant behavior pattern. Psychological Review, 1929, 36, 307-319.
Gick, M.L., & Holyoak, K.J. Analogical problem solving. Cognitive Psychology, 1980, 12, 306-355.
Gick, M.L., & Holyoak, K.J. Schema induction and analogical transfer. Cognitive Psychology, 1983, 15, 1-38.
Ginsburg, H., & Opper, S. Piagets Theorie der geistigen Entwicklung. Stuttgart: Klett, 1978.
Graumann, C.F. (Hg.), Denken. Köln: Kiepenheuer und Witsch, 1965.
Greeno, J.G. Hobbits and orcs: Aquisition of a sequential concept. Cognitive Psychology, 1974, 6, 270-292.

Greeno, J.G. Indefinite goals in well-structured problems. Psychological Review, 1976, 83, 479-491.
Greeno, J.G. Nature of problem solving abilities. In W.K. Estes (ed.), Handbook of learning and cognitive processes. Vol. 5. Human information processing. Hillsdale, N.J.: Erlbaum, 1978, pp. 239-270.
Greeno, J.G., James, C.T., DaPolito, F., & Polson, P.G. Associative learning: A cognitive analysis. Englewood Cliffs, N.J.: Prentice-Hall, 1978.
Greeno, J.G., & Simon, H.A. Processes for sequence production. Psychological Review, 1974, 81, 187-198.
Gregg, L.W., & Simon, H.A. Process models and stochastic theories of simple concept formation. Journal of Mathematical Psychology, 1967, 4, 246-276.
Hallpike, C.R. Die Grundlagen des primitiven Denkens. Stuttgart: Klett, 1984.
Hamilton, G.V. A study of trial and error reactions in mammals. Journal of Animal Behavior Monographs, 1911, 1, 33-66.
Hayes, J.R., & Simon, H.A. Understanding written problem instructions. In L.W. Gregg (ed.), Knowledge and cognition. Potomac: Erlbaum, 1974, pp. 167-199.
Hayes, J.R., & Simon, H.A. The understanding process: Problem isomorphs. Cognitive Psychology, 1976, 8, 165-190.
Haygood, R.C., & Bourne, L.E. Attribute- and rule-learning aspects of conceptual behavior. Psychological Review, 1965, 72, 175-195.
Hebb, D.O. The organization of behavior. New York: Wiley, 1949.
Heidbreder, E. The attainment of concepts: III. The process. Journal of Psychology, 1947, 24, 93-108.
Henley, N.M. A psychological study of the semantics of animal terms. Journal of Verbal Learning and Verbal Behavior, 1969, 8, 176-184.
Hillyard, S.A., & Kutas, M. Electrophysiology of cognitive processing. Annual Review of Psychology, 1983, 34, 33-62.
Hilgard, E.R., & Bower, G.H. Theories of learning. Englewood Cliffs, N.J.: Prentice-Hall, 1975.
Hintzman, D.L., O'Dell, C.S., & Arndt, D.R. Orientation in cognitive maps. Cognitive Psychology, 1981, 13, 149-206.
Hobhouse, L.T. Mind in evolution. New York: Macmillan, 1901.
Hofstadter, D.R. Gödel, Escher, Bach: An eternal golden braid. New York: McGraw-Hill, 1979.
Hofstadter, D.R. How might analogy, the core of human thinking, be understood by computers? Scientific American, 1981, 245, No. 3

18-29.
Hovland, C.I. A "communication analysis" of concept learning. Psychological Review, 1952, 59, 461-472.
Hovland, C.I., & Weiss, W. Transmission of information concerning concepts through positive and negative instances. Journal of Experimental Psychology, 1953, 45, 175-182.
Huber, G.L., & Mandl, H. (Hg.), Verbale Daten. Bern: Huber, 1982.
Humphrey, G. Thinking: An introduction to its experimental psychology. New York: Wiley, 1963.
Hull, C.L. Quantitative aspects of the evolution of concepts. Psychological Monographs, 1920, 28, No. 123.
Hunt, E.B. Concepts learning. New York: Wiley, 1962.
Hunt, E.B. Artificial intelligence. New York: Academic Press, 1975.
Hunt, E.B., Marin, J.K., & Stone, P. Experiments in induction. New York: Academic Press, 1966.
Hussy, W. Denkpsychologie. Ein Lehrbuch. Bd. 1. Stuttgart: Kohlhammer, 1984.
Inhelder, B., & Piaget, J. Von der Logik des Kindes zur Logik des Heranwachsenden. Oltern: Walter, 1977.
Jauch, J.M. Are quanta real? Bloomington, Indiana: Indiana University Press, 1973.
Jeffries, R., Polson, P.G., Razran, L., & Atwood, M.E. A process model for missionaries-cannibals and other river crossing problems. Cognitive Psychology, 1977, 9, 412-440.
Jencks, C. Inequality - A reassessment of the effect of family and schooling in America. New York: Basic Books, 1972 (dt. 1973).
Johnson, D.M. Systematic introduction to the psychology of thinking. New York: Harper & Row, 1972.
Karat, J. A model for problem solving with incolplete constraint knowledge. Cognitive Psychology, 1982, 14, 538-559.
Keeney, R.L., & Raiffa, H. Decisions with multiple objectives: Preferences and value tradeoffs. New York: Wiley, 1976.
Kendler, T.S. Learning, development, and thinking. Annals of the New York Academy of Sciences, 1960, 91, 52-63 (reprinted in Levine, 1975, pp. 75-78).
Kendler, H.H., & Kendler, T.S. Reversal shift behavior: Some basic issues. Psychological Bulletin, 1969, 72, 229-232.
Kimble, G.A. Hilgard and Marquis' conditioning and learning. New York: Appleton Century Crofts, 1961.
Kintsch, W. The representation of meaning in memory. New York: Wiley, 1974.

Klahr, D. Steps toward the simulation of intellectual development. In L.B. Resnick (ed.), The nature of intelligence. Hillsdale, N.J.: Erlbaum, 1976, pp. 99-133.
Klahr, D., & Wallace, J.G. Cognitive development - an information processing view. Hillsdale, N.J.: Erlbaum, 1976.
Klix, F. Information und Verhalten. Berlin: VEB Deutscher Verlag der Wissenschaften, 1971.
Klix, F. (ed.), Human and artificial intelligence. Amsterdam: North-Holland, 1979 (1983^2).
Köhler, W. Intelligenzprüfung am Menschenaffen. Berlin: Springer, 1917 (neu 1973).
Kotovsky, K., & Simon, H.A. Empirical test of a theory of human aquisition of concepts for sequential patterns. Cognitive Psychology, 1963, 4, 399-424.
Krantz, D.H., Luce, R.D., Suppes, P., & Tversky, A. Foundations of measurement. Vol. 1. New York: Academic Press, 1971.
Krechevsky, I. "Hypotheses" in rats. Psychological Review, 1932, 39, 516-532.
Lachman, R., Lachman, J.L., & Butterfield, E.C. Cognitive psychology and information processing: An introduction. Hillsdale, N.J.: Erlbaum, 1979.
Lashley, K.S. Brain mechanisms and intelligence. Chicago: University of Chicago Press, 1929.
Laughlin, P.R. Selection strategies in concept attainment. In R.L. Solso (ed.), Contemporary issues in cognitive psychology: The Loyola symposium. New York: Winston/Wiley, 1973, pp. 277-311.
Lem, S. Also sprach Golem. Frankfurt: Insel, 1984.
Levine, M. Neo-noncontinuity theory. In G. Bower & T.J. Spence (eds.). The psychology of learning and motivation. Vol. 3. New York: Academic Press, 1969, pp. 101-134.
Levine, M. Human discrimination learning: The subset sampling assumption. Psychological Bulletin, 1970, 74, 397-404.
Levine, M. A cognitive theory of learning: Research on hypothesis testing. Hillsdale, N.J.: Erlbaum, 1975.
Lindsay, P.H., & Norman, D.A. Human information processing. New York: Academic Press, 1977^2 (dt. 1981).
Locurto, C.M., & Walsh, J.F. Reinforcement and self-reinforcement: Their effects on originality. American Journal of Psychology, 1976, 89, 281-291.
Lompscher, H.J. (Hg.), Theoretische und experimentelle Untersuchungen

zur Entwicklung geistiger Fähigkeiten. Berlin: Volk und Wissen, 1972.
Luchins, A.S. Mechanization in problem solving. Psychological Monographs, 1942, 54, No. 248.
Luchins, A.S., & Luchins, E.H. Rigidity of behavior: A variational approach to the effects of Einstellung. Eugene, Oregon: University of Oregon Books, 1959.
Lüer, G. Gesetzmäßige Denkabläufe beim Problemlösen. Weinheim: Beltz, 1973.
Mandl, H., & Huber, G.L. (Hg.), Emotion und Kognition. München: Urban und Schwarzenberg, 1973.
Mandler, J.M., & Mandler, G. (eds.), Thinking: From assoziation to Gestalt. New York: Wiley, 1964.
Maltzman, I. Thinking: From a behavioristic point of view. Psychological Review, 1955, 62, 275-286.
Maltzman, I., Simon, S., Raskin, D., & Licht, L. Experimental studies in the training of originality. Psychological Monographs, 1960, 74, No. 493.
Marx, M.H., & Hillix, W.A. Systems and theories in psychology. New York: McGraw-Hill, 1963.
Mayer, R.E. Thinking and problem solving: An introduction to human cognition and learning. GlenView: Scott, Forseman & Co., 1977 (dt. 1979).
Mayzner, M.S., & Tresselt, M.E. Anagram solution times: A function of letter-order and word frequency. Journal of Experimental Psychology, 1958, 56, 350-376.
Mayzner, M.S., & Tresselt, M.E. Anagram solution times: A function of transition probabilities. Journal of Psychology, 1959, 47, 117-125.
McCulloch, W.S., & Pitts, W. A logical calculus of the ideas immanent in nervous activity. Bulletin of Mathematical Biophysics, 1943, 5, 115-137.
McGuigan, F.J. Thinking: Studies of covert language processes. New York: Appleton Century Crofts, 1966.
McGuigan, F.J., Keller, B., & Stanton, E. Covert language responses during silent reading. Journal of Educational Psychology, 1964, 55, 339-343.
Medin, D.L., & Smith, E.E. Concepts and concept formation. Annual Review of Psychology, 1984, 35, 113-138.
Mednick, S.A. The associative basis of the creative process. Psychological Review, 1962, 69, 220-232.

Meichenbaum, D. Enhancing creativity by modifying what subjects say to themselves. American Educational Research Journal, 1975, 12, 129-145.

Merrifield, P.R., Guilford, J.P., Christensen, P.R., & Frick, J.W. The role of intellectual factors in problem solving. Psychological Monographs, 1962, 76, No. 529.

Mervis, C.B., & Rosch, E. Categorization of natural objects. Annual Review of Psychology, 1981, 32, 89-115.

Miesel, W. Computer oriented approaches to pattern recognition. New York: Academic Press, 1972.

Miller, G.A. The magical number seven, plus or minus two: Some limits on our capacity for processing information. Psychological Review, 1956, 63, 81-97.

Miller, G.A. Mathematics and psychology. New York: Wiley, 1964.

Miller, G.A., Galanter, E., & Pribram, K.H. Plans and the structure of behavior. New York: Holt, Rinehart & Winston, 1960.

Millward, R.B., & Wickens, T.D. Concept-identification models. In D.H. Krantz, R.C. Atkinson, R.D. Luce, & P. Suppes (eds.), Contemporary developments in mathematical psychology. Vol. I. Learning, memory and thinking. San Francisco: Freeman, 1974, pp. 45-100.

Minsky, M., & Papert, P. Perceptrons. Cambridge, Mass.: MIT Press, 1969.

Moles, A.A. La création scientifique. Geneva: René Kister, 1957.

Moore, J., & Newman, A. How can Merlin understand? In L.W. Gregg (ed.), Knowledge and cognition. Potomac: Erlbaum, 1974, pp. 201-252.

Morgan, C.L. An introduction to comparative psychology. New York: Meredith, 1894.

Murray, F.B. Critical features of Piaget's theory of the development of thought. New York: MSS Information Corporation, 1974.

Nagel, E., & Newman, J.R. Gödel's proof. New York: New York University Press, 1958.

Neimark, E.D. Intellectual development during adolescence. In F.D. Horowitz (ed.), Review of child development research, Vol. IV, Ch. 10. Chicago: University of Chicago Press, 1974.

Neisser, U. Cognitive psychology. New York: Meredith, 1967 (dt. 1974).

Neisser, U. General, academic, and artificial intelligence. In L.B. Resnick (ed.), The nature of intelligence. Hillsdale, N.J.: Erlbaum, 1976, pp. 135-144.

Neisser, U., & Weene, P. Hierarchies in concept attainment. Journal

of Experimental Psychology, 1962, 64, 640-645.
Newell, A. Studies in problem solving: Subject 3 on DONALD + GERALD = ROBERT. Pittsburgh: Carnegie Mellon University, 1967.
Newell, A. Artificial intelligence and the concept of mind. In R.C. Schank & K.M. Colby (eds.), Computer models of thought and language. San Francisco: Freeman, 1973, pp. 1-60.
Newell, A., Shaw, J.C., & Simon, H.A. Elements of a theory of human problem solving. Psychological Review, 1958, 65, 151-166.
Newell, A., & Simon, H.A. The logic theory machine: A complex information processing system. IRE Transactions on Information Theory, 1956, IT-2, 61-79.
Newell, A., & Simon, H.A. Human problem solving. Englewood Cliffs, N.J.: Prentice-Hall, 1972.
Nielson, N. Learning machines. New York: McGraw-Hill, 1965.
Nisbett, R.E., & Wilson, T.D. Telling more than we know: Verbal reports on mental processes. Psychological Review, 1977, 84, 231-259.
Norman, D.A., & Rumelhart, D.E. and the LNR Research Group: Explorations in cognition. San Francisco: Freeman, 1975.
Oherson, D.N. Logical abilities in children. New York: Wiley, 1974.
Parsons, C. Inhelder and Piaget's The growth of logical thinking: II. A logician's viewpoint. British Journal of Psychology, 1960, 51, 75-84.
Pavelle, R., Rothstein, M., & Fitch, J. Computer algebra. Scientific American, 1981, 245, No. 6, 102-113.
Pillsbury, W.B. The psychology of reasoning. New York: Appleton, 1910.
Polyá, G. How to solve it. A new aspect of the mathematical method. Princeton: Princeton University Press, 1945.
Popper, K.R. The logic of scientific discovery. New York: Science Editions, 1961.
Posner, M.I., & McLeod, P. Information processing models - in search of elementary operations. Annual Review of Psychology, 1982, 33, 477-514.
Putz-Osterloh, W. Problemlöseprozesse und Intelligenzleistung. Bern: Huber, 1981. (a)
Putz-Osterloh, W. Über die Beziehung zwischen Testintelligenz und Problemlöseerfolg. Zeitschrift für Psychologie, 1981, 189, 79-100. (b)
Putz-Osterloh, W. Über Determinanten komplexer Problemlöseleistungen und Möglichkeiten zu ihrer Erfassung. Sprache & Kognition, 1983,

Putz-Osterloh, W., & Lüer, G. Über die Vorhersagbarkeit komplexer Problemlöseleistung durch Ergebnisse in einem Intelligenztest. Zeitschrift für Experimentelle und Angewandte Psychologie, 1981, 28, 309-334.

Quillan, M.R. Semantic memory. In M. Minsky (ed.), Semantic information processing. Cambridge, Mass.: MIT Press, 1968, pp. 227-270.

Raiffa, H. Decision analysis. Reading, Mass.: Addison-Wesley, 1968.

Raphael, B. A computer program which "understands". Proceedings of the Fall Joint Computer Conference, American Federation of Information Processing Sciences, 1964, 26, 577-590.

Raphael, B. SIR: A computer program for semantic information retrieval. In M. Minsky (ed.), Semantic information processing. Cambridge, Mass.: MIT Press, 1968, pp. 33-145.

Raphael, B. The thinking computer. Mind inside matter. San Francisco: Freeman, 1976.

Resnick, L.B. (ed.), The nature of intelligence. Hillsdale, N.J.: Erlbaum, 1976.

Restle, F. A theory of discrimination learning. Psychological Review, 1955, 62, 11-19.

Restle, F. A note on the "hypothesis" theory of discrimination learning. Psychological Reports, 1960, 7, 194.

Restle, F. Statistical methods for a theory of cue learning. Psychometrika, 1961, 26, 291-306.

Restle, F. The selection of strategies in cue learning. Psychological Review, 1962, 69, 329-343.

Restle, 1969, zit. nach Lindsay und Norman, op. cit., S. 551; dort ohne Literaturverweis.

Restle, F., & Davis, J.H. Success and speed of problem solving by individuals and groups. Psychological Review, 1962, 69, 520-536.

Révész, G. Talent und Genie. Grundzüge einer Begabungspsychologie. Bern: Francke, 1952.

Robinson, J.A. A machine oriented logic based on the resolution principle. Journal of the Association of Computing Machinery, 1965, 12, 23-41.

Rock, I. The role of repetition in associative learning. American Journal of Psychology, 1957, 70, 186-193.

Rosch, E. Cognitive representations of semantic categories. Journal of Experimental Psychology - General, 1975, 104, 192-233.

Rosch, E., & Mervis, C.B. Family resemblances: Studies in the inter-

nal structure of categories. Cognitive Psychology, 1975, 7, 573-605.
Rosenblatt, F. The perceptron: A probabilistic model for information storage and organization of the brain. Psychological Review, 1958, 65, 386-408.
Rosenblueth, A., Wiener, N., & Bigelow, J. Behavior, purpose, and teleology. Philosophy of Science, 1943, 10, 18-24.
Ross, G. Concept categorization in 1 to 2 year olds. Presented at Bien. Meet. Soc. Res. Child Dev., New Orleans, 1977.
Ruger, H. The psychology of efficiency. Archives of Psychology, 1910, 15.
Rumelhart, D.E. Introduction to human information processing. New York: Wiley, 1977.
Rumelhart, D.E., & Abrahamson, A.A. A model for analogical reasoning. Cognitive Psychology, 1973, 5, 1-28.
Russo, J.E. Adaptation of cognitive processes to the eye movement system. In J.W. Senders, D.F. Fisher, & R.A. Monty (eds.), Eye movements and higher psychological functions. Hillsdale, N.J.: Erlbaum, 1978.
Sawyer, C.R. A concept learning model. Unp. Doct. Diss., University of New Mexico, 1972.
Sawyer, C.R., & Johnson, P.J. A conceptual rule learning model. Paper presented at the meeting of the Rocky Mountain Psychological Association, Santa Fe, May 1970.
Scandura, M.J., Durnin, J.H., & Wolfeck, W.H. Higher order rule characterization of heuristics for compass and straight edge constructions in geometry. Artificial Intelligence, 1974, 5, 149-183.
Schaefer, R.E. A general Bayesian framework for categorization and concept attainment. Unp. Ms., University of Mannheim, 1985.
Schank, R.C., & Colby, K.M. (eds.), Computer models of thought and language. San Francisco: Freeman, 1973.
Scheerer, M. Problem-solving. Scientific American, 1963, 208, 118-128.
Schmalhofer, F., Polson, P.G., & Karat, J. A simulation study of river-crossing problem solving. (1984, in press)
Selfridge, O.F. Pattern recognition and modern computers. Proceedings of the 1955 Joint Computer Conference, 1955, 7, 91-93.
Seligman, M.E.P. On the generality of the law of learning. Psychological Review, 1970, 77, 406-418.

Selz, O. Ober die Gesetze des geordneten Denkverlaufs. Eine experimentelle Untersuchung. Stuttgart: Speemann, 1913.
Selz, O. Zur Psychologie des produktiven Denkens und Irrtums. Bonn: Cohen, 1922.
Shepard, R.N., Hovland, C.I., & Jenkins, H.M. Learning and memorization of classifications. Psychological Monographs, 1961, 75, No. 517.
Siegel, L.S., & Brainerd, C.J. Alternatives to Piaget, critical essays on the theory. New York: Academic Press, 1978.
Siegler, R. (ed.), Children's thinking: what develops? Hillsdale, N. J.: Erlbaum, 1978.
Sigel, I.E., & Hooper, F.H. (eds.), Logical thinking in children. New York: Holt, Rinehart & Winston, 1968.
Simon, H.A. The functional equivalence of problem solving skills. Cognitive Psychology, 1975, 7, 268-288.
Simon, H.A. Models of discovery. Dordrecht: Reidel, 1977.
Simon, H.A. Information-processing theory of human problem solving. In W.K. Estes (ed.), Handbook of learning and cognitive processes. Vol. 5. Human information processing. Hillsdale, N.J.: Erlbaum, 1978, pp. 271-295.
Simon, H.A. Models of thought. New Haven: Yale University Press, 1979.
Simon, H.A., & Gregg, J.R. The understanding process: Problem isomorphs. Cognitive Psychology, 1976, 8, 165-170.
Simon, H.A., & Kotovsky, K. Human aquisition of concepts for sequential patterns. Psychological Review, 1963, 70, 534-546.
Simon, H.A., & Newell, A. Thinking processes. In D.H. Krantz, R.C. Atkinson, R.D. Luce, & P. Suppes (eds.), Contemporary developments in mathematical psychology. Vol. I. Learing, memory, and thought. San Francisco: Freeman, 1974, pp. 101-144.
Simons, D. Problemlöseverständnis und Problemlöseverhalten beim Primaten. Göttingen: Hogrefe, 1984.
Skinner, B.F. The behavior of organisms: An experimental analysis. New York: Appleton Century Crofts, 1938.
Smith, E.E., & Medin, D.L. The psychology of conceptual processes. Cambridge, Mass.: Harvard University Press, 1981.
Smith, E.E. Theories of semantic m-mory. In W.K. Estes (ed.), Handbook of learning and cognitive processes. Vol. 6. Linguistic functions in cognitive theory. Hillsdale, N.J.: Erlbaum, 1978, pp. 1-56.

Smith, E.R., & Miller, F.D. The limits on perception of cognitive processes: A reply to Nisbett and Wilson. Psychological Review, 1978, 85, 355-362.

Smoke, K.L. An objective study of concepts formation. Psychological Monographs, 1932, 42, No. 4.

Smoke, K.L. Negative instances in concept learning. Journal of Experimental Psychology, 1933, 16, 583-588.

Spada, H., & Kluwe, R. (Hg.), Modelle der Denkentwicklung. Bern: Huber, 1976.

Spence, K.W. The nature of discrimination learning in animals. Psychological Review, 1936, 43, 427-449.

Spence, K.W. An experimental test of the continuity and non-continuity theories of discrimination learning. Journal of Experimental Psychology, 1945, 35, 252-266.

Stefferud, E. The logic theory machine. A model heuristic program. Santa Monica, Calif.: RAND Corp. Tech. Rep. RM-3731-CC, 1963.

Stein, M.I. Stimulating creativity. Vol. 1. Individual procedures. New York: Academic Press, 1974.

Stein, M.I. Stimulating creativity. Vol. 2. Group procedures. New York: Academic Press, 1975.

Steiner, G. (Hg.), Psychologie des 20. Jahrhunderts. Piaget und seine Folgen. Zürich: KIndler, 1978.

Sternberg, R.J. Intelligence, information processing, and analogical reasoning: The componential analysis of human abilities. Hillsdale, N.J.: Erlbaum, 1977.

Strauss, M.S. Abstraction of prototypical information by adults and 10-month-old infants. Journal of Experimental Psychology - Human Learning and Memory, 1979, 5, 618-632.

Suppes, P. Stimulus response theory of finite automata. Journal of Mathematical Psychology, 1969, 6, 327-355.

Suppes, P., & Ginsberg, R. A fundamental property of all-or-none models, binomial distribution of responses prior to conditioning, with application to concept formation in children. Psychological Review, 1963, 70, 139-161.

Taube, M. Computers and common sense. New York: McGraw-Hill, 1961.

Taylor, I.A., & Getzels, J.W. (eds.), Perspectives in creativity. Chicago: Aldine, 1975.

Thomas, J.C. An analysis of behavior in the hobbits-orcs problem. Cognitive Psychology, 1974, 6, 257-269.

Thorndike, E.L. Animal intelligence: An experimental study of the associative processes in animals. Psychological Monographs, 1898,

Tolman, E.C. Purposive behavior in animals and men. New York: Appleton Century Crofts, 1932.
Tolman, E.C., & Brunswik, E. The organism and the causal texture of the environment. Psychological Review, 1935, 42, 43-77.
Torrance, E.P. Torrance tests of creative thinking. Lexington, Mass.: Personnel Press Res. ed., 1966.
Torrance, E.P. Cumulative bibliography on the Torrance tests of creative thinking. Athens, Ga.: Department of Educational Psychology, 1979.
Trabasso, T.R., Rollins, H., & Shaughnessy, E. Storage and verification stages in processing concepts. Cognitive Psychology, 1971, 2, 239-406.
Turing, A.M. On computable numbers, with an application to the Entscheidungsproblem. Proceedings of the London Mathematics Society, Ser. 2, 1936, 42, 230-265 und 1937, 43, 544.
Turing, A.M. Computing machinery and intelligence. Mind, 1950, 59, 433-460. (Auch in Feigenbaum und Feldman, op. cit.)
Tversky, A. Features of similarity. Psychological Review, 1977, 84, 327-352.
Tversky, A., & Kahneman, D. Judgments under uncertainty: Heuristics and biases. Science, 1974, 185, 1124-1131.
Ueckert, H. Computer-Simulation. In J. Bredenkamp & H. Feger (Hg.), Hypothesenprüfung. Enzyklopädie der Psychologie. Forschungsmethoden der Psychologie: Band 5. Göttingen: Hogrefe, 1983, pp. 530-616.
Uhr, L. (ed.), Pattern recognition. New York: Wiley, 1965.
Vernon, P.F. Review of the Remote Associations Test. In O.K. Buros (ed.), The seventh mental measurements yearbook. Highland Park, N.J.: Gryphon, 1972, pp. 829-830.
von Neumann, J. The general and logical theory of automata. In J.R. Newman (ed.), The world of mathematics, Vol. 4. New York: Simon and Schuster, 1956.
von Neumann, J. The computer and the brain. New Haven, Conn.: Yale University Press, 1958.
von Neumann, J., & Morgenstern, O. Theory of games and economic behavior. Princeton, N.J.: Princeton University Press, 1944 (1947 ed. with proofs).
Wason, P.C., & Johnson-Laird, P.N. Psychology of reasoning. Structure and content. London: Batsford, 1972.
Watanabe, S. Knowing and guessing. A quantitative study of inference and information. New York: Wiley, 1969.

Waterman, D. Generalization learning techniques for automating the learning of heuristics. Artificial Intelligence, 1970, 1, 121-170.
Waterman, D., & Newell, A. PAS-II: An interactive task-free version of an automatic protocol analysis system. Proceedings of the Third International Joint Conference on Artificial Intelligence, 1973, pp. 431-445.
Watson, J.B. Psychology as the behaviorist views it. Psychological Review, 1913, 20, 158-177.
Watson, J.B. Behaviorism. New York: Norton, 1924.
Weizenbaum, J. Computer power and human reason. San Francisco: Freeman, 1976.
Werner, H. Einführung in die Entwicklungspsychologie. München: Barth, 1953.
Wertheimer, M. Produktives Denken. Frankfurt: Kramer, 1959 (1945).
Westmeyer, H. Zur Paradigmendiskussion in der Psychologie. In W. Michaelis (Hg.), Bericht über den 32. Kongreß der Deutschen Gesellschaft für Psychologie, Band 1. Göttingen: Hogrefe, 1981,pp. 115-125. (Vortrag gehalten 1980)
Wetherick, N.E. Bruner's concept of strategy: An experiment and critique. Journal of General Psychology, 1969, 81, 53-58.
Wetzel, F.G. Kognitive Psychologie. Eine Einführung in die Psychologie kognitiver Strukturen vón Jean Piaget. Weinheim: Beltz, 1980.
White, P. Limitations on verbal reports of internal events: A refutation of Nisbett and Wilson. Psychological Review, 1980, 87, 105-112.
Wickelgren, W.A. How to solve problems. Elements of a theory of problems and problem solving. San Francisco: Freeman, 1974.
Wickelgren, W.A. Human learning and memory. Annual Review of Psychology, 1981, 32, 21-52.
Wiener, N. Cybernetics. New York: Wiley, 1948.
Williams, D.S. Computer program organization induced by problem examples. Unp. Doct. Diss., Carnegie-Mellon University, 1969.
Wilson, R.C., Guilford, J.P., & Christensen, P.R. The measurement of individual differences in originality. Psychological Bulletin, 1953, 50, 362-370.
Winograd, T. Understanding natural language. Cognitive Psychology, 1972, 3, 1-191.
Winston, P.H. Learning structural descriptions from examples. Artificial Intelligence Laboratory, AI TR-231. Cambridge, Mass.: MIT, 1970.
Winston, P.H. (ed.), The psychology of computer vision. New York:

McGraw-Hill, 1975.
Winston, P.H. Artificial intelligence. Reading, Mass.: Addison-Wesley, 1977.
Woodworth, R.S., & Schlosberg, H. Experimental psychology. London: Methuen, 1954.
Yerkes, R.M. The mental life of monkeys and apes, a study of ideational behavior. Behavior Monographs, 1916, No. 12.
Zadeh, L.A. Fuzzy sets. Information and Control, 1965, 8, 338-353.

Autorenregister

Abrahamson AA 93,94,96,177
Aebli H 21
Aiello N 107
Anderson A 241
Anderson JR 21,49,198,202,214,219
Anderson NH 177
Anglin JM 231
Arbib MA 240
Atkinson RC 166,171
Atwood ME 75,85,86
Austin GA 25,124,132,137,141,157

Bain A 15
Barron F 235,236
Bartlett FC 21,57,225
Battro AM 231
Bergius R 7,21
Berlyne DE 21
Bhaskar R 213
Bigelow J 203
Binet A 11
Bobrow DG 107,241
Boden M 241
Boring EG 21
Bourne LE 127,129,147,148,149,150, 151,157
Bower GH 161,166,171,198,217,218,224
Brainerd CJ 229,231
Brennan JF 22
Brown AS 167,171
Bruner JS 25,124,125,131,132,137,141, 144,145,146,147,157,239

Brunswik E 25,174
Bühler K 232
Burke CJ 156
Butterfield EC 30,86

Chalder A 221
Chomsky AN 25
Christensen PR 236,237
Claparède E 16
Colby KM 241
Collins A 105,107,241
Cronbach LJ 219
Crothers EJ 166,171

Dani W 171
DaPolito F 13
Davis JH 82,83
Davis M 180
deGroot AD 181
Deppe W 171,221
Donders FC 24
Dörner D 21,91,92,110,120,121,122,141, 171,214,222
Dougherty JWD 176
Dreyfus HL 241
Duncker K 15,16,22,180
Durnin JH 86
Dworatschek S 49

Egan DE 78,140
Ehrenfreund D 156
Eiferman RR 135

Ericsson KA 22,72,212,214
Ernst GW 208,210,238
Estes KW 156
Evans TG 97,100
Eysenck HJ 217
Farah MJ 231
Farnham-Diggory S 231
Feigenbaum E 241
Feldman J 241
Fillmore CJ 208
Flamagne RJ 21,220,223,231
Flavell JH 176,231
Fodor J 177
Frick JW 236
Funcke J 121,122

Galanter E 25,26,27,28,72,241
Garner M 193
Garner WR 178
Genter D 107
Gesell A 224
Getzels JW 236,237
Glick ML 107
Ginsberg R 166
Ginsburg H 231
Gleser GC 219
Gödel K 241
Goodnow J 25,124,132,137,141,157
Graumann CF 22
Greeno JG 13,70,72,73,84,85,86,107, 130,140,171
Gregg LW 130,168,171,218
Guilford JP 234,236,237
Guy DE 147

Hallpike CR 22
Hamilton GV 153
Harrington DM 235,236
Hayes JR 78,206,207
Haygood RC 151,157

Hebb DO 239
Heidbreder E 143
Henley NM 95,178
Hilgard ER 224
Hillyard SA 219
Hillix WA 22
Hobhouse LT 16
Hofstadter DR 91,92,241
Holyoak KJ 107
Hooper FH 231
Hovland CI 147,151
Huber GL 22,72,212,214
Humphrey G 22
Hull CL 152
Hunt EB 130,140,171,241
Hussy W 122

Inhelder B 230

James CT 13
Jauch JM 242
Jeffries R 86
Jencks C 222
Jenkins HM 151
Johnson DM 21,235,236
Johnson PJ 148
Johnson-Laird PN 21,139

Kahneman D 193
Karat J 86
Keeney RL 52,223
Keller B 20
Kendler HH 157
Kendler TS 157
Kimble GA 18
Kintsch W 214
Klahr D 212,230,231
Klix F 78
Kluwe R 232
Köhler W 16,22,153
Kosslyn SM 231

Kotovsky K 106,107,192
Krantz DH 35
Krech(evsky) I 154
Kutas M 219

Lachman JL 30,86
Lachman R 30,86
Lashley KS 153,154
Laughlin PR 135
Lem S 241
Levine M 155,167,171
Lindsay PH 35,49,63,182,241
Locurto CM 235
Lompscher HJ 231
Luce RD 35
Luchins AS 73
Luchins EH 73
Lüer G 121

Mandl H 22,72,212,214
Mandler G 12,22
Mandler JM 12,22
Maltzman I 233
Marin JK 130,140,171
Marx MH 22
Mayer RE 21
Mayzner MS 20
McCulloch WS 68,239
McGuigan FJ 20,21
McLeod P 219
Medin DL 178
Mednick SA 235,236
Meichenbaum D 235,236
Merrifield PR 234,236
Mervis CB 152,173,175,176,178
Miesel W 240
Miller FD 22,212
Miller GA 25,26,27,28,29,72,171,180, 200,241
Miller ML 107
Millward RB 159,160,165,171

Minsky M 240
Moles AA 181
Moore J 208
Morgan CL 15
Morgenstern O 33
Murray FB 229,231

Nagel E 241
Neimark ED 231
Neisser U 23,25,151,222,223
Newell A 3,9,13,25,30,32,39,49,54,56, 58,60,63,64,66,67,68,72,167,169,171, 181,191,192,193,196,201,202,208,210, 211,213,214,238,239
Newman A 241
Newman JR 241
Nielson N 240
Nisbett RE 7,22,64,212
Norman DA 35,49,63,182,214,241

Oherson DN 231
Opper S 231

Papert P 240
Parsons C 228
Pavelle R 188,190
Phillips JL 231
Piaget J 230
Pillsbury WB 15
Pitts W 68,239
Polson PG 13,75,85,86
Polyá G 181,193
Popper KR 217
Posner MI 219
Pribram KH 25,26,27,28,72,241
Putz-Osterloh W 121

Quillan MR 106

Raiffa H 52,53,223
Raphael B 49,208,241
Razran L 86

Resnik LB 235,236
Restle F 82,83,156,157,159,161,171, 184
Rêvêtz G 233,237
Robinson JA 239
Rock I 158
Rollins H 141
Rosch E 152,173,175,176,178
Rosenblatt F 240
Rosenblueth A 203
Ross G 176
Ruger H 16
Rumelhart DE 2,93,94,95,96,177,214
Russo JE 212

Sawyer CR 148
Scandura MJ 86
Schaefer RE 177
Schank RC 241
Scheerer M 14,15,75
Schlosberg H 2,21
Schmalhofer F 86
Selfridge OF 240
Seligman MEP 176
Selz O 12,22,233
Shaughnessy E 141
Shaw JC 30,238
Shepard RN 151
Siegel LS 229,231
Siegler R 231
Sigel FE 231
Simon HA 3,9,13,22,25,30,32,39,49, 54,56,60,63,64,66,67,72,78,85,106, 107,130,167,168,169,171,181,192,196, 197,199,201,202,206,207,209,211,212, 214,217,218,223,230,238,239
Simons D 22
Skinner BF 26
Smith EE 107,178
Smith ER 22,212
Smoke KL 146,147
Spada H 232
Spence WK 155,156

Stanton E 20
Stefferud E 238
Stein MI 235,237
Steiner G 231
Sternberg RJ 101,103,106,214,216,219
Sternberg SS 24,200
Stone P 130,140,171
Strauss MS 176
Suppes P 35,166,202

Taube M 241
Taylor IA 236,237
Thomas JC 78,104
Thorndike EL 15
Tolman EC 25
Torrance EP 235,237
Trabasso TR 141,161,166,171,217,218
Tresselt ME 20
Turing AM 67,68,241
Tversky A 35,76,193

Ueckert H 214
Uhr L 240

Vernon PF 235,237
von Neumann J 33,240

Wallace JG 212,230,231
Walsh JF 235,236
Warnock EH 107
Wason PC 21,139
Waterman D 212,213
Watson JB 17,25
Weene P 151
Weiss W 147
Weizenbaum J 241
Werner H 22
Wertheimer M 15,22,233
Westmeyer H 224
Wetherick NE 135
Wetzel FG 231

White P 22
Wickelgren WA 56,178,185,186,187,188, 193,198
Wickens TD 159,160,165,171
Wiener N 26,203,241
Williams DS 211
Wilson GD 217
Wilson RC 234,237
Wilson TD 7,22,64,212

Winograd T 208
Winston PH 101,177,241
Woodworth RS 2,21
Wulfeck WH 86

Yerkes RM 16,153

Zadeh LA 175

Sachregister

Aha-Erlebnis 16
Ähnlichkeit 108
- als Heuristik 76
- smodell (analogen Denkens) 93 f.
AI (artifical intelligence), s. künstl. Intelligenz 238 f.
Algorithmus 56,179,190
Anagramm 57
Analoges Denken 90 f.
- Ähnlichkeitsmodell 93 f.
- Komponententheorie 101 f.
Analogie
- geometrische 97 f.
- ideale 100
- schluß 100
Anordnungsprobleme 57 f.,70
Antizipation, schematische (Selz) 12
AON (s. Begriffslernen, Theorien des) 152
Äquivalenzklassen 124
Assoziatives Netzwerk 42
Attribute (von Begriffen) 177
Attribut-Wert-Struktur 42
Aufgabenwelt (task environment) 203
Aufmerksamkeitseinheit 64
Augenbewegungsprotokoll 64

Backward search (Heuristik) 183
Baumstruktur 41
Begriff (s.a. Konzept)
- Lernen von 123 f.,152 f.
- natürliche vs. artifizielle 173

- Schwierigkeit von 142 f.
Begriffsregeln 127 f.
- binäre (Schwierigkeit von) 147
Behaviorismus 17,154
Bewußtseinslage 11

Cognitive strain 143
Computer 30,229

Datenrepräsentation im Computer 47
Dekomponieren in Teilziele 186
Denken
- analoges 90 f.
- Definitionen von 2 f.
- funktionales 105
- lautes 6
- (als) subvokales Sprechen 20
Denkentwicklung 224 f.
Denkpsychologie
- formale Theorien 215 f.
- Geschichte der 10 f.
- idiographischer Ansatz 8
- nomothetischer Ansatz 8
- Richtungen der
- - Behaviorismus 17
- - Gestaltpsychologie 13
- - kognitive Psychologie und Informationsverarbeitung 24 f.
Diskriminationslernen 155,157
Distanz 108

Effektor 32

Effiziente Lösung 55
Einsicht 15
Eip (elementare Informationsprozesse) 8 f.,43 f.,201
Empirismus 11
Entscheidung 5,240
Equilibration 225
Erreichbarkeit 55
Exponentialverteilung 87

Falsifizierbarkeit 217
family resemblance (Wittgenstein) 175
Fixiertheit, funktionale 14
Focusing 134

Gedächtnis 32,33,35,39
- extern 201
- Kurzzeit 71,200
- Langzeit 198
Geheimalgebra (s.a. Anordnungsprobleme) 57 f.
General Problem Solver 238
Generiere-und-Teste (Heuristik) 70,191
Givens (von Problemen) 50

Heuristik 54,180
- heuristische Prinzipien beim Schach 181
- heuristische Strategien beim Dekomponieren 183
Himalaya Tee-Zeremonie (s.a. isomorphe Probleme) 206
Hobbits-und-Orcs (Problem) 77 f.
H-Theorie (s.u. Begriffslernen) 153, 157,166
- mathematische Modelle 158
Hypothesen, Testen von 16
Hypothesize-and-Match (Heuristik) 192

Identitätsklassen 123
Image 25
Induktion, mathematische 86

Informationsverarbeitung 30,229
- Ansatz 67
- Phasen 117
- Prozesse (beim Konzepterwerb) 129,168
- probabilistische 177
- System (IPS) 32,39 f.,197 f.
- Theorie 196 f.
Intelligenz (und Problemlöseverhalten) 121
Interpreter 33,39,44
Introspektion 6,22

Kodierung 9,98
Kognition 23
Kognitivisten 31
Komplexität 142
Konditionierung 155
Kontingenz 146
Konzepterwerb (s.a. Begriffslernen) 4
Kreativität 233 f.
- und Intelligenz 235 f.
- Tests 234
künstliche Intelligenz (AI) 238 f.

Latenzzeit (s.a. Reaktionszeit) 24
Liste 48 f.,199
- nstruktur 41,199
- nverarbeitungssprachen 68
Logic Theorist 238
Lohhausen 110 f.

Markoff Modell (beim Konzeptlernen) 161
Metrik
- City-Block 108
- Euklid 108
- Minkowski 109
Missionare-und-Kannibalen (Problem) 78 f.
Mustererkennung (pattern recognition) 239

Operationen 50

Operationen, komplexe 85

Parameter (eines Modells) 165
Parsimony 216
Persönlichkeitsmerkmale (und Problemlöseverhalten) 121
Plan 25
Planung 86
Pragmatik 33
Problem 2,55
- inferenz 4
- isomorphismus 145,206
- lösen 3
- - formale Kennzeichnung von 54
- raum 203
- - Größe 204
- - Invarianz 205
- - Entstehung 205
- welt (-system) 55
- zustand 52
Problemlöse-Graph (PBG) 54,55,60 f.
Produktionssystem 48 f.
Programm 45,202,208
- sprachen 45,47
Protokolldaten 212
Prozessor 32,35,39,40

Quarks 8

Rationalismus 11
Reaktionszeiten (s.a. Latenz) 80,81, 87
Reflex 26
Reifung 224
Relation, binäre 34
Relationalsystem 34
Repräsentation (von Symbolstrukturen) 41 f.
Response, mediierte 19
- hierarchie 18
Rezeptionsverfahren (beim Begriffslernen) 126

Rezeptor 32

Salience 143
Scanning (Strategie beim Begriffslernen) 134
Selektionsverfahren (beim Begriffslernen) 125
Semantik 34
Shift (Kendler)
- nonreversal 157
- reversal 157
Simulation 65,208
Situationsanalyse 85
Stimulus (formale Kennzeichnung beim Begriffslernen) 126
Strategie 131 f.,179 f.
- (als) Entscheidungsbaum 140
- formen 132
- (beim) Rezeptionsverfahren 135
- (beim) Selektionsverfahren 132
String 47
Sucheinheit 64
Suche, konstruktive 70
Suchraum (Suchgraph) 54,55,73,75,80
Symbole 39,40 f.
- strukturen 39,40 f.
Syntax 34

Tages-Arithmetik 35
TOTE-Einheit (Test-Operate-Test-Exit) 26 f.
Transformationsprobleme 73 f.,84
Turing Maschine 68
Turing's Test 67
Turm-von-Hanoi 77

Übergangswahrscheinlichkeit (Matrix der) 163
Urteil 5

Validierung (des Problemlöse-Graphen) 65 f.
Verbales Protokoll 58, f.

Versuch und Irrtum 15

Wasserglas-Probleme (s.a. Transformationsprobleme) 73
Wissenszustand 52

Ziel 51
Zustände
- im Markoff Modell 164
- psychische (Analyse von) 82
Zustand-Handlungsbaum 52,53

MIX
Papier aus verantwortungsvollen Quellen
Paper from responsible sources
FSC® C105338

If you have any concerns about our products,
you can contact us on
ProductSafety@springernature.com

In case Publisher is established outside the EU,
the EU authorized representative is:
**Springer Nature Customer Service Center GmbH
Europaplatz 3, 69115 Heidelberg, Germany**

Printed by Libri Plureos GmbH
in Hamburg, Germany